虚拟过程控制系统仿真实验教程

杨春曦　王后能　编著
黄凌云　郭　丽

科学出版社
北　京

内 容 简 介

本书以过程装备为控制对象，使用亚控公司的组态王软件和 MathWorks 公司的 Matlab 软件进行虚拟过程控制系统的操作界面、功能设置、底层控制系统模块和界面通信设置等方面的二次开发，构建出能够覆盖常见复杂过程控制方案的 13 个虚拟过程控制仿真实验。这些实验具有工艺流程直观、动画效果逼真、反馈及时等特点。

本书适合普通本科及高等职业院校化学工程、过程装备与控制工程、过程控制等相关专业学生使用，也适合相关培训机构和从业人员进行过程控制知识的学习。

图书在版编目（CIP）数据

虚拟过程控制系统仿真实验教程/杨春曦等编著. —北京：科学出版社，2017.9
ISBN 978-7-03-054590-9

Ⅰ.①虚… Ⅱ.①杨… Ⅲ.①过程控制-系统仿真-教材 Ⅳ.①TP273

中国版本图书馆 CIP 数据核字（2017）第 236602 号

责任编辑：张　帆　张丽花 / 责任校对：钟　洋
责任印制：吴兆东 / 封面设计：迷底书装

科 学 出 版 社 出版
北京东黄城根北街16号
邮政编码：100717
http://www.sciencep.com

北京凌奇印刷有限责任公司 印刷
科学出版社发行　各地新华书店经销

*

2017年9月第 一 版　开本：787×1092　1/16
2021年7月第五次印刷　印张：11 1/2
字数：255 000
定价：49.00 元
（如有印装质量问题，我社负责调换）

序　言

　　过程控制系统是指在如石油、化工、电力、冶金等过程工业中，对生产过程的某一或某些物理参数进行自动控制所需要的仪表、设备与控制算法的统称。在现代工业控制中，过程控制技术是一个历史较久的分支，在 20 世纪 30 年代就有应用。过程控制技术发展至今，在控制方式上经历从人工控制到自动控制两个发展时期。在自动控制时期内，过程控制系统又经历四个发展阶段，即分散控制阶段、集中控制阶段、集散控制阶段和现场总线控制系统阶段。几十年来，工业过程控制取得惊人的发展，无论是在大规模的结构复杂的工业生产过程中，还是在传统工业过程改造中，过程控制技术对提高产品质量以及节省能源等均起着十分重要的作用。

　　本书是作者在为昆明理工大学过程装备与控制工程专业、化学工程专业、食品质量与安全专业和轻化工程专业讲授"化工仪表及自动化""化工测量与控制"课程和相关实验的讲义基础上编写而成。其主要目的是开发出一个既能够准确反映过程控制的基本概念和要点，又能够绕过许多复杂高深的理论，以形象直观的方式展示不同控制算法作用于具体过程控制系统的实验平台。同时，为了让学生进行实验时容易上手，本书还具有图文并茂、易于操作的特色。作者采用以组态监控界面结合底层控制算法构建虚拟过程仿真实验平台的模式，即以组态王设计组态操作界面，实现显示、动画、监测与操作等功能，通过 Matlab 的 Simulink 工具箱搭建出典型的过程控制系统，然后采用 OPC 接口实现两部分的数据交换。通过这种方式，非自动化专业的学生就可以专注于过程控制系统的原理、操作和结果，而不必费心于控制算法的构建，大大节约学习时间和精力，对过程控制的教学与实践起到积极的作用。

　　本书涉及的虚拟过程实验平台采用软件虚拟的方式实现了过程控制现场的构建、测量显示和控制操作全场景，符合信息化大融合的发展趋势，具有较好的前瞻性。同时，该虚拟平台可以采用单机、局域网或者远程访问的模式进行实验与操作，有效节约了设备购置、维护和场地费用，具有较好的经济效益。

　　本书以形象、简洁和易操作为目标，按照虚拟平台构建、经典过程控制方法及原理、基础过程控制实验和智能过程控制实验的顺序，由浅入深地讲解过程控制学习与实验需要的基础知识和操作过程，形成一个从理论到实践的过程控制学习闭集，使学生在较短时间掌握过程控制的基本原理与应用。

本书的出版,对转换过程控制教学视角、改善教学条件、创造个性化教学环境起到一定的积极作用。但由于各方面条件所限,本书从整体结构到知识组成可能存在不当之处,还请使用本书的广大教师、学生及各界人士不吝批评指正。

作　者

2017 年 6 月

前　言

过程工业也称流程工业，泛指在生产过程中，需要通过物理变化和化学变化进行连续生产的行业，覆盖石油、化工、冶金、医药等行业，对国民经济影响巨大。科学技术的飞速前进，特别是信息技术、计算机网络和控制理论与方法的发展，推动了过程控制对象、方法与手段的推陈出新，为过程工业向大规模、多参数、高复杂度的工业生产过程迈进提供了强有力的支撑。

以"化工仪表及自动化""化工测量与控制"为代表的仪表类课程是昆明理工大学过程装备与控制工程专业几十年来为生命科学与技术学院、化学工程学院及食品安全研究院本科高年级学生开设的专业课程。为使非自动化类专业学生了解、学习过程控制基础知识，强化基本操作能力，作者与本专业同事和同行以相关课程讲义、实验讲义和本科生毕业设计说明书为基础，编写了本书。

本书共分6章。其中，杨春曦编写了《虚拟过程控制系统仿真实验教程》的大纲、确定了各章节的详细内容纲要，编写了第1章，并审核全书内容。第2章由郭丽编写，介绍了过程控制最基本的内容。第3章由王后能编写，介绍过程控制中常用的一些控制算法及相关特性。第4章至第6章为本书的核心内容，包括过程控制中常见的串级控制等13个虚拟仿真实验，由参与编著的四位老师，带领硕士生孙超、范莎、武宁、杨凡妮、赵峰、刘华、谢可心，以及张梓琪、郑帅等过程装备与控制工程专业本科生的毕业设计资料为基础加工完善而成，其中前10个实验为复杂过程控制系统基础实验，基本囊括了过程控制系统中常用的控制算法；后3个为智能过程控制实验，用于了解新型智能控制算法在过程控制中的应用，主要用于拓展过程控制的思路。第6章汇集了虚拟仿真实验中所需填写的表格，方便学生在实验报告撰写时按需选择。

本书遵循简单明了、形象生动、操作性强的写作特色，绕开繁冗的数学推导，在讲清基本概念的同时，给出了图文并茂的实验操作说明和详细的实验内容与思考题；着重启发和培养学生的实践操作能力，以及能够结合掌握的专业知识来分析实验数据和图表的能力。

本书所用实验软件(除Matlab系统、组态王6.55学习版)以及与各实验单元配套的Matlab程序和组态工程文件均可在昆明理工大学化学工程学院网站下载。

本书的实验基本覆盖了过程控制系统中常见的控制架构和控制算法，在使用本书时，可以根据需要选择合适的实验项目组合来辅助课堂教学。

本书在编写过程中，一直得到昆明理工大学化学工程学院、学院实验中心，以及过程装备与控制工程系领导和同事的关心与支持,在此表示诚挚的感谢。由于作者水平有限,疏漏与不足之处在所难免,恳请读者批评指正。

杨春曦
2017 年 6 月于昆明理工大学

目 录

第1章 虚拟过程仿真实验平台概述 ·· 1
1.1 虚拟过程仿真实验平台架构 ··· 1
   1.1.1 虚拟过程仿真系统组成 ··· 1
   1.1.2 操作组态界面 ··· 1
   1.1.3 控制系统构建 ··· 3
1.2 仿真系统软件 ·· 4
   1.2.1 Matlab 简介 ·· 4
   1.2.2 Simulink 简介 ··· 5
   1.2.3 组态王简介 ·· 5
   1.2.4 OPC 技术简介 ·· 7
1.3 虚拟过程仿真实验平台运行步骤 ·· 15
   1.3.1 组态程序与 Simulink 程序的匹配 ································· 16
   1.3.2 虚拟仿真实验系统启动顺序 ·· 17
   1.3.3 虚拟仿真实验系统停止顺序 ·· 17
   1.3.4 仿真实验平台运行注意事项 ·· 17

第2章 过程控制系统 ··· 18
2.1 简单控制系统 ·· 18
2.2 过程控制动态性能指标 ··· 19
2.3 串级控制系统 ·· 20
   2.3.1 基本概念 ··· 20
   2.3.2 串级控制系统的设计 ··· 22
   2.3.3 串级控制系统的投运和整定 ·· 23
2.4 常用的过程整定 ·· 24
   2.4.1 比例积分微分控制整定 ·· 24
   2.4.2 串级控制 PID 参数整定 ··· 27
2.5 前馈-反馈控制系统 ·· 30
   2.5.1 前馈-反馈控制系统的概念 ·· 30
   2.5.2 前馈-反馈控制系统的设计 ·· 31
   2.5.3 前馈-反馈控制系统的参数整定 ··································· 32
2.6 选择控制系统 ·· 33
   2.6.1 选择控制系统的概述 ··· 33
   2.6.2 选择控制系统的分类 ··· 33
   2.6.3 选择控制系统的设计 ··· 34

2.6.4 选择控制系统的参数整定 ··· 35
2.7 比值控制系统 ··· 35
2.7.1 比值控制系统的定义 ··· 35
2.7.2 比值控制系统的分类 ··· 36
2.7.3 比例控制器的参数整定 ·· 42
2.8 均匀控制系统 ··· 43
2.8.1 均匀控制系统的由来 ··· 43
2.8.2 均匀控制系统的简介 ··· 44
2.8.3 均匀控制系统的实现方案 ··· 45
2.8.4 均匀控制的参数整定 ··· 48
2.9 三冲量控制系统 ·· 48
2.9.1 锅炉三冲量简介 ··· 48
2.9.2 锅炉三冲量的工作原理 ·· 49
2.9.3 锅炉三冲量的调节过程 ·· 50
2.10 Smith 预估控制系统 ··· 50
2.10.1 大滞后系统简介 ·· 50
2.10.2 大滞后系统的特点及常规控制策略 ································· 51
2.11 解耦控制系统 ·· 53
2.11.1 耦合现象 ·· 53
2.11.2 解耦控制系统的应用 ·· 53
2.12 分程控制系统 ·· 55
2.12.1 分程控制系统的概念 ·· 55
2.12.2 分程控制系统的实现 ·· 55
2.12.3 分程控制系统的应用 ·· 55
2.12.4 分程控制系统的设计与控制器参数的整定 ······················· 58

第 3 章 控制算法 ·· 59
3.1 PID 控制器原理及特点 ·· 59
3.1.1 常规 PID 控制 ·· 59
3.1.2 增量 PID 控制 ·· 60
3.2 串级 PID 控制 ··· 61
3.3 神经网络 PID 控制 ·· 61
3.3.1 函数信号与误差信号的计算 ·· 63
3.3.2 神经网络训练算法 ·· 63
3.4 模糊 PID 控制 ··· 65
3.4.1 模糊 PID 控制方式简介 ··· 65
3.4.2 模糊 PID 算法 ·· 65
3.4.3 模糊 PID 参数调试 ··· 66
3.5 预测控制 ·· 67

3.6 前馈-反馈控制 68
3.7 解耦控制 71

第4章 复杂过程控制虚拟实验 74

4.1 双容水箱液位串级 PID 控制及抗干扰实验 74
4.1.1 实验目的 74
4.1.2 实验设备 74
4.1.3 实验工艺流程 74
4.1.4 实验内容与实验步骤 75
4.1.5 实验结果分析 80
4.1.6 实验注意事项 80
4.1.7 思考题 80

4.2 双容水箱双闭环比值 PID 控制实验 81
4.2.1 实验目的 81
4.2.2 实验设备 81
4.2.3 实验工艺流程 81
4.2.4 实验内容与实验步骤 82
4.2.5 实验结果分析 87
4.2.6 实验注意事项 87
4.2.7 思考题 87

4.3 电加热水箱温度与流量的前馈-反馈控制实验 88
4.3.1 实验目的 88
4.3.2 实验设备 88
4.3.3 实验工艺流程 88
4.3.4 实验内容与实验步骤 89
4.3.5 实验结果分析 93
4.3.6 实验注意事项 93
4.3.7 思考题 94

4.4 锅炉三冲量控制实验 94
4.4.1 实验目的 94
4.4.2 实验设备 94
4.4.3 实验工艺流程 94
4.4.4 实验内容与实验步骤 95
4.4.5 实验结果分析 100
4.4.6 实验注意事项 100
4.4.7 思考题 100

4.5 大型储罐分程控制实验 101
4.5.1 实验目的 101
4.5.2 实验设备 101

  4.5.3 实验工艺流程 ··· 101
  4.5.4 实验内容与实验步骤 ··· 102
  4.5.5 实验结果分析 ··· 105
  4.5.6 实验注意事项 ··· 105
  4.5.7 思考题 ·· 105
4.6 双位水箱液位与流量均匀控制实验 ·· 105
  4.6.1 实验目的 ·· 105
  4.6.2 实验设备 ·· 106
  4.6.3 实验工艺流程 ··· 106
  4.6.4 实验内容与实验步骤 ··· 107
  4.6.5 实验结果分析 ··· 110
  4.6.6 实验注意事项 ··· 110
  4.6.7 思考题 ·· 111
4.7 反应釜温度与液位解耦控制实验 ··· 111
  4.7.1 实验目的 ·· 111
  4.7.2 实验设备 ·· 111
  4.7.3 实验工艺流程 ··· 111
  4.7.4 实验内容与实验步骤 ··· 112
  4.7.5 实验结果分析 ··· 120
  4.7.6 实验注意事项 ··· 121
  4.7.7 思考题 ·· 121
4.8 三容水箱的 Smith 预估控制系统实验 ·· 121
  4.8.1 实验目的 ·· 121
  4.8.2 实验设备 ·· 121
  4.8.3 实验工艺流程 ··· 121
  4.8.4 实验内容与实验步骤 ··· 123
  4.8.5 实验结果分析 ··· 130
  4.8.6 实验注意事项 ··· 131
  4.8.7 思考题 ·· 131
4.9 锅炉液位选择控制系统实验 ··· 131
  4.9.1 实验目的 ·· 131
  4.9.2 实验设备 ·· 131
  4.9.3 实验工艺流程 ··· 131
  4.9.4 实验内容与实验步骤 ··· 133
  4.9.5 实验结果分析 ··· 136
  4.9.6 实验注意事项 ··· 136
  4.9.7 思考题 ·· 137

4.10 三容水箱的多变量控制系统实验 ································· 137
    4.10.1 实验目的 ··· 137
    4.10.2 实验设备 ··· 137
    4.10.3 实验工艺流程 ··· 137
    4.10.4 实验内容与实验步骤 ··· 138
    4.10.5 实验结果分析 ··· 142
    4.10.6 实验注意事项 ··· 142
    4.10.7 思考题 ··· 142

第 5 章 智能过程控制虚拟实验 ··· 143
5.1 双容水箱液位串级神经网络控制实验 ··································· 143
    5.1.1 实验目的 ·· 143
    5.1.2 实验设备 ·· 143
    5.1.3 实验工艺流程 ·· 143
    5.1.4 实验内容与实验步骤 ·· 145
    5.1.5 实验结果分析 ·· 150
    5.1.6 实验注意事项 ·· 150
    5.1.7 思考题 ·· 150
5.2 双闭环比值 BP 神经网络 PID 控制实验 ································ 151
    5.2.1 实验目的 ·· 151
    5.2.2 实验设备 ·· 151
    5.2.3 实验工艺流程 ·· 151
    5.2.4 实验内容与实验步骤 ·· 152
    5.2.5 实验结果分析 ·· 159
    5.2.6 实验注意事项 ·· 159
    5.2.7 思考题 ·· 159
5.3 三容水箱模糊 PID 控制实验 ··· 160
    5.3.1 实验目的 ·· 160
    5.3.2 实验设备 ·· 160
    5.3.3 实验工艺流程 ·· 160
    5.3.4 实验内容与实验步骤 ·· 161
    5.3.5 实验结果分析 ·· 166
    5.3.6 实验注意事项 ·· 166
    5.3.7 思考题 ·· 166

第 6 章 虚拟仿真实验附表 ··· 167
6.1 单 PID 控制器调试 ··· 167
6.2 双 PID 控制器调试 ··· 167
6.3 Smith 预估控制系统 ·· 168
6.4 三容水箱模糊 PID 控制系统 ··· 169

6.5 分程控制系统 …………………………………………………………… 169
6.6 三冲量控制系统 ………………………………………………………… 170
6.7 三容水箱多变量控制系统 ……………………………………………… 170
6.8 选择控制系统 …………………………………………………………… 171

参考文献 …………………………………………………………………… 172

第 1 章　虚拟过程仿真实验平台概述

为了让读者对本实验教程有一个系统的认识，本章首先简单介绍虚拟过程仿真平台的框架、运行机制，并进一步介绍虚拟过程仿真平台用到的相关仿真软件和组态软件。

1.1　虚拟过程仿真实验平台架构

1.1.1　虚拟过程仿真系统组成

本书中的所有虚拟实验不需要添加任何外在设备，均可以在单台计算机上完成。一个完整的虚拟过程仿真实验的组成包括三部分：操作组态界面、底层控制系统和数据通信接口。三部分的连接关系如图 1.1 所示。

构建一个完整的虚拟过程控制仿真实验需要三个步骤：首先，采用组态软件完成操作界面的开发，使虚拟实验系统的操作界面具有与集散控制系统(DCS)系统中的操作站相似的功能；其次，利用 Matlab 中 Simulink 工具箱强大的数据处理和丰富的控制算法模块搭建相应的虚拟过程控制实验的底层控制系统；最后，采用通用的 OPC(Object Linking and Embedding for Process Control)标准接口把界面与底层系统连接起来，实现控制信号与操作信号的交互作用，最终实现过程实验的虚拟运行与操作。

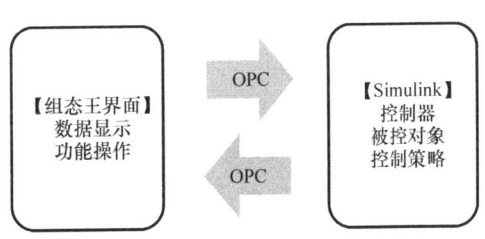

图 1.1　虚拟过程仿真系统关系图

需要注意的是，虚拟系统采用全计算机模拟，没有真实的工艺过程与设备，故系统设备特性不能与真实设备完全对应，但其动态趋势和控制过程是与真实过程控制系统保持一致的。此外，本实验平台还可以利用组态王的发布功能实现远程访问登录，并进行远程自主实验。

1.1.2　操作组态界面

操作组态界面是以亚控公司的组态王软件为开发工具，设计与实际设备一一对应的、用于监测与操作的人机接口画面。该画面一般包括工艺流程模块、响应曲线显示模块、控制模块、报表模块和报警模块等多个功能模块。以三容水箱的多变量控制系统虚拟实验为例，其三容水箱操作组态界面如图 1.2 所示。

根据功能模块进行大致划分，图 1.2 可以分成工艺流程、响应曲线显示、控制功能三个模块，其具体功能如下。

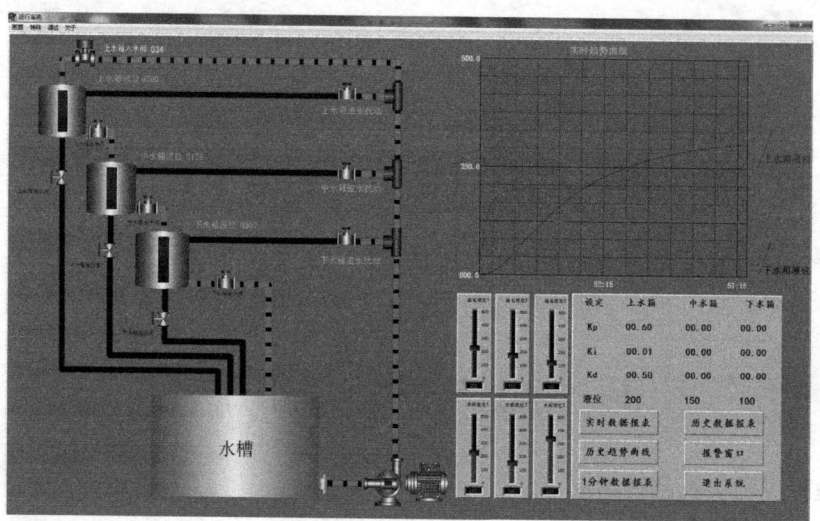

图 1.2　组态王-三容水箱

(1) 工艺流程模块。该子模块搭建了与实际设备高度对应的工艺流程，同时设计了液体流动、阀门的开关动作和电机启停等多个动画功能，增强画面的逼真程度，其工艺流程如图 1.3 所示。

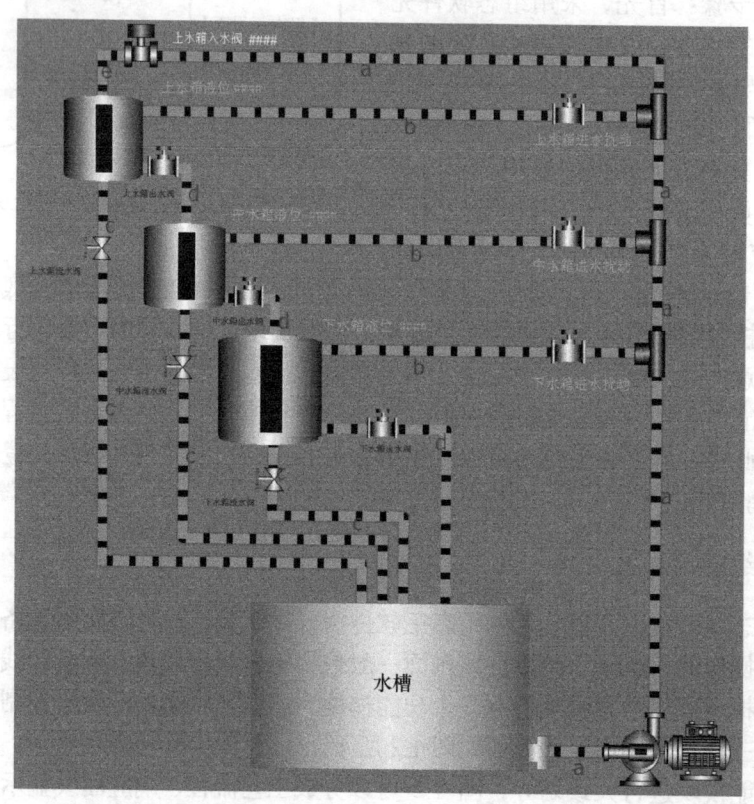

图 1.3　三容水箱工艺流程

(2) 响应曲线显示模块。图 1.4 为实时趋势曲线图，该子模块的功能是显示整个工艺流程中需要显示或控制参数的实时响应曲线，为过程参数的监测和控制参数的调试提供参考。

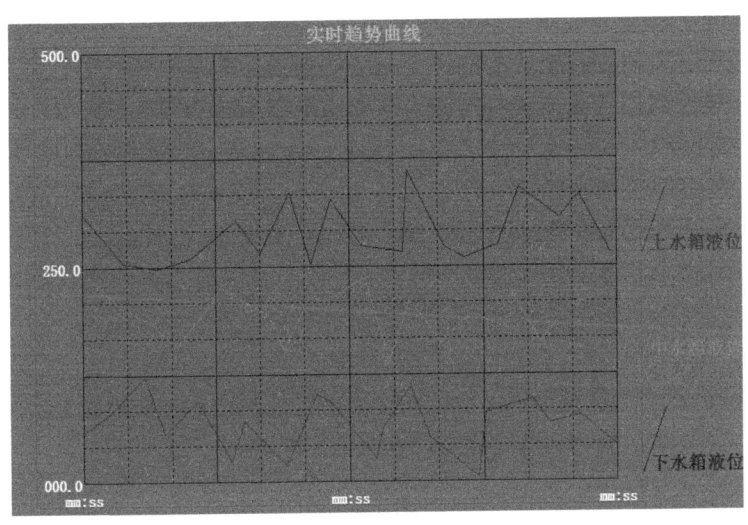

图 1.4　实时趋势曲线图

(3) 控制功能模块。该子模块包括控制参数操作部分、过程参数显示部分和功能画面切换部分。其中，上半部分为控制参数操作部分，这里可以采用游标或数字输入两种方式对 PID 参数或液位进行设定与调试；而过程参数显示部分以游标的形式显示过程参数的实时值；功能画面切换部分设置了多个常用按键，方便在操作过程中根据需要进行画面切换，如图 1.5 所示。

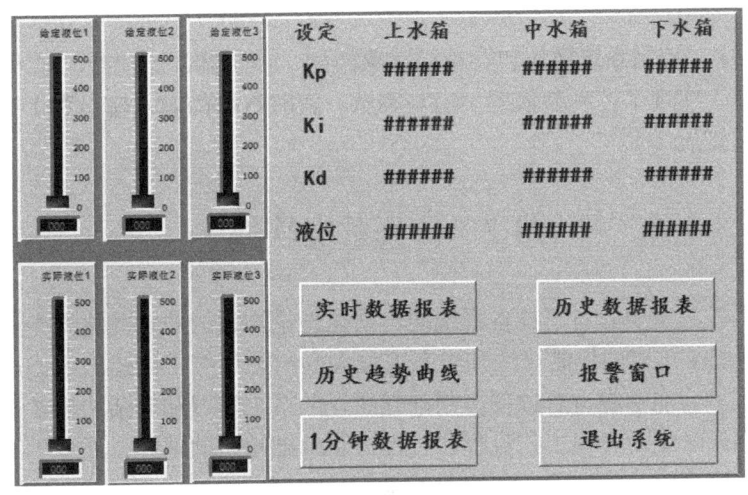

图 1.5　主界面键位、游标设置

1.1.3　控制系统构建

底层控制系统是虚拟过程仿真实验的核心，它接收从操作界面传输过来的参数设定，并按照控制算法运算得到实时系统状态值，然后把这些值通过 OPC 接口传输到操作界面进行界面显示和图形显示。

为较准确模拟过程控制系统的特点、实现多种过程控制算法，这里采用 Matlab 软件的 Simulink 工具箱来完成系统构建工作。Simulink 工具箱是一种模块化的组态工具，可以采用"搭积木"的方式把所需的控制系统快速搭建起来，有效节约开发周期。以三容水箱的多变量控制系统虚拟实验为例，其底层控制系统如图 1.6 所示。

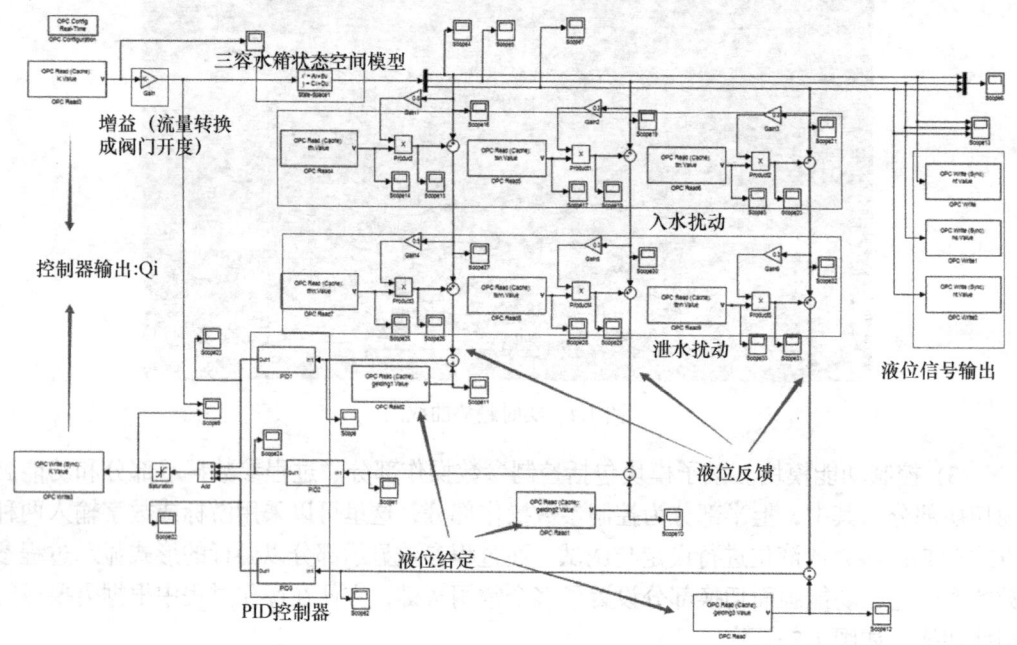

图 1.6　三容水箱系统多变量控制模块组态图

在图 1.6 中，控制系统模块包含被控对象模型、控制器、比较器、显示器和 OPC 接口等多个环节，实现了控制参数的设定与调试、实时数据的输入输出和干扰、显示等多种功能的有效拓展。

1.2　仿真系统软件

考虑到本教程主要针对不具备系统的自动化理论知识的非自动化类专业学生，故本教程利用 Matlab 丰富的控制算法和组态王强大的组态功能，构建出虚拟过程控制仿真实验平台。该平台能够绕过对过程控制基础课程的系统学习和繁杂的数学推导，以实用性为目的，强调学生对过程工艺流程和过程控制基础知识的掌握，通过生动、形象的实验加深相关知识理解，并培养一定的动手能力。

1.2.1　Matlab 简介

Matlab 是一款由美国 MathWorks 公司开发的仿真软件，其名字是由 Matrix 和

Laboratory 两词的前三个字母组合而成的。Matlab 的内核采用 C 语言编写，除了具有数值计算功能，还具备数据图视等功能。Matlab 是以复数矩阵作为基本编程单元的一种程序设计语言，它提供了各种矩阵的运算操作，其简洁和高效的特点对控制理论以及计算机辅助设计起到了巨大的推动作用，在模拟与数字通信、时间序列分析、动态系统仿真等领域都有广泛的应用。在国际数学界，Matlab 已经被确认为准确、可靠的科学计算标准软件。随着新版本的不断推出，Matlab 无论在界面上还是在内容上都得到不断完善，并拥有很多应用在控制领域的专用工具箱，Matlab 已经成为当今国际控制界应用最广也最受人们喜爱的一种软件环境。

Matlab 具有用法简易、运用灵活的特点，利用其丰富的函数资源，可使编程人员从烦琐的代码中解脱出来，给用户带来的是最直观、最简洁的程序开发环境。

1.2.2 Simulink 简介

Simulink 是用来对动态系统进行建模、仿真和分析的软件包，它为用户提供了一个图形用户界面(Graphical User Interface, GUI)。它不仅支持连续、离散及两者混合的线性和非线性系统，也支持具有不同部分拥有不同采样率的多种采样速度的系统仿真。

对于用框图表示的系统，可以通过图形界面、利用鼠标单击和拖拉方式建立系统模型，就像用铅笔在纸上绘制控制系统的框图一样简单，它与用微分方程和差分方程建模的系统仿真软件包相比，具有更直观、更方便、更灵活的优点，不但实现了可视化的动态仿真，也可以实现与 Matlab、C 语言或者 Fortran 语言甚至和硬件之间的数据传递，从而显著地扩展了它的功能。

1.2.3 组态王简介

组态王(又名 Kingview)是由北京亚控科技发展有限公司开发的一款通用工业监控软件，它融过程控制设计、现场操作以及工厂资源管理于一体，将一个企业内部的各种生产系统和应用以及信息交流汇集在一起，实现最优化管理。因此，它成为近年来备受欢迎的上层组态软件之一。组态王是在 PC 上建立工业控制对象人机界面的一种智能软件包，它以 Windows 中文操作系统作为操作平台，用户可以在企业网络中所有层次的各个位置上都可以及时获得系统的实时信息。采用组态王开发工业监控工程，可以极大地增强用户生产控制能力、提高工厂的生产力和效率、提高产品的质量、减少成本及原材料的消耗。它适用于从单一设备的生产运营管理和故障诊断，到网络结构分布式大型集中监控管理系统的开发。

具体来说，组态王主要有以下几个特点。

(1) 过程动态可视化。运行于 Windows 环境下，充分利用 Windows 的图形功能完备、界面美观的特点，可绘制出各种工业图画，可用其他工具制作动画，通过插入或连接方式，使画面生动、直观，最大程度上模拟工业控制现场，使人有一种身临其境的感觉。

(2) 良好的开放性。组态王支持通过 OPC、DDE 等标准传输机制和其他监控软件或应用程序进行本机或者网络上的数据交互，实现上位机和下位机的双向通信。

(3) 丰富的功能模块。可以与组态王连接的功能模块很多，大约有50种。利用各种功能模块完成实时监控、产生报表、显示历史数据、产生报警以及配方管理等功能。

(4) 强大的数据库。数据库(数据词典)是组态软件的核心部分，配有实时数据库，可存储各种数据，如离散变量、实型变量、字符串变量、整型变量等，实现与外部设备的数据交换。

(5) 强大的ODBC功能。组态王利用ODBC接口可与多种数据库连接，实现实时数据的写入功能、动态生成数据表，数据库函数丰富，能自动生成报警数据库，还支持数据表的图形显示。

(6) 可编程的命令语言。提供一种和C语言类似的语言，用户根据需要编写一段程序，在运行时定时或不定时地执行，和C语言不一样的是组态王的程序执行入口多，语言功能强大，上手较快。

(7) 系统安全性。安全保护是应用系统不可忽视的问题，对于可能有多个用户共同使用的大型复杂系统，必须能够依据用户使用权限或通过安全区允许或禁止其对系统进行操作。

1. 组态王软件的组成

组态王软件结构由工程管理器(Project Manager)、工程浏览器(Touch Explore)和画面运行系统(Touch View)三大部分组成。其中，工程管理器是应用程序的管理系统，具有很强的管理功能，可用于新工程的创建和对已有工程的管理，对已有工程进行搜索、添加、备份、恢复以及实现数据词典的导入和导出等功能；工程浏览器内嵌组态王画面开发系统可以查看工程的各个组成部分，用于创建监控画面、定义监控的设备及相关变量、完成数据库的构造、动画连接、命令语言以及设定运行系统配置等工作；工程浏览器和画面运行系统是各自独立的Windows应用程序，画面的开发和运行由工程浏览器调用画面制作系统(Touch Mark)和画面运行系统来完成。

画面制作系统是应用工程的开发环境，可以在这个环境中完成画面设计、变量定义和动画连接等工作。画面制作系统具有先进完善的图形生成功能；数据库提供多种数据类型，能合理地提取控制对象的属性；对变量报警、趋势曲线、过程记录、安全防范等重要功能都有简洁的操作方法。

画面运行系统是组态王的实时运行界面，画面运行系统从采集设备中获取通信数据，保存在实时数据库中，并依据工程浏览器的动画设计显示动态画面，把数据的变化以动画的方式形象地表示出来，同时可以完成变量报警、操作记录、趋势曲线等监视功能。负责数据库与服务器程序数据交换，实现人机交互。

2. 组态王与外部设备通信

组态王把每一台与之通信的设备看作外部设备，为实现组态王与外部设备的通信，组态王内置大量设备的驱动程序作为组态王和外部设备的接口，在开发过程中只需根据工程浏览器提供的设备配置向导一步步完成连接过程，即可实现组态王和相应外部设备驱动的连接。运行时组态王可通过驱动接口和外部设备交换数据,包括采集数据和发送数据。每一个驱动都是一个 COM 对象,这种方式使驱动和组态王构成如图 1.7 所示的完整系统,既保证了运行系统的高效率,又使系统有很强的扩展性。

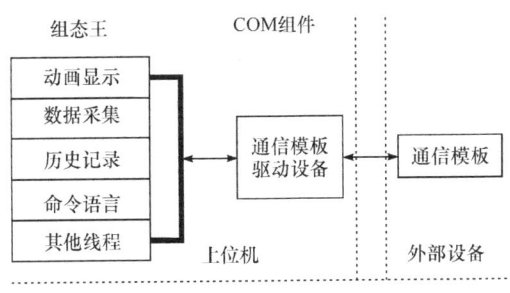

图 1.7 组态王与外部设备通信图

1.2.4 OPC 技术简介

1. OPC 概念

OPC 全称是 OLE for Process Control,它的出现为基于 Windows 的应用程序和现场过程控制应用建立了桥梁。在过去,为了存取现场设备的数据信息,每一个应用软件开发商都需要编写专用的接口函数。现场设备的种类繁多,且产品的不断升级,往往给用户和软件开发商带来巨大的工作负担。系统集成商和开发商急切需要一种具有高效性、可靠性、开放性、可互操作性的即插即用的设备驱动程序。在这种情况下,OPC 标准应运而生。OPC 标准以微软公司的 OLE 技术为基础,它的制定是通过提供一套标准的 OLE/COM 接口完成的,在 OPC 技术中使用的是 OLE 2.0 技术,OLE 标准允许多台微机之间交换文档、图形等对象。

2. OPC 技术的产生与发展

连接控制网络与信息网络的技术可追溯到 1990 年的 Windows DDE 技术,该技术是在微软的 Win32 应用程序接口(API)上开发的应用程序之间动态地移动数据的一种方法。程序开发的选择范围只能局限在 DDE 和一个专用的 DDE 导出表之间,所以选择 DDE 进行程序开发可能限制用户对软件或硬件的选择,因此人们迫切希望在硬件和应用程序之间有一个通用的标准接口。工控软件的开放性和互操作性是工控系统追求的目标,工控软件的驱动程序接口缺乏统一的标准,这不仅不利于软件和硬件市场的发展,也给用户带来了很大的不便。

1992 年,微软公司发布了 OLE 2.0,人们渐渐习惯利用 OLE 技术在两个应用程序中间进行几乎实时的传输过程数据,并意识到在 SCADA 与设备驱动程序之间可以建立一套标准的接口,于是产生了基于 COM 技术的 OPC 标准。它是世界上多个自动化公司、软硬件供应商和微软合作开发的一套接口的工业标准。它基于微软现有的 OLE、组件对象模型(Component Object Model,COM)、分布式组件对象模型(Distributed Component Object Model,DCOM)技术开发而成。其设计目标是为现场设备、自动控制应用、企业管理应用软件之间提供开放、一致的接口规范，为来自不同供应商的软硬件提供"即插即用"(Plug and Play)的连接。

1995 年，Fisher-Rosement、Intellution、Rockwell Software、Intuitive Technology 和 Opto22 五家控制系统产品公司开发了原始的 OPC 标准，微软公司同时作为技术支持顾问给予了支持。OPC 基金会组织的前身是成立于1995年的 OPC 工作组(OPC Task Group)。1996 年 10 月，世界上一些著名的自动化硬件设备制造商和软件开发商一起成立了 OPC 基金会(OPC Foundation，OPC-F)，该基金会主要负责 OPC 规范的制定和发布，协调和推广 OPC 技术在世界范围内的应用。到目前为止，OPC 基金会已经推出了一系列规范，包括数据访问规范(Data Access Specification)、事件和报警规范(Alarms and Events Specification)、历史数据访问规范(Historical Data Access Specification)、批处理规范(Batch Specification)、安全性规范(Security Specification)、XML-DA 规范以及 OPC UA(OPC Unified Architecture)规范等。

1997 年 2 月，微软公司推出 Windows 95 支持的 DCOM 技术；1997 年 9 月，OPC 基金会对 OPC 标准进行修改，增加了数据访问等一些标准，OPC 标准得到了进一步的完善。到了 1998 年，由于企业界的广泛支持，OPC 成为一种工业标准。2000 年 12 月，中国也加入了 OPC 基金会，为我国的工业控制领域带来新的革命。

目前，正在应用的和正在开发的 OPC 标准如表 1.1 所示。OPC 技术在自动控制领域的使用越来越广泛，这主要体现在两方面：一方面是许多硬件中增加了 OPC 接口，为用户提供了信息访问通道；另一方面是在许多应用软件中增加了客户端功能，这可以方便地获取不同现场设备中的数据和信息。

表 1.1 OPC 标准

准标	版本	内容
Data Acess	1.0, 2.0, 3.0	数据访问的标准
Alarm and Events	1.0, 2.0	警报和事件的标准
Historical Data Access	1.0	历史数据访问的标准
Batch	1.0	批处理的标准
Security	1.0	安全性的标准
Compliance	1.0	数据访问标准的测试工具
OPC XML	1.0	过程数据的 XML 标准
OPC Data Exchange	1.0	服务器间数据交换的标准

3. OPC 数据存取规范

OPC 规范是以微软公司的 OLE 技术(现在的 Active X)为基础，由 OPC 基金会组织倡导的工业控制和生产自动化领域中的硬件与软件之间的接口标准，它基于 Microsoft

现有的 OLE、COM 和 DCOM 技术提供了一整套 OLE/COM 接口、属性和方法的标准集，用于过程控制和制造业自动化系统。OPC 服务器通常支持两种类型的访问接口，即自动化接口(Automation Interface)和自定义接口(Custom Interface)。自动化接口是为基于脚本编程语言而定义的标准接口，可以使用 Visual Basic、Delphi、Power Builder 等编程语言开发 OPC Server 的客户应用；而自定义接口是专门为 C++等高级编程语言而制定的标准接口，目前已得到越来越多的工控领域硬件和软件制造商的承认与支持，并已成为过程控制业的国际标准。OPC 规范包括 OPC 服务器和 OPC 客户端两部分，其实质是在硬件供应商和软件开发商之间建立一套完整的"规则"。只要遵循这套规则，数据交互对两者而言是透明的，硬件供应商无须考虑应用程序的多种需求和传输协议，只需要提供一套符合 OPC Server 规范的程序组，便能够提供一个功能齐备统一的 OPC 应用接口。而软件开发商也无须了解硬件的实质和操作过程，只需要一套具备 OPC 客户能力的软件，就可以与所有符合 OPC 服务器规范的程序组连接，通过统一的标准接口访问不同的软硬件设备，实现两者之间的数据交互。

OPC 数据存取服务器主要由三类数据对象组成，包括服务器(Server)、组对象(Group)和数据项(Item)。三种层次对象的关系如图 1.8 所示。

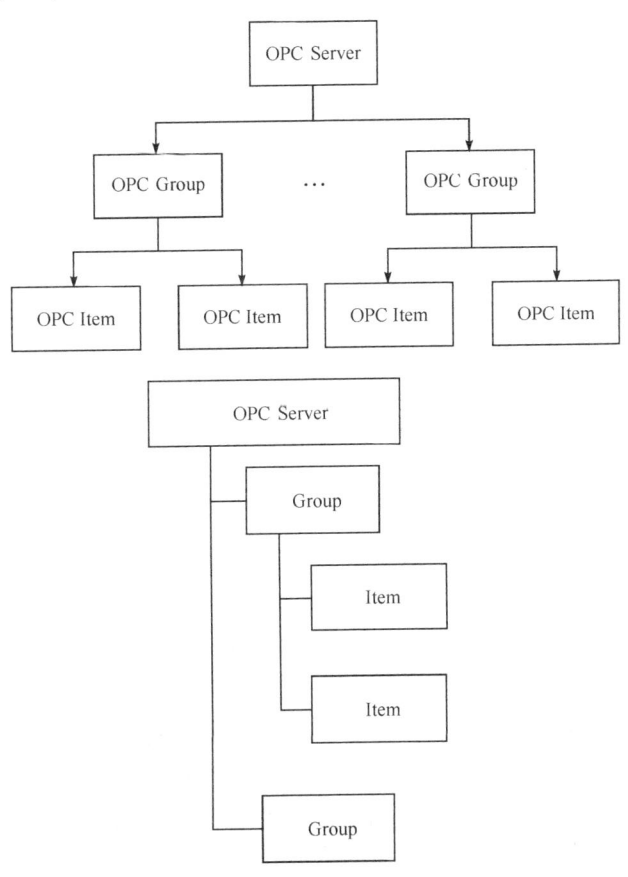

图 1.8　OPC Server 三种层次对象的关系

OPC 数据访问对象的结构是一个分层结构：一个 OPC Server 由一个子对象 OPC 组集合对象 OPC Group 构成，这个 OPC 组集合对象可以添加多个 OPC Group；每个 OPC 组对象由一个子对象集合 OPC Item 构成，这个 OPC 项目集合可以添加多个 OPC Item。此外，OPC Server 对象还包含一个可选用的 OPC Browser。

4. 基于 COM 技术的 OPC

微软公司为了提供商业应用程序和特定用途的软件包间的相互连接性，开发了 COM 技术。COM 是所有 OLE 机制的基础，而不是一种计算机语言，它与运行的机器、机器的操作系统以及软件开发的语言无关，是一种为了实现与编程语言无关的对象而制定的标准，该标准将 Windows 下的对象定义为独立单元，可不受程序限制地访问这些单元。这种标准使两个应用程序之间都可以通过对象化接口通信，而不需要知道对方是如何创建的。例如，用户可以使用 C++语言创建一个 Windows 对象，它支持一个接口，通过该接口，用户可以访问该对象提供的各种功能，用户可以使用 Visual Basic、C、Pascal、Smalltalk 或其他语言编写对象访问程序。COM 的体系结构为客户/服务器模式，COM 服务器是根据 COM 客户的要求提供 COM 服务的可执行程序，可以作为 Win32 上可执行的文件发布。COM 组件可以以二进制的形式发布给用户，而且不同版本的 COM 服务器和 COM 客户程序是兼容的。在 Windows NT 4.0 操作系统下，COM 规范扩展到可访问本机以外的其他对象，一个应用程序使用的对象可分布在网络上，COM 的这个扩展称为 DCOM。作为 COM 技术扩展的 DCOM 技术，可以使 COM 组件分布在不同的计算机上，通过网络连接互相交换数据。这样，如果提供一个工业标准化的 COM 接口，不同控制设备厂家开发的 COM 组件就可以相互连接，OPC 就是作为工业标准定义的特殊的 COM 接口。

通过 DCOM 技术和 OPC 标准，完全可以创建一个开放的、可互操作的控制系统软件。OPC 采用客户/服务器模式，把开发访问接口的任务放在硬件生产厂家或第三方厂家，以 OPC 服务器的形式提供给用户，解决了软、硬件厂商的矛盾，完成了系统的集成，提高了系统的开放性和可互操作性。

5. OPC 与传统过程控制系统的比较

OPC 技术是专门为过程控制软件设计的基于微软 OLE/COM 技术的标准，它将访问现场设备的开发任务以标准接口的形式由设备制造厂商实现，并将该接口透明地提供给工控软件开发人员，使用户从底层的通信模块开发中解放出来。OPC 提供了一种开放、高效的通信机制，给工控软件提供了一种能一致地存储现场设备数据的方法。采用 OPC 技术构成的异构控制系统(图 1.9)，很容易实现控制系统的集成。

传统的过程控制系统是一对一的系统，其结构如图 1.10 所示，任何一种硬件监视界面(Hardware Monitor Interface，HMI)等上位监控软件或其他应用软件(如趋势图软件、数据报表与分析等)在使用某种硬件设备时都需要开发专用的设备驱动程序。

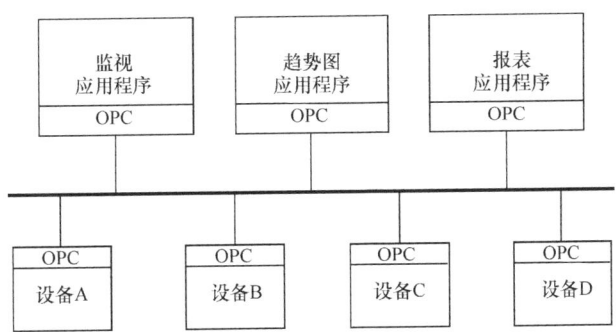

图 1.9 基于 OPC 的过程控制系统结构

在图 1.10 所示的例子中,针对 4 种控制设备所完成的 3 个应用系统一共需要开发 3×4=12 种驱动程序。新增应用软件或者硬件设备带来的只会是驱动程序种类的迅速增长。而在图 1.9 所示的例子中,针对 4 种控制设备所完成的 3 个应用系统一共仅需要开发 4 种驱动程序,因此基于 OPC 的系统结构对于新增应用软件或者硬件设备可以轻松地扩展系统。

由此可见,基于 OPC 规范的过程控制系统结构可以实现统一的通信接口,比传统的过程控制系统结构更科学、合理,它可以使一个 OPC 服务器为多个客户提供数据;而一

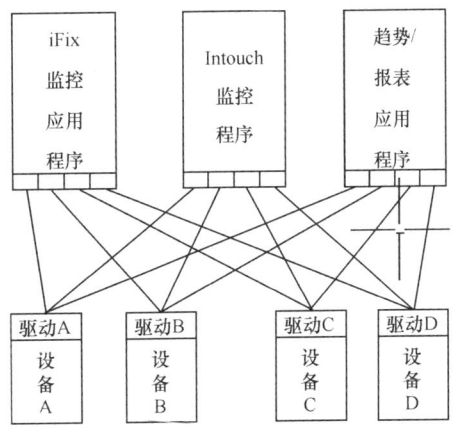

图 1.10 传统的过程控制系统结构

个客户同时又可以访问多个 OPC 服务器,这样就会减少需要开发的驱动程序的数量。同时,OPC 具有的灵活性和机动性使硬件设备驱动器的开发变得单一化,添加设备变得比较容易,添加新的设备时上层应用程序进行的改动比较少,并且用户可以选用不同的商业软件包使系统构成的成本大为降低。

6. Matlab 与组态王中的 OPC 技术数据通信

MathWorks 公司推出的 Matlab 7.0 以上版本中集成了 OPC 工具箱——Matlab OPC Toolbox,如图 1.11 所示。

该工具箱是一个客户端软件,提供了一种服务器和客户端互访的通用机制,应用于 OPC 客户端数据访问,使用 OPC 工具箱时,不需要了解 OPC 服务器的内部配置和具体操作,就能连接任何一个 OPC 数据访问服务器,可以方便地对连接的 OPC 服务器数据进行读写,每个 OPC 数据访问服务器由唯一的 ID 号确定,每台主机的服务器 ID 号是唯一的,由服务器所在机器的主机名和 ID 号组成,使其在网络中能唯一地确定身份。建立连接后的 OPC 客户端和 OPC 服务器之间的关系如图 1.12 所示。

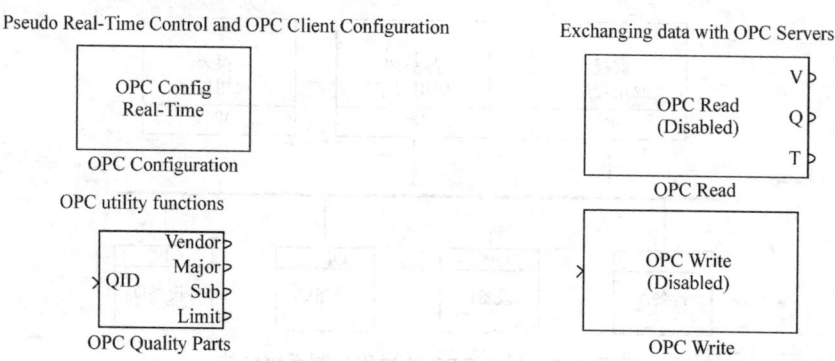

图 1.11　Matlab OPC Toolbox

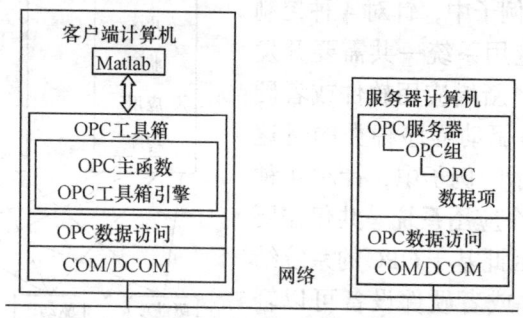

图 1.12　OPC 客户端和 OPC 服务器之间的关系

借助于 Matlab OPC Toolbox 可以方便地实现 Matlab 客户端与组态王服务器端之间的数据通信。其流程图如图 1.13 所示。

7. 基于 OPC 接口的组态王与 Simulink 连接具体步骤

为了实现操作界面与底层控制系统实时通信，需要通过 OPC 通信技术将它们连接起来，构成实时监控系统。

以图 1.2 所示的虚拟多变量控制系统为例，整个系统需要接入 OPC 进行数据传输的有三个水箱液位的给定、PID 参数的给定、扰动阀的加入、上水箱入水阀开度。通过组态王数据词典分别设置好各变量的采样频率、数据类型和上下限位等参数之后，就可以在 Matlab 客户端利用 Matlab OPC Toolbox 模块读取组态王 OPC 数据服务器中的三容水箱液位监控系统实时数据，并将计算完成的数据写入组态王 OPC 数据服务器来改变控制过程中的相应控制参数。

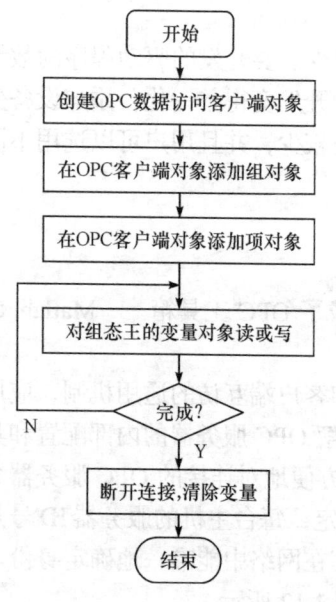

图 1.13　Matlab 与组态王通信流程图

1) 调用组态王自带 OPC 服务器

在组态王工程浏览器中选择设备【OPC 服务器】，新建弹出【查看 OPC 服务器】，在网络节点名输入"\\localhost"，单击【查找】，选择【KingView.View.1】，具体如图 1.14 所示。

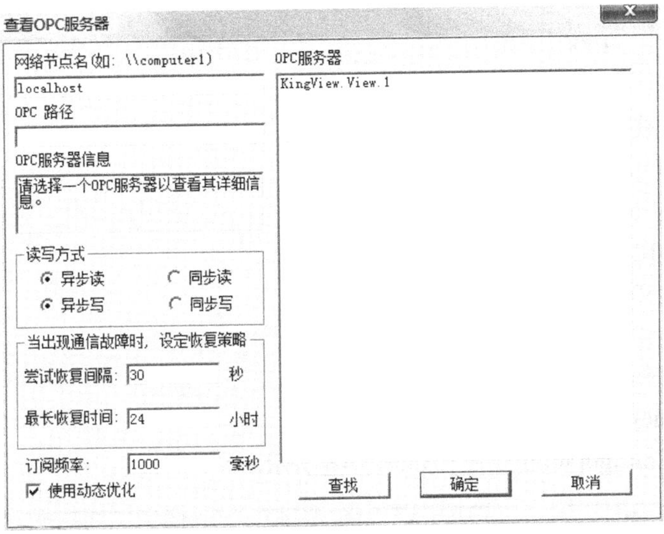

图 1.14 组态王自带 OPC 服务器

在组态王工程浏览器中选择【数据词典】，以电动调节阀开度为例，双击该变量，弹出如图 1.15 所示画面，设置各个参数。

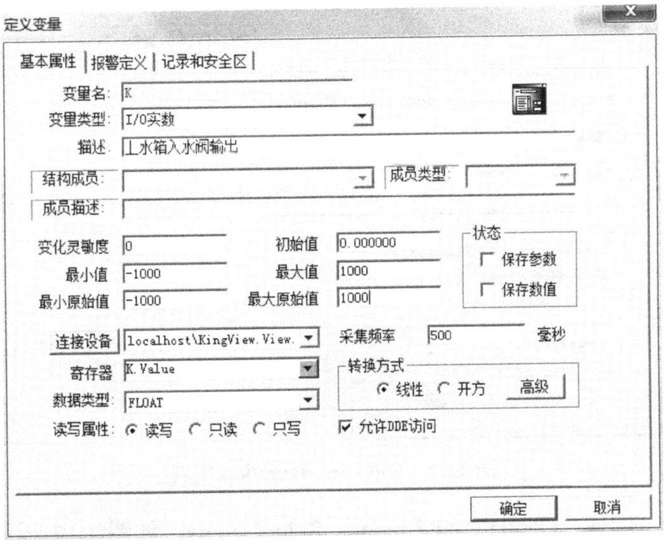

图 1.15 "定义变量"对话框

在对话框中添加变量如下：

变量名：K。

变量类型：I/O 实数。
变化灵敏度：0。
初始值：0。
最小值：-1000。
最大值：1000。
最小原始值：-1000。
最大原始值：1000。
转换方式：线性。
连接设备：\\localhost\KingView.View.1。
寄存器：K.Value。
数据类型：FLOAT。
采集频率：500 毫秒。
读写属性：读写。
设置完成后单击【确定】。
2) 建立 Simulink 连接
双击 OPC Configuration 模块，如图 1.16 所示。

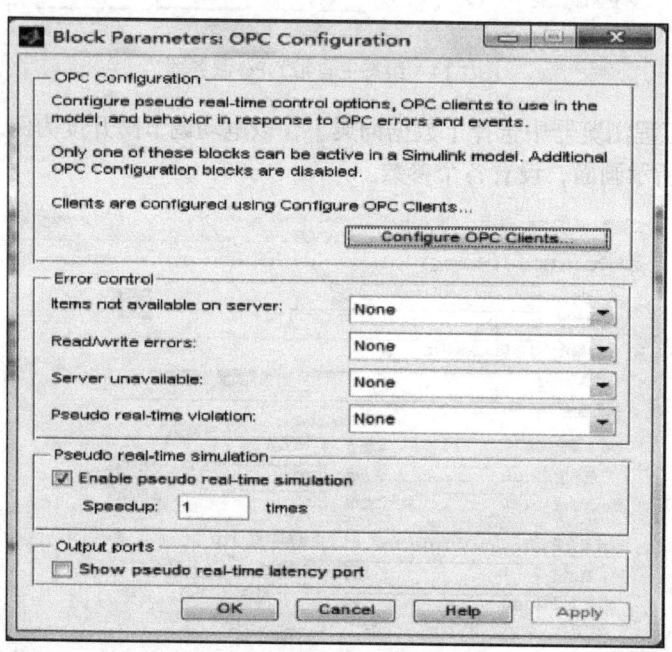

图 1.16 OPC Configuration 模块

选择 Configure OPC Clents、Add Items、Select Items，如图 1.17 所示。
双击 OPC Read 模块，选择 Add Items，输入组态王中变量的寄存名，单击 [>>] 后，如图 1.18 所示。

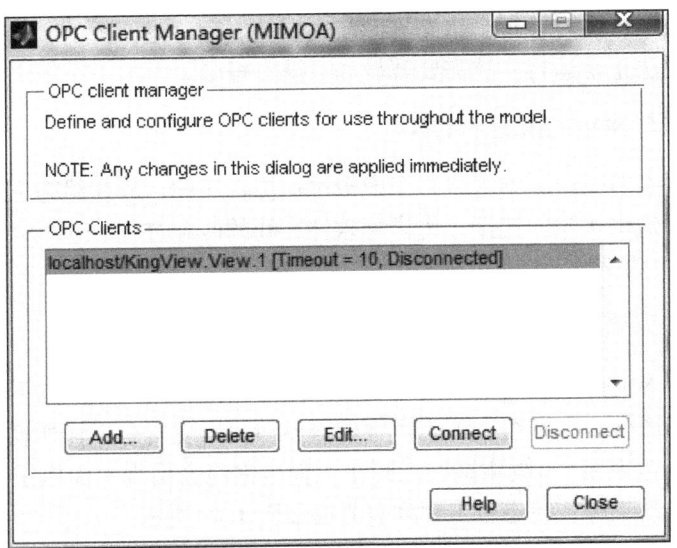

图 1.17　OPC Configuration 模块连接

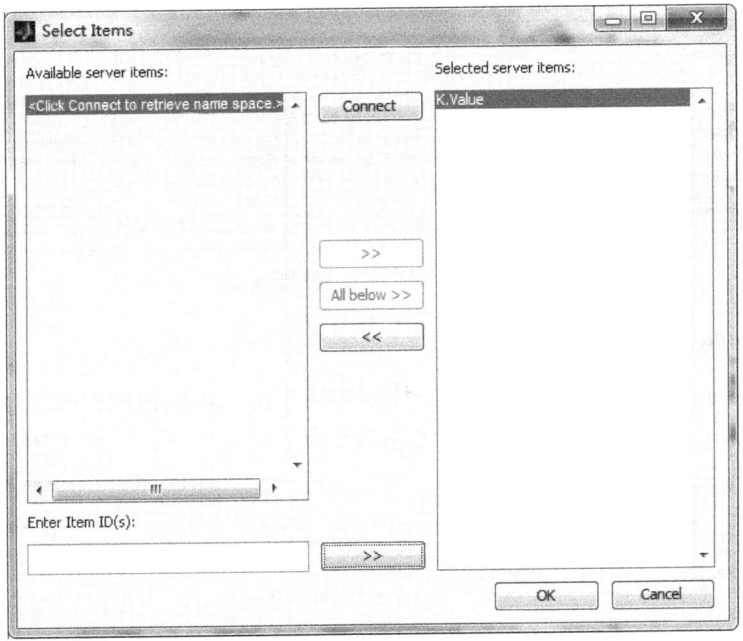

图 1.18　OPC Read 模块连接

OPC Write 模块连接与 OPC Read 模块相同。完成上述三个模块的连接就基本实现组态王与 Matlab 之间的数据通信。

1.3　虚拟过程仿真实验平台运行步骤

该虚拟过程仿真平台的每个实验均需要两个软件同时运行,故两个软件的开启和停止均有一定的顺序；同时，每个组态界面与底层控制程序是匹配的，如果操作不当，会导致仿真实验无法正常运行，故需要遵循如下操作规则。

1.3.1 组态程序与 Simulink 程序的匹配

由于本仿真实验平台一共有 13 个虚拟过程仿真实验，故在组态王工程管理器界面中，会同时出现这些实验的链接。为讲解软件之间的匹配过程，这里以"锅炉液位控制系统_串级测试"为例。

1. 组态王程序设置

为达到组态界面与相应的 Simulink 程序匹配的目的，需要按照如下步骤操作。首先，双击组态王快捷图标，打开组态王工程管理器界面，出现所有工程列表。然后，双击工程"锅炉液位控制系统_串级测试"，则在工程名称前会出现一面旗子，表示已经选择该工程为默认启动工程，组态王工程列表界面如图 1.19 所示。

图 1.19 组态王工程列表界面

2. Simulink 程序设置

打开 Matlab 软件，找到相应的串级控制算法，如"桌面/过程控制程序/双容水箱液位串级控制实验/PIDinput_Cascade"。双击该文件，即可打开，如图 1.20 所示。

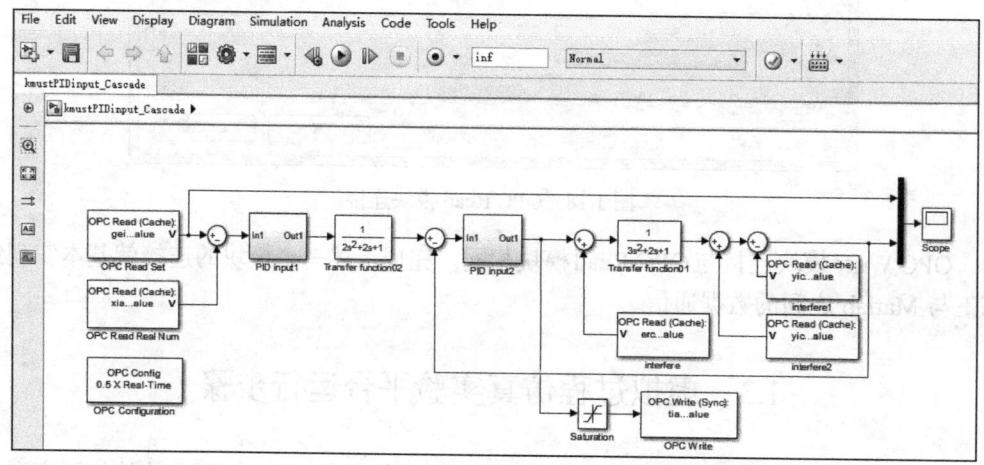

图 1.20 液位串级控制 Simulink 模块图

设定仿真时间项为"inf"以保持底层控制系统能够一直运行。

1.3.2 虚拟仿真实验系统启动顺序

(1) 单击 Simulink 程序中的运行控件 ▶，弹出如图 1.21 所示的提示画面，单击【确定】，系统将自动打开串级控制系统操作界面。

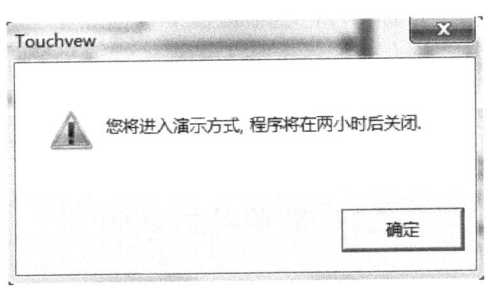

图 1.21 系统运行提示画面

(2) 设定液位值，调节 PID 参数，实现系统功能。

1.3.3 虚拟仿真实验系统停止顺序

(1) 打开图 Simulink 程序运行窗口，单击【停止】(■)，终止 Simulink 的运行。
(2) 打开组态王系统运行窗口，单击右下角【菜单】/【系统退出】控件，就可以退出组态王系统。

1.3.4 仿真实验平台运行注意事项

(1) 本仿真实验需要严格按照实验开始和结束顺序的要求操作，否则会出现 Matlab 的 Simulink 模块程序"未响应"卡死现象。
(2) 如在运行过程中出现组态界面的图像不能动态变化、控制参数变化对曲线无影响现象，则需要按照实验停止顺序关闭 Matlab 和组态王，然后按"启动顺序"重新启动。
(3) 由于本实验教程采用的组态王为 6.55 学习版，在虚拟仿真实验过程中可能会出现实验"闪退"现象，这时只需要按"启动顺序"重新启动即可。
(4) 部分计算机中会出现"历史曲线趋势图"无法打印成图片，这就需要采用截图的方式进行保留。
(5) 如果在以 Simulink 搭建的底层控制程序中，出现 OPC 模块不被识别现象，则需要单独安装 OPC 接口程序或更换带有 OPC 接口的 Matlab 7.0 以上软件。

第 2 章　过程控制系统

过程控制系统是一门专门的学科,基本覆盖了过程工业中涉及的原理、应用与技术等各方面知识,为让非自动化专业的学生或人员能够更好地操作本实验平台进行实训,本章主要介绍过程控制系统的一些基础知识,包括过程控制系统中的基本术语、系统表示方法、性能参数指标和常用整定方法,为后续实验的顺利开展奠定基础。

2.1　简单控制系统

简单控制系统是由一个被控对象、一个测量元件及变送器、一个控制器和一个执行器组成的单回路负反馈控制系统,其特点是结构简单、易于实现、适应性强、应用广泛、占实际控制回路的 90%以上,各种复杂控制系统均是在简单控制系统的基础上发展起来的。在工业过程计算机控制系统中,也往往把它作为最底层的控制回路。

典型的过程控制系统(负反馈系统)通常由被控对象、传感器和变送器(检测装置)、控制器、执行器等四部分组成,其系统框图如图 2.1 所示。

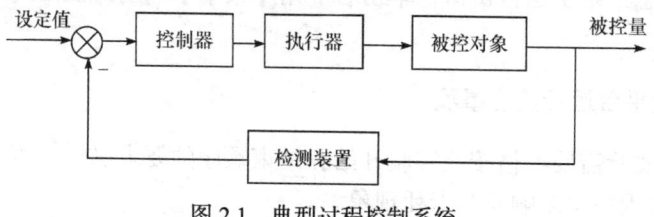

图 2.1　典型过程控制系统

1. 被控对象

被控对象是指被控制的生产设备或装置。常见的工业被控对象有锅炉、加热炉、分馏塔、反应炉等生产设备。

2. 传感器和变送器

反映生产过程的工艺参数大多不止一个,一般都需要采用不同类型的传感器进行检测,才能了解生产过程的状态,以获得可靠的控制信息。在这里,传感器是指能够对过程参数进行检测的装置,而变送器是指能把传感器采集的信号转换成标准的电流或电压信号,并进行传输的装置。

3. 控制器

控制器也称调节器,它接收传感器或变送器的标准信号:被控参数。当其符合生产工艺要求时,控制器的输出保持不变,否则控制器的输出就会发生变化,对系统施加控制作用，最终实现控制目标。

4. 执行器

执行器的作用是用来执行控制器输出信号，达到调节被控变量的目的。在过程控制系统中，被控变量的测量值与设定值是在控制器内进行比较后得到的偏差值，由控制器按设定的控制规律(PID 等)进行运算后，发出相应的控制信号推动执行器，该控制信号是控制器的输出量。在过程工业中通常是由各种阀门(电磁阀、气动调节阀等)来充当执行器。

2.2 过程控制动态性能指标

过程控制系统的性能是由组成系统的结构、被控过程与过程仪表(测量变送、执行器和控制器)各环节特性共同决定的。为准确表示一个控制系统的过渡过程性能特点，通常采用一些性能指标来进行描述。大多数情况下，我们希望得到衰减振荡过程，因此这里取这种动态过程形式来讨论控制系统的品质指标。

假定自动控制系统在单位阶跃输入作用下，被控变量的变化曲线如图 2.2 所示，即该动态响应属于图 2.2 所示的一个衰减振荡的过渡过程。因此，习惯上采用下列五个品质指标来评价控制系统的质量。

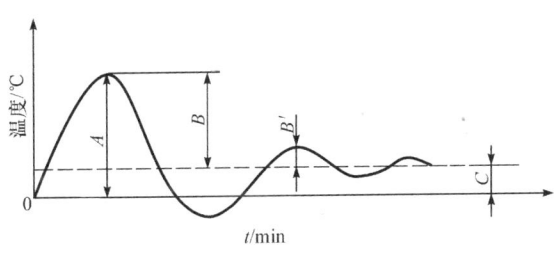

图 2.2 衰减振荡响应曲线

1. 最大偏差或超调量

最大偏差是指在过渡过程中，被控变量偏离稳态值的最大数值。在衰减振荡过程中，最大偏差就是第一个波的峰值(即图 2.2 中的 A)。特别是对于一些有约束条件的系统，如化学反应器的化合物爆炸极限、触媒烧结温度极限等，都会对最大偏差的允许值有所限制。超调量为被控变量第一个波的峰值与新稳态值的差值(即图 2.2 中的 B)，它也可以用来表征被控变量偏离平衡态的程度。

2. 衰减比

衰减比是指响应曲线衰减程度的指标，它表示前后相邻两个同向峰值的比(即图 2.2 中的 $B:B'$)，习惯表示为 $n:1$。在一般的过程控制系统中，n 取 4~10 为宜。

3. 余差

当过渡过程终了时，被控变量达到新的稳态值与给定值之间的偏差称为余差，或者说余差就是过渡过程终了时的残余偏差。有余差的控制过程称为有差调节，相应的系统称为有差系统。反之就为无差调节或无差系统。

4. 过渡时间

从干扰作用发生的时刻起，直到系统重新建立新的平衡时，过渡过程经历的时间称为过渡时间 t_s。一般在稳态值的上下规定一个小范围，当被控变量进入该范围并不再越出时，就认为被控变量已经达到新的稳态值，或者说过渡过程已经结束。这个范围一般定为稳态值的±5%(也有的规定为±2%)。

5. 振荡周期或频率

过渡过程相邻同向两波峰(或波谷)之间的间隔时间称为振荡周期或工作周期 T，其倒数称为振荡频率。在衰减比相同的情况下，周期与过渡时间成正比，一般希望振荡周期短一些为好。下面通过例2.1来说明上述五个参数的具体计算过程。

例2.1 某换热器的温度控制系统在单位阶跃干扰作用下的过渡过程曲线如图2.3所示。试分别求出最大偏差、余差、衰减比、振荡周期和过渡时间(给定值为200℃)。

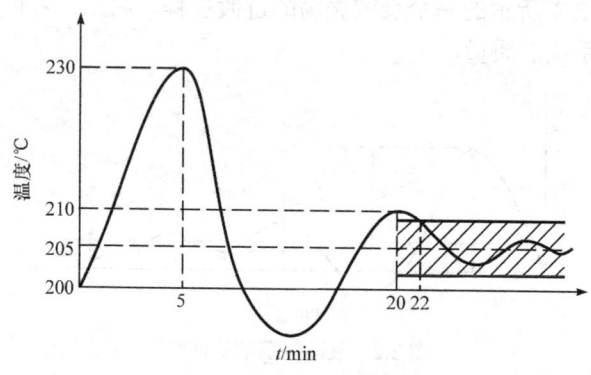

图2.3 温度控制系统过渡过程曲线

解 根据定义，五个控制指标的具体值如下。

最大偏差 A=230−200=30(℃)，余差 C=205−200=5(℃)。

由图 2.3 可以看出，第一个波峰值 B=230−205=25(℃)，第二个波峰值 B'=210−205=5(℃)，故衰减比应为 $B:B'$=25∶5=5∶1。

振荡周期为同向两波峰之间的时间间隔，故周期 T=20−5=15(min)。

2.3 串级控制系统

2.3.1 基本概念

1. 串级控制系统的定义

一个控制器的输出作为另一个控制器的设定值，这样连接起来的两个控制器称为串级控制器。两个控制器都有各自的测量输入,但只有主控制器具有独立的设定值。主控制器的输出作为副控制器的给定值,而副控制器的输出信号作用于被控对象,这样组成的系统称为串级控制系统。

串级控制系统采用两套检测变送器和两个控制器,前一个控制器的输出作为后一个控制器的设定,后一个控制器的输出送往调节阀。

2. 串级控制系统的基本组成

串级控制系统包括两个控制回路:主回路和副回路。副回路由副测量变送装置、副控制器、控制阀和副对象构成;主回路由主测量变送、主控制器、副控制器、控制阀、副对象和主对象构成。串级控制系统的基本组成如图 2.4 所示。

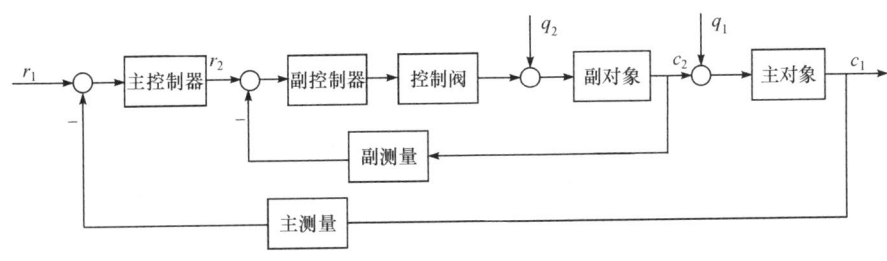

图 2.4 串级控制系统基本组成

图 2.4 中,r_1 表示主控制器输入,r_2 表示主控制器输出,串级控制系统中其他部分说明如下。

(1) 主被控变量 c_1:工业过程中的重要参数,使它保持平稳是控制的主要目的。

(2) 副被控变量 c_2:工业过程中影响主被控量的重要参数,为了稳定主被控变量而引入的中间辅助变量。

(3) 主对象:工业过程中所要控制的对象,由主被控变量表征其主要特性的生产过程或设备。

(4) 副对象:工业过程中影响主被控变量的对象,由副被控变量表征其主要特性的辅助生产过程或设备。

(5) 主控制器:在系统中起主导作用的控制器,按主被控变量和其设定值之差进行控制运算,其输出作为副控制器的设定值。

(6) 副控制器:在系统中起辅助作用的控制器,按所测的副被控变量和主控制器输出之差进行控制运算,其输出直接作用于控制阀。

(7) 主测量变送器:测量并转换主被控变量。

(8) 副测量变送器:测量并转换副被控变量。

(9) 一次扰动 q_1:作用在主被控过程上,不包括在副回路范围内的扰动。

(10) 二次扰动 q_2:作用在副被控过程上,包括在副回路范围内的扰动。

一般来说,主控制器的给定值是由工艺给定的,是一个定值,因此主环是一个定值控制系统。而副控制器的给定值是由主控制器的输出提供的,它随主控制器输出变化而变化,因此副回路是一个随动系统。主变量一般是反映生产质量或生产过程运行情况的主要工艺变量，控制系统设置的目的就在于稳定这一变量，使它等于工艺规定的给定值。在系统特性上，串级控制系统由于引入了副回路，改善了对象的特性，使控制过程加快，具有超前控制的作用，从而有效克服了系统干扰，提高了控制质量。并且，串级控制系统具有一定的自适应能力，可用于负荷和操作条件有较大变化的场合。

3. 串级控制系统的特点

串级控制将系统分为两个部分，每个部分都处在各自闭合的回路中。从图 2.4 可直观地看出串级控制系统的结构特点，可概括如下。

(1) 副回路的内部干扰 q_2，通常在它影响主被调量之前就已经被副控制器控制了。
(2) 副对象的相位滞后由于存在副回路而显著减小，因而改善了主回路的响应速度。
(3) 副对象增益变化的影响在副回路内部被克服。
(4) 副回路可按主回路的需要进行精确地控制。

当有许多随机干扰，而控制性能要求又很高时，或当副对象具有很大的相位滞后时，采用串级控制是非常有效的控制手段。不过，串级控制也存在一些不足，具体如下。

(1) 只有当中间变量能够被检测出来时，才可能采用串级控制，但许多过程在结构上是不容易以这种方式加以分割的。
(2) 串级控制系统的投放和整定比单回路控制系统要复杂。

在实际应用中，一般当单回路控制方案质量达不到要求时，才考虑采用串级控制方案。

2.3.2 串级控制系统的设计

串级控制系统的主要性能前面已经进行了阐述，但要充分发挥这些优点，串级系统的设计是十分重要的，如果设计不当，不但优点不能充分发挥，甚至还可能影响系统正常工作。以 PID 控制方式为例，说明设计中的一些注意事项。

1) 主、副控制器控制规律的选择

在串级控制系统中，主、副控制器的作用是不同的。主控制器是定值控制，副控制器是随动控制。系统对两个回路的要求有所不同。主回路一般要求无差，主控制器的控制规律应选取 PI 或 PID 控制规律。副回路要求控制的快速性，可以有余差，一般情况选取 P 控制规律而不引入 I 或 D 控制。如果引入 I 控制，会延长控制过程，减弱副回路的快速控制作用；副回路采用 P 控制已经起到了快速控制作用，也没有必要引入 D 控制。特别是在有干扰的环境下，引入 D 控制会使调节阀的动作过大，不利于整个系统的控制。

2) 选择主、副控制器的作用方向

串级控制系统中，必须分别根据各种不同情况，选择主、副控制器的作用方向。副控制器作用方向的选择是根据工艺安全等要求，选定执行器的气开、气关形式后，按照使副控制回路成为一个负反馈系统的原则来确定。因此，副控制器的作用方向与副对象特性、执行器的气开、气关形式有关，其选择方法与简单控制系统中控制器正、反作用的选择方法相同,这时不考虑主控制器的作用方向,只是将主控制器的输出作为副控制器的给定就行。

由于给定信号和过程反馈两者是相减的,所以正作用控制器对给定是反作用,反作用控制器对给定是正作用。下面以加热炉串级系统为例进行说明,图 2.5 所示为加热炉原理框图。

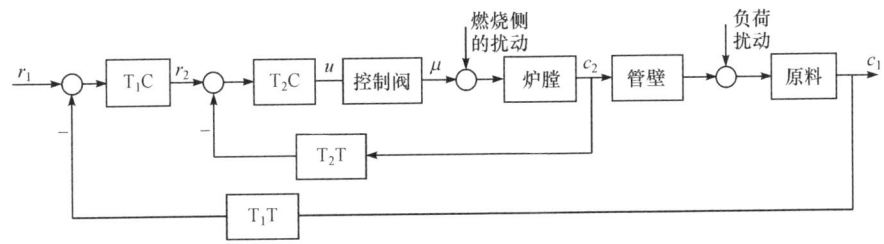

图 2.5 加热炉原理框图

其中,主温度控制器为 T_1C,副温度控制器为 T_2C,主温度测量变送单元为 T_1T,副温度测量变送单元为 T_2T,r_1 为系统设定值,r_2 为主温度控制器输出,u 为副温度控制器输出,μ 为控制阀开度,c_2 为副回路输出,c_1 为主回路输出。

从加热炉的安全出发,一旦系统故障就应该自动切断燃料供应,所以调节阀应选择气开方式。因此,按负反馈调节的原则,任何一个变量的变化经回路调节后应使其向相反方向变化,可见副回路的变化规律为

$$u\uparrow \to \mu\uparrow \to c_2\uparrow \to u\downarrow$$

由于过程量上升引起控制器输出的下降,副控制器是反作用的。再考虑主控制器,由于副调节是反作用,则其设定值 r_2 和输出 u 是正作用(同向),由此可得主回路规律为

$$r_2\uparrow \to u\uparrow \to \mu\uparrow \to c_2\uparrow \to c_1\uparrow \to r_2\downarrow$$

所以,主控制器也应选择反作用。

2.3.3 串级控制系统的投运和整定

串级控制系统中主、副两个回路是彼此相互影响的,而副控制器的整定对主控制器的影响是一目了然的,因为副回路的特性本身就是主回路广义对象的一个组成部分。主回路对副回路的影响可以这样考虑,即主控制器的输出本身就是副回路的设定值,当然对副回路有相应的影响。

如果主回路的工作频率相差很大,如 10 倍以上,则对副回路而言在其控制过程中可以近似认为主回路还没有来得及反应,可以忽略主回路对副回路的影响,则控制器参数整定可以按由内而外的原则,分别独立按单回路系统控制器的参数整定方法整定。

如果必须考虑主、副回路之间的影响,通常可以采用三种方法:主次逼近法、两步法和一步法,但也需遵循先副回路再主回路的原则。具体调节步骤详见2.4节。

2.4 常用的过程整定

2.4.1 比例积分微分控制整定

具有比例加积分加微分的控制器称为比例积分微分控制器，即 PID 控制器。PID 控制器的传递函数为

$$G_c(s) = K_P \left(1 + \frac{1}{T_I s} + T_D s\right) \tag{2-1}$$

式中，K_P 为比例系数，$K_I = K_P \dfrac{1}{T_I}$ 称为积分系数，$K_D = K_P \cdot T_D$ 为微分系数。这三个参数即为后续虚拟仿真实验中可以调节的三个 PID 控制器参数。

在实际仪表硬件中，习惯上采用比例度 δ、积分时间 T_I 和微分时间 T_D 表示上述三个 PID 控制器参数，其中比例系数与比例度呈反比关系，即 $\delta = 1/K_P$。

PID 控制器参数整定的方法很多，概括起来有以下两大类。

1. 理论计算整定法

理论计算整定法主要依据系统的数学模型，经过理论计算确定控制器参数。这种方法得到的计算数据未必可以直接使用，还必须通过工程实际进行调整和修改。

2. 工程整定法

工程整定法主要有 Ziegler-Nichols 整定法、临界比例度法和衰减曲线法。这三种方法各有特点，其共同特点都是首先通过实验测试，然后按照工程公式对控制器参数进行整定。

工程整定法的基本特点是：不需要事先知道过程的数学模型，直接在过程控制系统中进行现场整定；方法简单，计算简便，易于掌握。

1) Ziegler-Nichols 整定法

Ziegler-Nichols 整定法根据给定对象的瞬态响应特性确定 PID 控制器的参数。Ziegler-Nichols 整定法首先通过实验获取控制对象单位阶跃响应，如图 2.6 所示。

如果单位阶跃响应曲线看起来是一条 S 形的曲线，则可用此法，否则不能用。S 形曲线用延时时间 L 和时间常数 T 来描述，则被控对象传递函数可近似为

$$\frac{C(s)}{R(s)} = \frac{K e^{-Ls}}{Ts + 1}$$

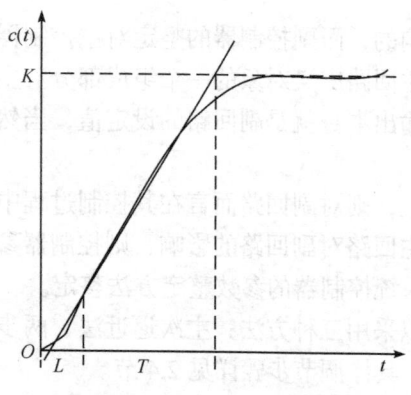

图 2.6 单位阶跃响应曲线

利用延时时间 L、放大常数 K 和时间常数 T，根据表 2.1 中的公式确定 K_P、T_I 和 T_D 的值。

表 2.1 Ziegler-Nichols 整定法整定控制器参数

控制器类型	比例度 δ / %	积分时间 T_I	微分时间 T_D
P	$\dfrac{T}{KL}$	∞	0
PI	$0.9\dfrac{T}{KL}$	$\dfrac{L}{0.3}$	0
PID	$1.2\dfrac{T}{KL}$	$2.2L$	$0.5L$

2) 临界比例度法

临界比例度法适用于已知被控对象传递函数的场合，在闭合的控制系统里，将控制器置于纯比例作用下，从大到小逐渐改变控制器的比例度，得到等幅振荡的过程。此时的比例度称为临界比例度 δ_K，相邻两个波峰间的时间间隔称为临界振荡周期 T_K。采用临界比例度法时，系统产生临界振荡的条件是系统的阶数是 3 阶或 3 阶以上。

临界比例度法步骤如下。

(1) 在闭环系统中，将控制器的积分时间 T_I 置于最大($T_I = \infty$)，微分时间置于最小($T_D = 0$)，比例度 δ 适当，平衡操作一段时间，把系统投入自动运行。

(2) 将比例度 δ 逐渐减小，得到等幅振荡过程，记下临界比例度 δ_K 和临界振荡周期 T_K 值。

(3) 根据 δ_K 和 T_K，采用表 2.2 中的经验公式，计算出控制器各个参数，即 δ、T_I 和 T_D 的值。

表 2.2 临界比例度法整定控制器参数

控制器类型	比例度 δ / %	积分时间 T_I	微分时间 T_D
P	$2\delta_K$	∞	0
PI	$2.2\delta_K$	$0.833T_K$	0
PID	$1.7\delta_K$	$0.5T_K$	$0.125T_K$

按"先 P 后 I 最后 D"的操作程序将控制器整定参数调到计算值上。若还不够满足，可根据三个参数的特点再做进一步调整。

例 2.2 已知如图 2.7 所示的控制系统，其中描述被控装置特点的系统开环传递函数 $G_0(s)$ 为

$$G_0(s) = \frac{1}{s^3 + 6s^2 + 5s}$$

试采用临界比例度法计算系统 PID 控制器参数，并绘制整定后系统的单位阶跃响应

曲线。

解 根据题意，建立如图 2.7 所示的 Simulink 模型。

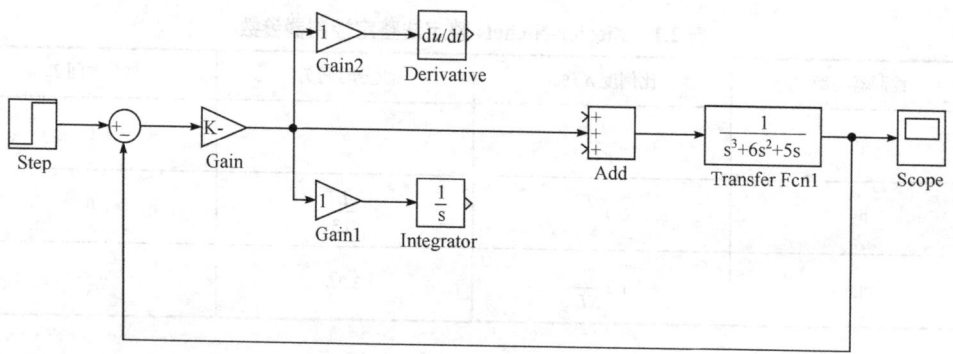

图 2.7 系统 Simulink 模型

临界比例度法整定的第一步是获取系统的等幅振荡曲线，在 Simulink 中，把微分器和积分器的输出线断开，K_P 的值从大到小进行实验，每次仿真结束后，观察示波器的输出，直到等幅振荡。本例中，当 $K_P = 30$ 出现等幅振荡时，双击 Scope，得等幅振荡曲线如图 2.8 所示，此时 $T_K = 2.81$。

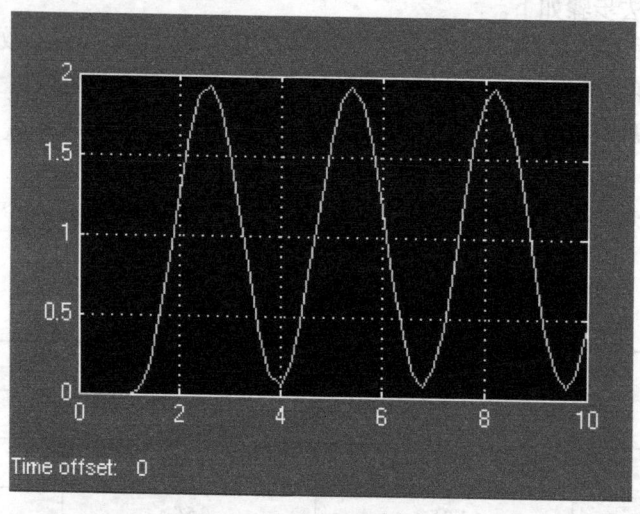

图 2.8 系统等幅振荡曲线

根据表 2.2，可知 PID 控制整定时，比例放大系数 $K_P = 17.6471$，积分时间常数 $T_I = 1.405$，微分时间常数 $T_D = 0.35125$，将 K_P 的值置为 17.6471，Gain1 的值为 1/1.405，Gain2 的值为 0.35125，将微分器和积分器的输出线连上，仿真运行，得到如图 2.9 所示的结果，它是 PID 控制时系统的单位阶跃响应。

由于工程整定法依据的是经验公式，不是任何情况下都适用的，因此按照经验公式整定的 PID 参数并不是最好的，需要做一些调整。

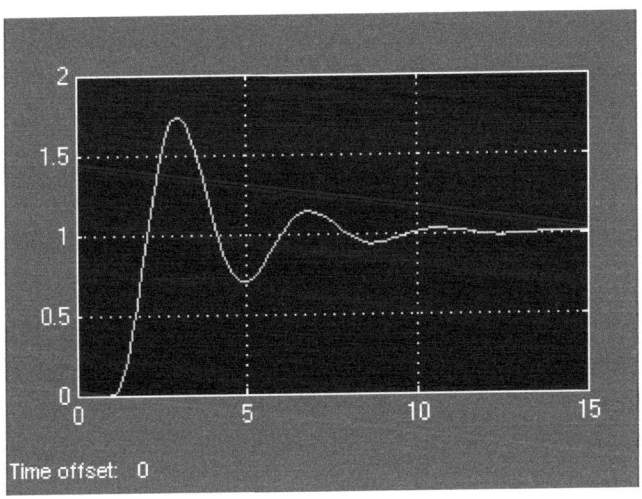

图 2.9 系统 PID 控制时单位阶跃响应曲线

3) 衰减曲线法

衰减曲线法根据衰减频率特性整定控制器参数。先把控制系统中控制器置成纯比例作用($T_I = \infty$，$T_D = 0$)，使系统投入运行，再把比例度 δ 从大逐渐调小，直到出现 4∶1 衰减过程曲线。

根据衰减比例度 δ_s、上升时间 t_r 或 T_s，使用表 2.3 中的经验公式，即可计算出控制器的各个整定参数值。

表 2.3 衰减曲线法整定控制器参数

控制器类型	比例度 δ / %	积分时间 T_I	微分时间 T_D
P	δ_s	∞	0
PI	$1.2\delta_s$	$2t_r$ 或 $0.5T_s$	0
PID	$0.8\delta_s$	$1.2t_r$ 或 $0.3T_s$	$0.4t_r$ 或 $0.1T_s$

按"先 P 后 I 最后 D"的操作程序，将求得的整定参数设置在控制器上，在观察运行曲线，若不理想，还可进行适当调整。

2.4.2 串级控制 PID 参数整定

一般情况下，单回路控制系统能满足绝大多数生产对象的控制要求，但是当对象的容量滞后较大，负荷或干扰变化比较剧烈，或是工艺对产品质量要求较高时，仅采取单回路控制的方法可能就不能获得满意的控制效果，此时可考虑采用串级控制系统，即主副两个控制器均采用 PID 控制器。

串级控制系统方块图如图 2.10 所示。

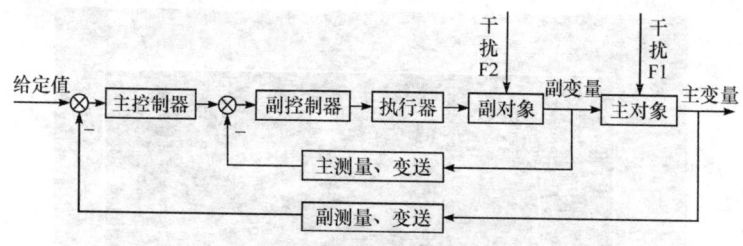

图 2.10 串级控制系统方块图

串级控制系统的具体特点见 2.3 节。由于串级控制使用了两个 PID 控制器，而且主控制器的输出作为副控制器的给定，为充分发挥串级控制特点，主、副两个 PID 控制器的参数调节可以采用如下三种方法。

1. 两步法

两步法是在主、副回路工作频率相差较大的条件下采用的一种方法，所谓两步法就是整定分为两步进行，先整定副回路，再整定主回路，具体步骤如下。

(1) 将主、副回路均闭环，置主控器的比例度为 $\delta_1 =100\%$，积分时间为最大，微分时间为零，然后按 4∶1 衰减曲线法整定副回路的比例度 δ_{2s} 和振荡周期 T_{2s}。

(2) 副回路的比例度置为得到的 δ_{2s}，积分时间为最大，微分时间为零，然后按 4∶1 衰减曲线法整定主回路的比例度 δ_{1s} 和振荡周期 T_{1s}。

(3) 将得到的主副回路的比例度和振荡周期采用 4∶1 衰减曲线法的经验公式，分别整定主、副控制器参数。

(4) 在主、副回路均闭合的条件下，采用步骤(3)得到的控制器参数，按先副回路再主回路，先比例后积分最后微分的顺序对系统进行调试。

2. 一步法

一步法就是根据经验先将副控制器的参数一次置好，不再变动，然后按单回路的整定方法，直接整定主控制器的参数。

常见对象的比例带如表 2.4 所示，然后在副回路已经闭合的条件下按单回路控制器参数整定法整定主控制器。

表 2.4 常见对象的副控制器比例带的经验法

副控制对象	稳度	压力	流量	液位
比例带 δ_2/%	20～60	30～70	40～80	20～80
增益 K_{c2}	1.7～5	1.4～3	1.25～2.5	1.25～5

3. 逐次逼近法

逐步逼近法是一种主、副回路反复调试以逐步最优的方法，其过程主要有如下四个步骤：

(1) 主回路开环，按单回路方法整定副控制器，记作 $W_{c2}^1(s)$；

(2) 主回路闭环，在已经按 $W_{c2}^1(s)$ 整定的副控制器下整定主控制器，记作 $W_{c1}^1(s)$；

(3) 在主回路闭环的条件下，重新整定副控制器参数，记作 $W_{c2}^2(s)$；

(4) 在副控制器为 $W_{c2}^2(s)$ 的基础上，再重新整定主控制器，记作 $W_{c1}^2(s)$。

这四个步骤按顺序循环往复，直至效果满意，但这种方法费时费力。

例 2.3 某隧道窑炉系统，以烧成带物料温度为主变量，燃烧炉温度为副变量所构成的串级控制系统中，其主、副对象的传递函数分别为

$$G_{o1}(s) = \frac{1}{(30s+1)(3s+1)}, \quad G_{o2}(s) = \frac{1}{(10s+1)(s+1)^2}$$

试采用逐次逼近法整定PID控制器的参数。

解 按照逐次逼近法的步骤(1)先主回路开环，按单回路方法整定副控制器，建立的Simulink框图如图2.11所示。

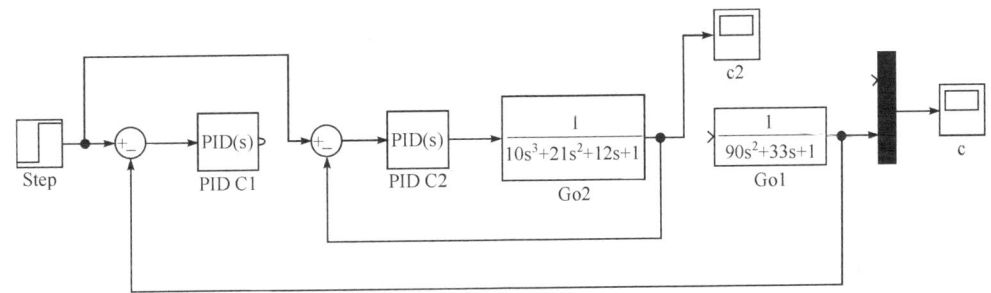

图2.11 逐次逼近法整定串级系统参数的步骤(1)的框图

经过多次实验，得到当副控制器的比例系数 $K_{P2}=10$ 时，副回路阶跃响应曲线，如图2.12所示。

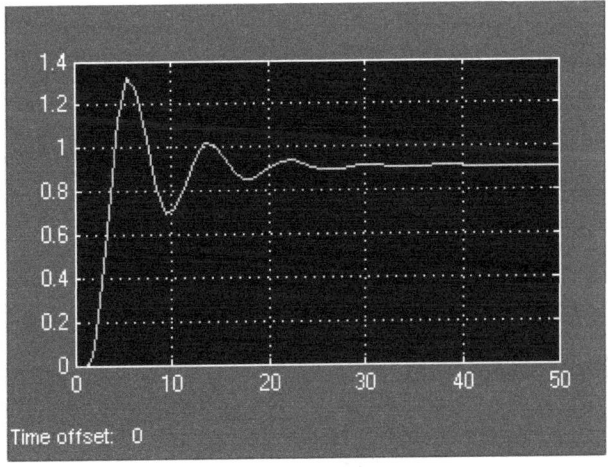

图2.12 衰减比为4:1的副回路阶跃响应曲线

从图 2.12 可以大致看出，此时的衰减比为 4∶1，因此可进入步骤(2)，即主回路闭环，取 $K_{P2}=10$ 整定控制器，此时 Simulink 框图如图 2.11 所示。

反复调整主回路参数，当 $K_{P1}=8.4, 1/T_I=8.4/(T_{D1}12.8), K_{P2}=10$ 时，此时系统主回路阶跃响应曲线如图 2.13 所示。

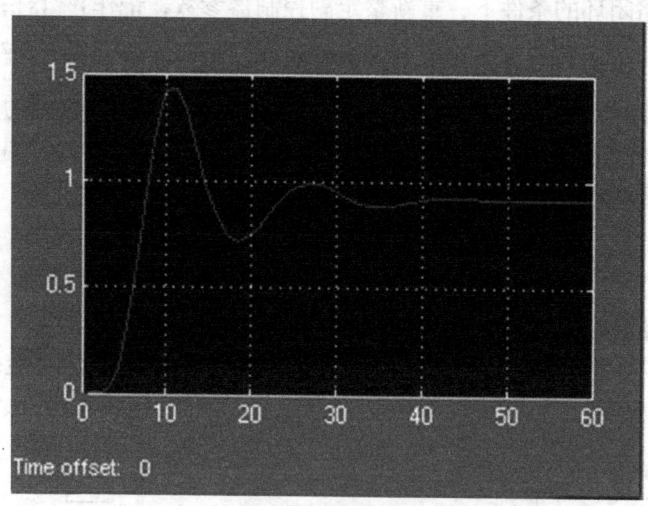

图 2.13　调整参数后的主回路阶跃响应曲线

2.5　前馈-反馈控制系统

2.5.1　前馈-反馈控制系统的概念

1. 前馈-反馈控制系统定义

在过程控制系统中，既有针对主要扰动信号进行补偿的前馈控制，又存在对被控变量采用反馈控制以克服其他的干扰信号，这样的系统就是前馈-反馈控制系统。

(1) 系统中存在两种不同的控制方式，即前馈方式和反馈方式。

(2) 前馈控制系统的作用是对主要的扰动信号进行补偿，即针对主要扰动信号设置相应的前馈控制器。

(3) 反馈控制是为了使系统能够克服所有的干扰信号对被控变量产生的影响。除了已知的干扰信号，系统中还存在其他的干扰信号，这些扰动信号对系统的影响比较小，有的是能够考虑到的，有的是根本就考虑不到或是无法测量的，这些干扰信号均通过反馈控制来克服。

(4) 系统中需要测量的信号既有被控变量又有扰动信号。

2. 前馈-反馈控制系统基本组成

前馈-反馈系统的原理方框图如图 2.14 所示。

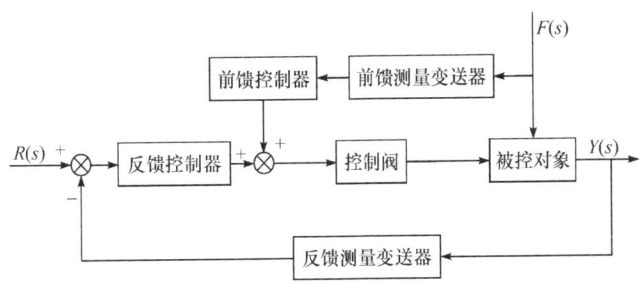

图 2.14 前馈-反馈控制系统原理框图

其中，$F(s)$ 为扰动变量，$R(s)$ 为给定值，$Y(s)$ 为输出值。该系统主要由以下环节构成。

(1) 扰动信号测量变送器：对扰动信号测量并转化成统一的标准电信号。
(2) 被控变量测量变送器：对被控变量测量并转化成统一的标准电信号。
(3) 前馈控制器：对干扰信号完全补偿。
(4) 反馈控制器：对被控变量进行调节。
(5) 扰动通道：扰动信号通过该通道对被控变量产生影响。
(6) 控制通道：调节量通过该通道对被控变量进行调节。

3. 前馈-反馈控制系统特点

(1) 既发挥了前馈控制对特定扰动校正及时的优点，又保持了反馈控制能抑制闭合回路多个干扰的优势和对被控变量始终给予实时检验的长处。

(2) 系统只需对主要的可测不可控干扰采用前馈补偿，显著简化了原来的纯前馈控制系统，不需要对所有干扰进行一对一的设计。

(3) 由于反馈校正的存在，可以保证被控变量的无差调节，这就降低了对前馈控制精度的要求，为工程上实现简单的前馈补偿创造了条件。

(4) 系统中由于有了前馈补偿控制，比纯反馈控制具有更高的控制精度，对主要干扰有更快的抑制效果。

正是由于前馈-反馈控制系统具有上述特点，它在实际工程上已经获得了十分广泛的应用。

2.5.2 前馈-反馈控制系统的设计

前馈-反馈控制系统的设计应遵循以下原则。

1. 扰动量可测不可控原则

扰动量的可测性是补偿的前提条件，不可测的扰动量无法设计前馈补偿器。如果干扰可控，则可通过控制方法消除扰动对系统的影响，而没有必要采用前馈这种迂回的方式，在被控系统"腹中"消除干扰的影响。

在很多控制过程中，温度是一个主要干扰源，可以直接或间接测量(满足可测条件)。

在某些环境如实验室中，温度可以通过空调等进行调节(不满足不可控条件)，将温度对控制对象的影响降到最低，这时就没必要对温度采取前馈控制方式消除其影响了。在很多现场情况下，例如，被控对象在室外，温度不易调节(满足不可控条件)，这时应采取前馈控制方式消除温度对系统的影响。

2. 优先性原则

采用控制系统的优先性依次是：反馈控制、静态前馈控制、动态前馈控制、前馈-反馈控制。

当存在反馈控制难以克服的频率高、幅值大、对被控参数影响显著、可测而不可控的扰动或控制系统控制通道时延较大、反馈控制又不能得到良好的控制效果时，为了改善和提高系统的控制质量，可以引入前馈控制。

当过程扰动通道与控制通道的时延相差不大时，应用静态前馈控制可获得较高的控制精度。静态前馈控制只能保证被控制量参数的静态偏差接近或等于零，不能消除过渡过程中产生的动态偏差。当需要严格控制动态偏差时，就要采用动态前馈控制。静态、动态前馈控制原理如图 2.15 所示。

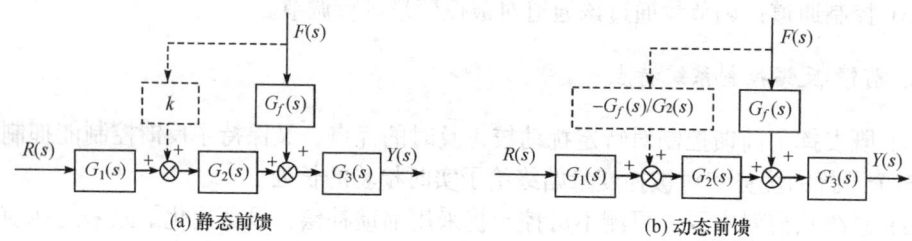

图 2.15　静态、动态前馈控制原理图

当被控对象的干扰较多，或不能精确辨识干扰对被控对象的影响时，可以采用前馈-反馈控制。利用前馈控制对主要干扰对象进行控制，通过反馈控制抑制由于辨识不精确以及其他干扰引起的误差。也就是说，前馈-反馈控制系统将干扰分成两个等级，对影响大的干扰采用前馈补偿，保证系统输出不会有过大波动，对于影响小的干扰允许引起系统输出的偏差，通过偏差进行补偿。

2.5.3　前馈-反馈控制系统的参数整定

前馈-反馈控制系统的特点是利用前馈抑制对系统影响较大的干扰，利用反馈控制抑制其他干扰以及前馈所"遗留"部分干扰。一般为了实现系统无静差，反馈控制器多选择 PI 控制方式。

控制系统整定包括前馈控制系统整定和反馈控制系统整定两部分，其整定方法分为两种：①前馈控制和反馈控制分别整定，确定各自参数，然后组合在一起；②先整定反馈控制系统，然后在反馈控制系统的基础上引入前馈控制系统，并对前馈控制系统进行整定。在前馈-反馈控制系统中，前馈控制系统整定的主要任务是确定反馈控制器和前馈控制器模型参数。确定前馈控制器的方法主要有理论计算法和工程整定法。理论计算法往往所得参数与实际系统相差较大，精确性差，所以工程应用中广泛采用工程整定法，具体整定步骤详见2.4节。

2.6 选择控制系统

2.6.1 选择控制系统的概述

在过程控制系统，特别是大型生产过程控制系统中，通常不但要求系统能在正常情况下克服各种干扰实现系统的平稳运行，而且需要考虑事故状态发生前或系统达到安全极限时，系统能够具有一些应变能力或者保护性措施，避免系统事故发生或事故的进一步扩大。而生产过程中的自动切换控制为适应特殊情况的手动控制或联锁保护紧急性制动，虽然在一定程度上可以起到对系统的保护，但是系统的突然启动、停止会给系统造成很大的经济损失。因此，出现了一种在发生故障时既能起自动保护作用而又不停车的"软保护"措施，该措施称为选择性控制。具有该种措施的系统称为选择性控制系统，也称为软保护系统、取代控制系统或超驰控制系统。

选择性控制系统是将生产过程中的极限条件构成的逻辑关系叠加到正常的自动控制系统上的一种组合控制方式。当生产过程趋于危险极限但还没有达到其极限(也称安全软限)时，一个用于控制不安全状态的控制方案将取代正常工况下的控制方案，直到生产过程恢复到正常安全范围以内，系统又恢复到原控制方案。

实现正常控制器和取代控制器的自动切换通常采用的是高选器或低选器。因此，在控制系统中有选择器的控制系统称为选择控制系统。选择器选出能适应生产安全状况的控制信号、输出信号等，实现对生产过程的自动控制。

2.6.2 选择控制系统的分类

根据选择器在控制回路中的位置，选择控制系统可分为两类：一类是选择器接在控制器与执行器之间；另一类是选择器接在测量变送器与控制器之间。如果根据选择性控制系统中被选择的变量性质，又可以分为以下三种类型，其中前两种的选择器接在控制器与执行器之间，最后一种的选择器接在测量变送器与控制器之间。

1. 对被控变量的选择控制系统

对被控变量的选择控制系统框图如图2.16所示，这类控制系统的特点是两个控制器共用一个执行器。取代控制器和正常控制器的输出信号都送至选择器。在正常生产情况下，选择器选出能适应生产安全情况的正常控制器输出信号控制执行器，实现对正常生产过程的自动控制。此时，取代控制器处于开路状态，对系统不起作用。当生产工况不正常时，选择器也能选出适应生产安全状况的控制信号，由取代控制器代替正常控制器对系统进行控制，实现对非正常生产过程的自动控制。此时，正常控制器处于开路状态，对系统不起作用。一旦生产状况恢复正常，选择器则进行自动切换，重新由正常控制器来控制生产的正常进行。本书中的选择控制虚拟实验即采用这种系统。

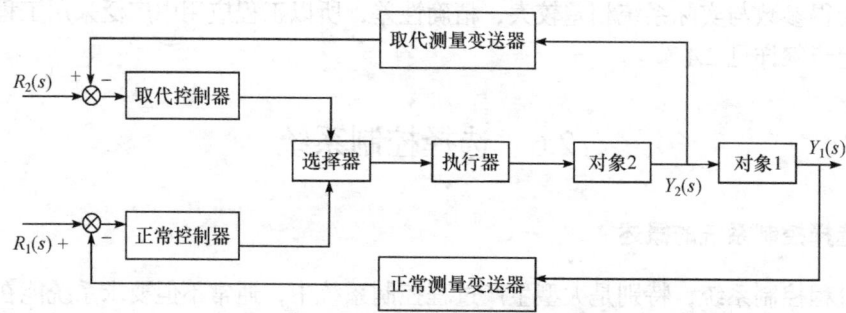

图 2.16　对被控变量的选择控制系统框图

其中，$R_1(s)$ 为正常控制系统的设定值，$R_2(s)$ 为取代控制系统的设定值，$Y_1(s)$ 为正常控制系统的输出，$Y_2(s)$ 为取代控制系统的输出。

2. 对控制变量的选择控制系统

对控制变量的选择控制系统的原理框图如图 2.17 所示，其被控变量只有一个，而控制变量有两个，系统通过选择器对控制变量加以选择。

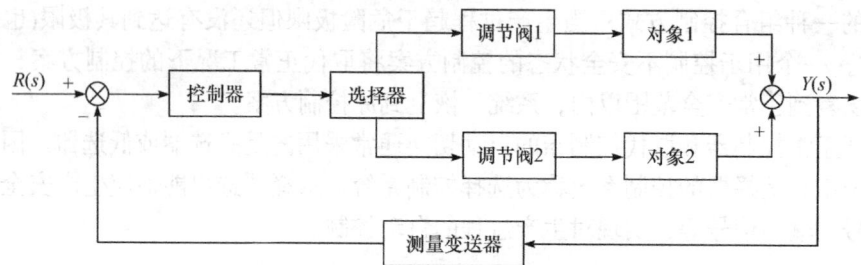

图 2.17　对控制变量的选择控制系统框图

3. 对测量信号的选择控制系统

这类选择控制系统将选择器接在测量变送器的输出端，主要实现对被控变量的多点测量信号进行选择，其框图如图 2.18 所示。一般来说，对象 $1,2,\cdots,n$ 实际上是同一被控对象，被控变量 $y_1(t), y_2(t), \cdots, y_n(t)$ 也是同一被控变量，只不过被控变量的测量点不同及在不同的测点被控变量的测量值不同罢了。

2.6.3　选择控制系统的设计

选择器的类型可以根据生产处于不正常情况下，取代控制器输出信号的高低来确定，如果其输出为高信号，则应选高选器 HS；如果为低信号，则应选低选器 LS。

出于安全方面的考虑，如果有可能一般选用低选器。取代控制时，用能保证安全的信号作为送往调节阀的输出值。如选用低选器，那么即使在失电或其他故障情况下，输出值也为零，能满足安全的需要。同时，也与调节阀气开、气关的选择正好对应，当控制器输出为零时，系统能保证安全。

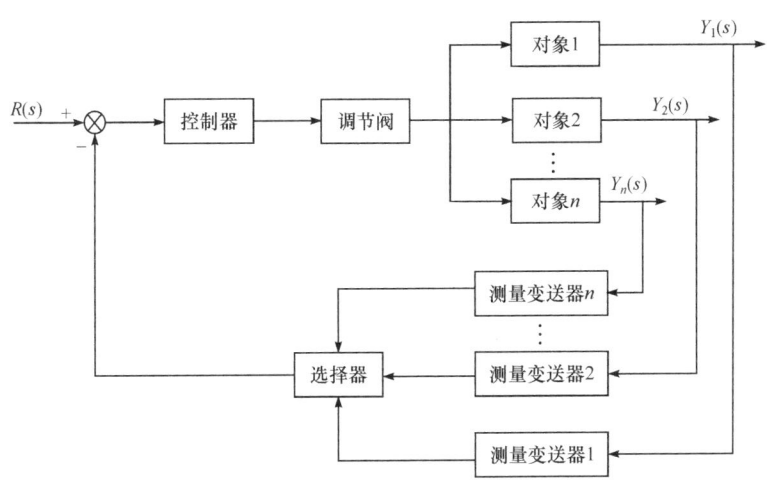

图 2.18 对测量信号的选择控制系统框图

2.6.4 选择控制系统的参数整定

对于正常控制器，由于被控变量对控制精度要求较高，一般选用 PI 或 PID 控制规律。对于取代控制器，仅要求在生产将要出现事故时，能迅速及时采取措施，以防事故发生，所以一般选用 P 控制规律，以实现对系统的快速保护，但要求严格时，也可采用 PI 作用。

在进行参数整定时，因为两个控制器是分别工作的，所以可按照单回路控制系统的参数整定方法进行整定，具体整定方法详见 2.4 节。需要注意的是，当取代控制器投入运行时，必须发出较强的控制信号，以产生及时的自动保护动作，所以其比例度应该调整得小一些。

2.7 比值控制系统

2.7.1 比值控制系统的定义

在生产过程中经常需要两种或两种以上的物料以一定比例值进行混合或参加化学反应。例如，燃烧系统中的燃料与氧气量需要保持一定比例才能保证燃烧的经济性并防止大气污染；稀硝酸生产中的氨和空气的比例需要恒定，否则反应不能正常进行，且超过一定极限将会引起爆炸。在这类生产过程中，一旦比例失调，轻则造成产品不合格、浪费能源，重则造成生产事故或发生危险。

实现两个或两个以上物料符合一定的比例关系的控制系统称为比值控制系统。比值控制系统又有开环、闭环、变比值控制系统之分。在系统中，把起主导作用的物料流量称为主动量，常用 Q_1 表示；把跟随主动量的变化而成比例地变化的物料流量称为从动量，常用 Q_2 表示。两动量的比值系数 $K = Q_2 / Q_1$。

2.7.2 比值控制系统的分类

1. 开环比值控制

开环比值控制是一种结构最简单的比值控制系统，其工艺流程图和原理框图如图 2.19 所示。其中，FT 为流量测量变送器，FY 为比值器。

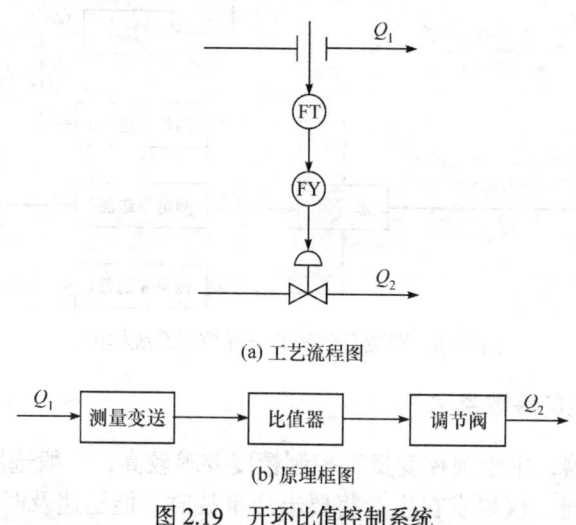

图 2.19 开环比值控制系统

在稳定状态下，开环比值控制系统中的两种物料流量满足 $Q_2 = KQ_1$ 的关系。当主动量 Q_1 由于受到干扰而发生变化时，比值器根据 Q_1 的变化情况，按比例改变调节阀的开度，使从动量 Q_2 与变化后的 Q_1 仍保持原有的比例关系。但是，当从动量 Q_2 受到外界干扰而发生变化时，Q_1 与 Q_2 的比值关系将遭到破坏，系统不能进行调整，因此开环比值控制在工程上很少应用。

2. 单闭环比值控制

为了克服开环比值控制系统的缺点，在它的基础上，对从动量增加了一个控制回路，从而形成了单闭环比值控制系统。其工艺流程图和原理框图如图 2.20 所示。其中，FT 为流量测量变送器，FY 为比值器，FC 为流量控制器。

在稳定状态下，单闭环比值系统中的主、从动量保持比值关系。当主动量不变时，比值器的输出保持不变，此时从回路是一个定值控制系统，如果从动量受到外界干扰发生变化时，经过从回路的控制作用，把变化的从动量再调回到稳态值，维持主、从动量的比值关系不变。当主动量受到干扰发生变化时，比值器经过比值运算后其输出也相应发生变化。此时，从回路是一个随动控制系统，它将使从动量随着主动量的变化而成比例变化，使变化后的主、从动量仍维持原来比值关系不变。当主动量和从动量同时受到干扰而发生变化时，从动量回路的控制过程是上述两种情况的叠加，不过从动量回路首先应满足使主、从动量成比值关系的变化。

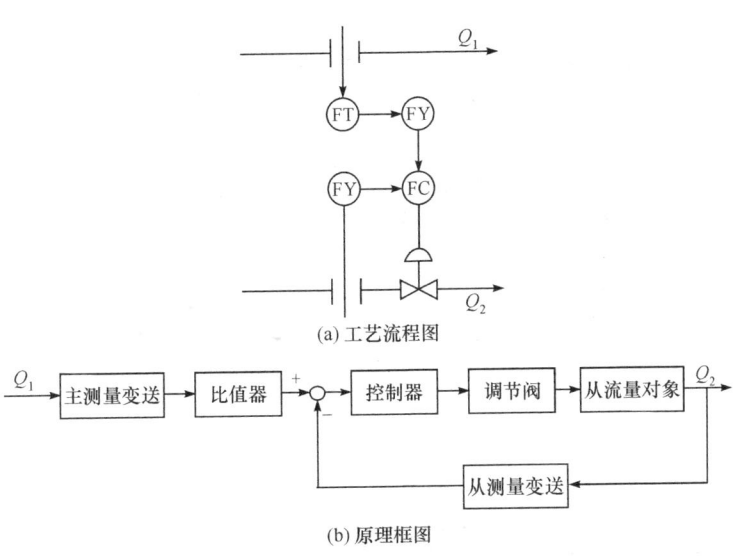

(a) 工艺流程图

(b) 原理框图

图 2.20 单闭环比值系统

例 2.4 假设系统从动量传递函数为 $G(s) = \dfrac{3}{15s+1} \cdot e^{-5s}$，设计该从对象的单闭环比值控制系统，使得其响应曲线衰减比为 4∶1。

解 (1) 选择从动量控制器及整定其参数。

根据工程整定的论述，选择 PI 形式的控制器，采用临界比例度法整定系统。先让 $K_I = 0$，调整 K_P 使系统等幅振荡(本例中，在 $K_P = 1.8$ 附近时系统等幅振荡)，即使系统处于临界稳定状态。

此时的振荡周期为 $T_{cr} = 19\text{s}$，比例放大系数为 $K_{Pcr} \approx 1.8$，则 $K_P = \dfrac{K_{Pcr}}{2.2} = 0.82$，$K_I = \dfrac{0.82}{0.88 T_{cr}} = 0.05\text{s}$。系统 Simulink 框图如图 2.21 所示。

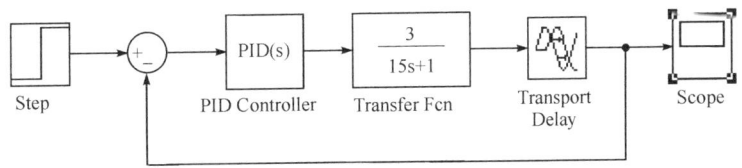

图 2.21 临界比例度法整定 Simulink 框图

整定后，系统的单位阶跃响应如图 2.22 所示。可见系统有 25%~30%的超调量，在比值控制中应进一步调整使之处于振荡与不振荡的边界。调节 $K_P = 0.3$，$K_I = 0.02$ 时，系统响应如图 2.23 所示，基本达到振荡临界要求。

(2) 系统过程控制仿真。

单闭环比值控制过程相当于从动量随主动量变化的随动控制过程。假定主动量为常

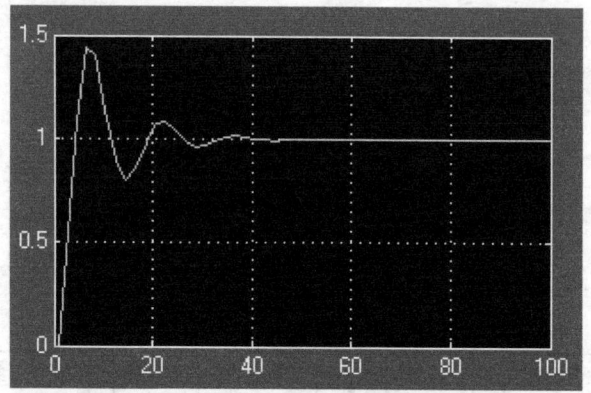

图 2.22　参数整定后从动量回路阶跃响应

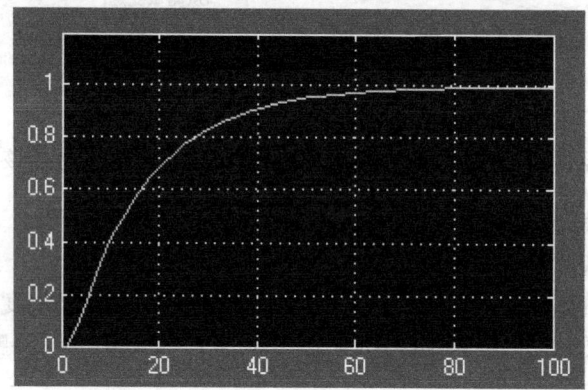

图 2.23　参数再整定后从动量回路阶跃响应

值 10，主动量和从动量的比值根据工艺要求及测量仪表假定为 3。系统控制过程 Simulink 仿真框图如图 2.24 所示。

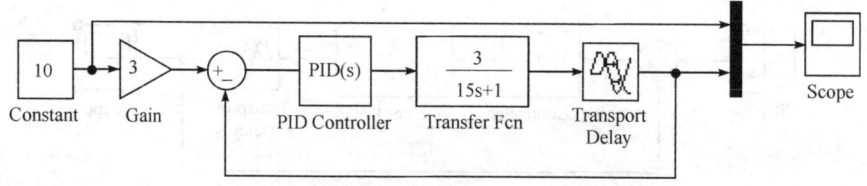

图 2.24　单闭环比值控制 Simulink 仿真框图

Simulink 运行结果如图 2.25 所示。图 2.25 中，从动量恒值为 10 的直线，主动量为单调递增的曲线，可见从动量根据主动量的设定值，最终按比例达到稳定。

3. 双闭环比值控制

双闭环比值控制系统是由一个定值控制的主动量控制回路和一个跟随主动量变化的从动量随动控制回路组成的，其主要工艺流程图和原理框图如图 2.26 所示。其中，FT 为流量测量变送器，FY 为比值器，FC 为流量控制器。

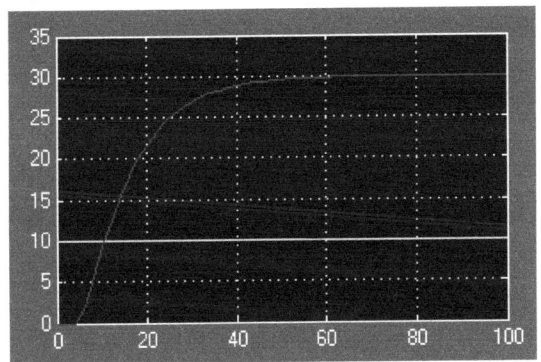

图 2.25 单闭环比值控制 Simulink 仿真结果

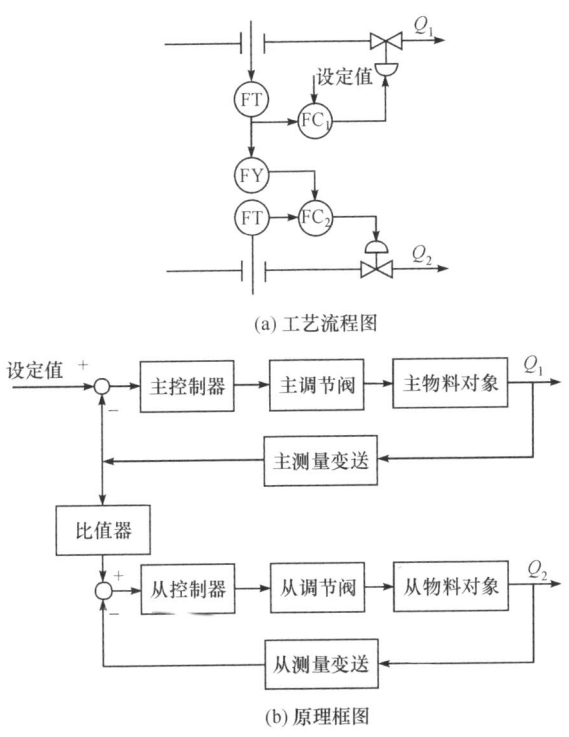

(a) 工艺流程图

(b) 原理框图

图 2.26 双闭环比值控制系统

在双闭环比值控制系统中，当调节设定值时，主动量控制回路调节主动量实际值与设定值吻合；同时，根据主动量和从动量的比值和新的主动量设定值，系统给出从动量的输入值，通过从动控制回路的调节控制使从动量的实际值与该输入值吻合。

若主动量受到干扰发生波动，则主动量回路对其进行定值控制，使主动量始终稳定在设定值附近，同时从动量控制回路也会随主动量的波动进行调整；当从动量受到扰动发生波动时，从动量控制回路对其进行定值控制，使从动量始终稳定在定值附近，而主动控制回路不受从动量波动的影响。

因此，主动量控制回路是一个定值控制系统，而从动量控制回路是一个随动控制系统。

例 2.5 假设主动控制量控制系统的数学模型和从动控制量控制系统的数学模型为

$$G(s) = \frac{3}{15s+1} \cdot e^{-5s}, \quad G_f(s) = \frac{K_f}{T_f s+1} e^{-\tau_f s}$$

试选择合适的参数整定该系统。

解 采用临界比例度法整定系统。先让积分系数 $K_I = 0$，调整 K_P 使系统等幅振荡，即系统处于临界稳定状态，此时，使系统等幅振荡的 K_P 就是系统的临界比例系数 K_{Pcr}，而临界比例带 $\delta_K = 1/K_{Pcr}$。由系统等幅振荡的图形可以读出系统等幅振荡的周期 T_{cr}，这样，根据表 2.2 的计算公式 $\delta = 2.2\delta_K$ 和 $T_i = 0.833T_K$ 及 $\delta = 1/K_P$ 可以确定 PI 控制器的参数。下面分别整定主动量控制器的参数和从动量控制器的参数。

(1) 整定控制器参数。

整定主动量控制器参数过程同例 2.4，取 $K_P = 0.3$，$K_I = 0.02$。整定从动量控制器参数，先让 $K_I = 0$，调整 K_P 使系统等幅振荡($K_P = 2.25$ 附近时系统等幅振荡)，即使系统处于临界稳定状态。

此时的振荡周期为 $T_{cr} = 37.5\text{s}$，比例放大系数为 $K_{Pcr} \approx 2.35$，则 $K_P = \frac{K_{Pcr}}{2.2} = 1.07$，

$K_I = \frac{1.07}{0.85T_{cr}} = 0.033\text{s}$。系统 Simulink 框图如图 2.27 所示。

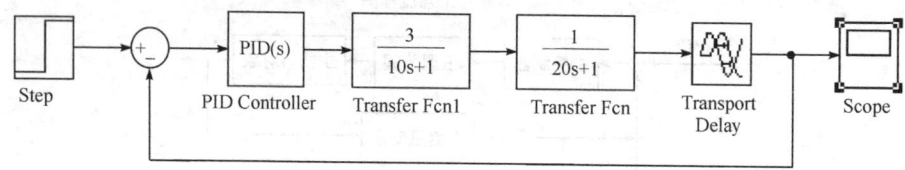

图 2.27 临界比例度法整定 Simulink 框图

整定后，从动量回路系统的单位阶跃响应如图 2.28 所示。

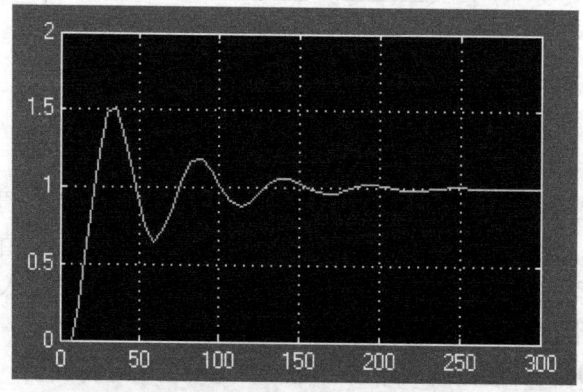

图 2.28 参数整定后从动量回路阶跃响应

从图可见，系统约有 50%的超调量，系统响应较快，且无常值偏差。但超调量过大，当外界干扰较强时系统可控性变差，故应适当调节 PID 参数，如取 $K_P = 0.35$，

$K_I = 0.012$,系统响应图如图 2.29 所示,则处于临界振荡状态。

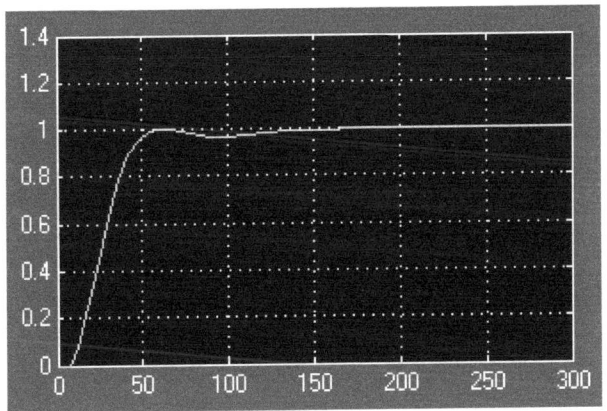

图 2.29 参数再整定后从动量回路阶跃响应

(2) 系统过程控制仿真。

双闭环比值控制过程相当于从动量随主动量变化的随动控制过程。假定主动量给定值为 5,主动量和从动量的比值根据工艺要求及测量仪表假定为 4,则系统控制过程 Simulink 仿真框图如图 2.30 所示。

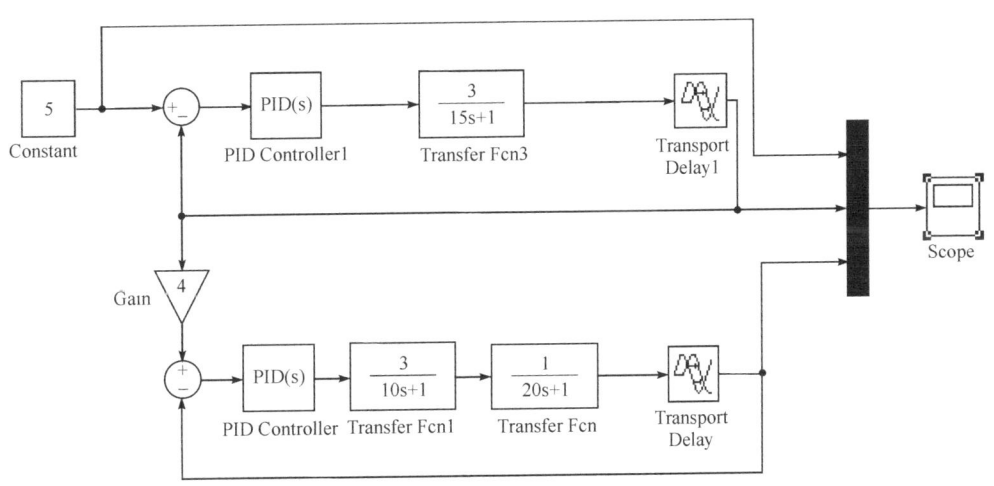

图 2.30 双闭环 Simulink 仿真框图

Simulink 运行结果如图 2.31 所示。图 2.31 中,主动量设定值为 5,从动量根据主动量的设定值,最终按照 4 倍比例达到稳定。

4. 变比值控制系统

前面几种比值控制系统都属于定比值控制系统,因为它们的主、从动量之间的比值都是确定的,控制的目的是要保持主、从动量的比值关系为恒值。但在有些生产过程中,要求主、从动量的比值能灵活地根据另一个参数的变化来不断修正,显然这是一个变比值控制问题。其原理框图如图 2.32 所示。

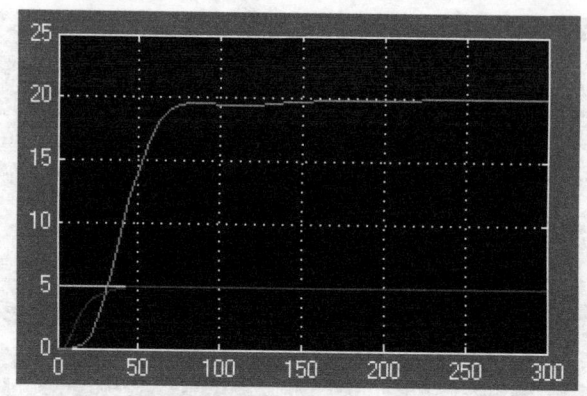

图 2.31 双闭环 Simulink 仿真结果

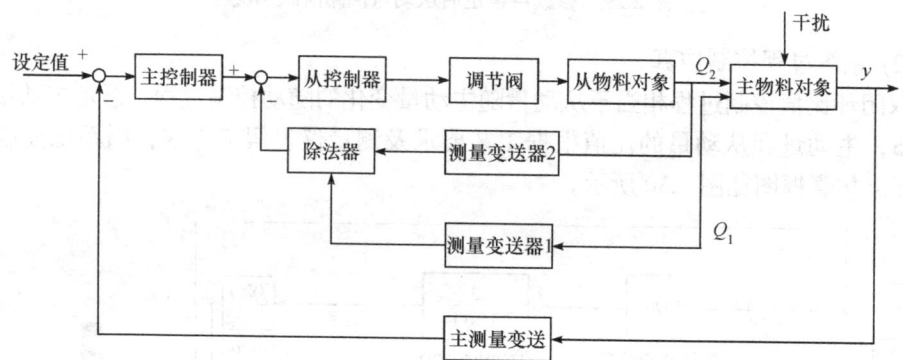

图 2.32 变比值控制系统

其中，Q_1 代表从主物料流量，Q_2 代表从物料流量，y 代表主被控变量。变比值控制系统在稳定状态下，主动量和从动量经过测量变送器后送入除法器相除，除法器的输出即为它们的比值，同时又作为从控制器的测量值。当主被控变量 y 稳定不变时，主控制器的输出也稳定不变，并且和比值信号相等，从动量阀门稳定于某一开度。当主动量受到干扰发生波动时，除法器输出要发生改变，从控制器经过调节作用改变阀门开度，使从动量也发生变化，保证主、从动量的比值不变。但当主动量受到干扰引起主被控变量 y 发生变化时，主控制器的测量值将发生变化。当系统设定值不变时，主控制器的输出将发生改变，也就是改变了从控制器的设定值，从而引起从动量的变化。在主动量不变时，除法器输出要发生改变。因此，系统最终利用主、从动量的比值变化来稳定主对象的主被控变量 y。

2.7.3 比例控制器的参数整定

这里主要讨论双闭环比值系统参数的整定。双闭环比值控制系统中的主动量回路是定值控制系统，往往工艺要求主动量恒定在设定值上。从动量回路在实现自身稳定控制的同时还要对主动量的变化进行跟踪，从而实现主、从动量的比值恒定，即从动量也应是恒定的。再者，因为比值控制系统对象一般都是流量对象，滞后时间都比较小，而且在管路中存在很多不规则的干扰噪声，所以主、从控制器大多选择 PI 控制作用。而且应使从动量回路响应较主动量回路快一些，以便从动量能跟上主动量的变化，保证主、从动量的比值恒定。

按单回路整定法分别整定主从回路控制器的 PID 参数，要求先整定主动量回路的控制器参数，待主回路系统稳定后，再整定从回路中的控制器参数。具体步骤参照 2.4 节介绍的三种 PID 参数整定方法。

2.8 均匀控制系统

在连续工业生产过程中，各生产设备之间具有紧密的联系，当两个或多个密切联系在一起的设备需要根据工艺要求同时实现多个变量控制的时候，由于耦合作用，难免会出现两个或多个变量相互影响，从而导致均无法满足工艺要求，作为能够协调的具有耦合作用的变量，使之均能满足工艺指标的均匀控制方法应运而生。

2.8.1 均匀控制系统的由来

1. 生产问题

在连续生产过程中，生产设备是紧密联系在一起的，前一设备的出料往往是后一设备的进料，特别是石油化工生产过程中，前后塔器之间操作密切，互相关联，前一精馏塔的出料就是后面塔的进料，为了保证塔器的正常运行，要求进入塔的流量变化平缓，同时要求塔釜液位稳定。如果对前面精馏塔采取液位控制，对后面塔采取流量控制，其调节参数都是前面精馏塔塔底出料量，显然，这两个控制系统工作时是有矛盾的，因为当前面塔的液位由于干扰作用而升高时，液位控制器输出信号使调节阀开大，塔底出料量增大(即送入后面塔的进料量增大)。为了保持后面塔进料量的稳定，流量控制器输出信号使流量调节阀关小，这样串联在同一管道上的前后两个流量调节阀动作方向相反，发生矛盾。因此，这种不协调的控制方案是不可取的。

2. 解决办法

为了解决前后两塔供求之间的矛盾，可在两塔之间设置一个中间储槽，这样既满足了前面塔液位调节的要求，又缓冲了后面塔进料量的波动，但增加了设备和投资，而且遇有化合物易于分解或聚合时，不宜在储槽内储存时间过长，于是试图设法采用自动调节来模拟中间储槽的缓冲作用，力求使液位和流量能均匀地变化，组成均匀控制系统。因此，可知均匀控制是指控制目的，而不是指控制系统的结构。

均匀控制系统的过渡过程控制质量指标要求服从于控制目的，塔釜液位和塔底出料量之间的动态联系密切，往往两个参数的调节质量都要照顾，只要两个参数在某一范围内进行缓慢变化，前后工序维持正常就达到目的。

3. 控制特点

综上所述，均匀控制应具有以下特点。

(1) 前后两个设备的两个参数都应该是缓慢变化的。当采取液位定值调节时，通过调节流量的手段达到，因此要使液位平稳，流量变化就较大，这样就不能满足下一工序平稳进料的要求；如果采取流量定值调节，流量稳定，但前一设备的液位波动就比较大，例如，如果采取均匀控制，就能兼顾液位和流量都在允许范围内缓慢均匀地变化，因此符合均匀控制的目的。

(2) 前后互相联系又互相矛盾的两个参数应保持在工艺操作允许的范围内波动，例如，塔釜液位过高会造成冲塔现象，液位过低又会使塔釜有流干的危险，而后塔的进料量也不能超过它能承受的最大负荷和最低处理量。

2.8.2 均匀控制系统的简介

均匀控制系统是指一种控制方案所起作用而言，因为从结构上看，有时像一个简单的液位(或压力)定值控制系统，有时又像一个液位与流量(或压力与流量)的串级控制系统。所以要识别一些方案是否起均匀控制作用，或者在怎样的情况下应该设计均匀控制方案，从本质上认识它们是非常重要的。

例如，石油化工生产过程是一个连续生产过程，随着生产的进一步强化，使前后生产过程的关系更加紧密，往往出现前一设备的出料往往是后一设备的进料，而后者的出料又源源不断地输送给其他设备。生产工艺要求上有一定的矛盾需要权衡，如分别独立设计多个简单的单回路调节系统时，往往控制系统的工作相互之间存在矛盾，不能满足要求。

以图2.33所示的双塔系统为例，甲塔的液位需要稳定，乙塔的进料也需要稳定，这两个要求是相互矛盾的。为了实现甲塔的液位稳定，设计了液位控制系统，其操纵变量是该塔的出料流量，因此该变量必然要变化，而该变量又是乙塔进料，所以乙塔进料必然要变化，若增设进料流量控制系统，又要影响甲塔的液位控制。

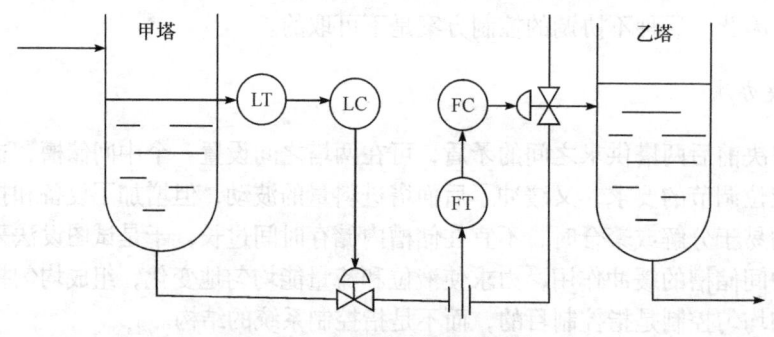

图2.33 相互冲突的控制系统

为了解决这一矛盾，这里提出了以下解决方案。

(1) 在甲、乙两塔间增加中间储罐，但这样导致流程复杂、投资增加等，而且有些工艺由于连续性要求，不允许增设中间储罐。

(2) 冲突双方各自降低要求，以求共存。均匀控制体现了这种思想。

由于冲突双方降低了要求，如允许液位和流量在一定范围内波动，就可以采用均匀控制。令甲塔的液位和乙塔的入口流量为被控变量，则控制目标如图 2.34(a)所示。由于这两个被控变量存在耦合，导致预期目标无法实现，故采用均匀控制思想调整后的两个被控变量的控制目标如图 2.34(b)所示。

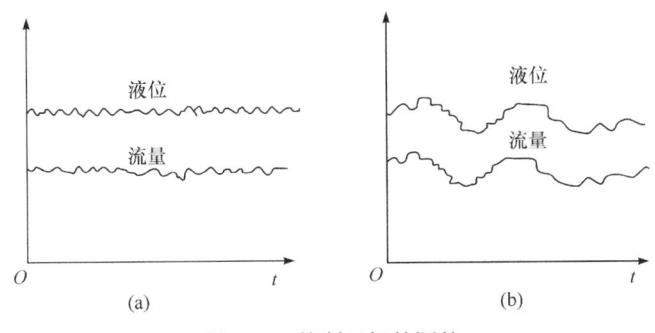

图 2.34　控制目标的调整

采用均匀控制后，若有扰动使液位升高，不是立刻充分地进行调节使液位几乎不变，而是允许液位有一定幅度的上升，同时，在液位控制系统作用下，流量也将会适当地增加来分担液位受到的扰动；而当流量受到扰动后，液位也分担流量受到的扰动，即"均匀"地互相帮助。

均匀控制系统应具有如下特点。
(1) 允许表征前后供求矛盾的两个变量在一定范围内变化。
(2) 又要保证它们的变化不过于剧烈。
(3) 均匀控制指的是控制目的，而不是控制方案。

2.8.3　均匀控制系统的实现方案

均匀控制系统是指两个工艺参数在规定范围内能缓慢地、均匀地变化，使前后设备在物料供求上相互兼顾、均匀协调的系统。为实现均匀控制，一般采用的结构形式有单回路控制、串级控制、双冲量控制。与传统的纯液位控制差异在于液位控制器参数的整定上，即均匀控制中控制器仅仅采用比例控制，一般不使用积分和微分控制。

1. 简单均匀控制系统

如图 2.35 所示，从结构上看，该控制系统与简单控制一样。"均匀"主要体现在控制器参数整定时，要按照均匀控制思想进行。通常采用纯比例控制器，且比例度放在较大的数值上，同时观察两个被控变量的过渡过程来调整比例度。为了防止液位超限，可以引入弱积分作用，但微分作用与均匀控制思想矛盾，不能采用。

简单均匀控制系统特点如下。
(1) 结构形式上与液位单回路定值控制系统一致，但控制目的不同。

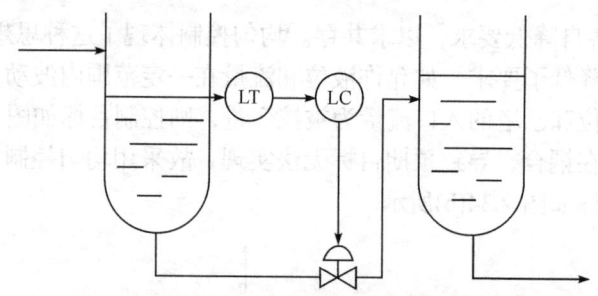

图 2.35 简单均匀控制系统

(2) 一般采用比例或比例积分控制律，且比例积分作用都较弱(不采用微分作用)。
(3) 只适用于干扰小、对流量均匀程度要求不高的场合。

2. 串级均匀控制系统

上述简单均匀控制虽然结构简单，实现方便，但存在以下问题。
(1) 对于压力扰动反应不及时。
(2) 当系统自衡能力较强时，控制效果较差。
解决方法：串级均匀控制。其结构如图 2.36 所示。

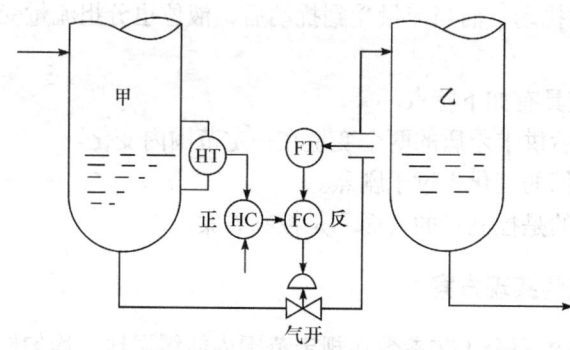

图 2.36 串级均匀控制系统

从结构上看，串级均匀控制与液位-流量串级控制系统完全一样。副控制器中副变量的控制要求不高，而这与均匀控制的要求相似。该系统中，副环用来克服塔压变化，主环中，不对主变量提出严格的要求，采用纯比例，一般不用积分。整定控制器参数时，主副控制器都采用比例控制，比例度都较大，整定时主要看主、副变量能否"均匀"地得到控制，而不是要求它们的过渡过程呈某衰减比。

(1) 假如干扰使甲塔的液位上升。甲塔液位上升，导致液位控制器输出增大，流量控制器输出增大，控制阀门缓慢增大；反映在工艺参数上，液位不是立即快速下降，而是继续缓慢下降，乙塔的进料量也缓慢增加。液位与流量均缓慢地变化，实现了均匀协调的控制目的。

(2) 假如干扰使乙塔的进料量增大。乙塔的进料量增大，首先通过流量控制器使控制阀门开度缓慢减小；当这一作用使甲塔的液位上升时，液位控制器输出减小，进一步缓慢改变调节阀的开度，使系统工作在新的平衡点。

串级均匀控制的结构如图 2.37 所示。

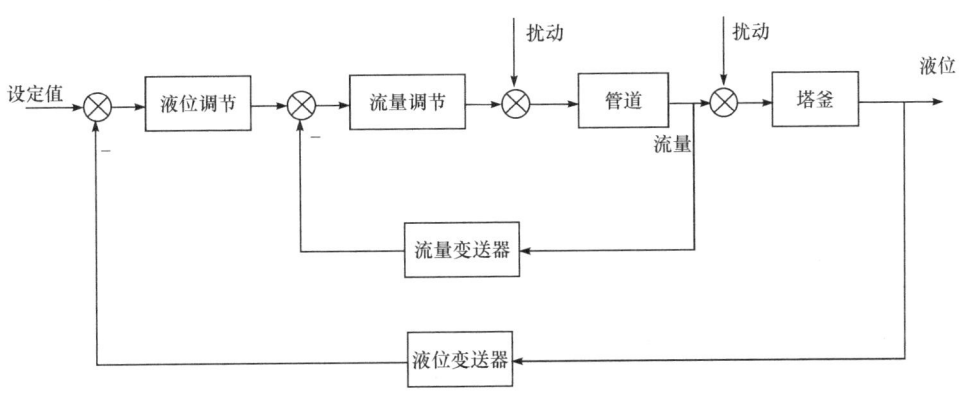

图 2.37 串级均匀控制系统结构

3. 双冲量均匀控制

双冲量均匀控制系统就是用一个控制器将两个测量信号(液位和流量)通过加法器后作为被控量的测量值。图 2.38 为双冲量均匀控制系统结构。

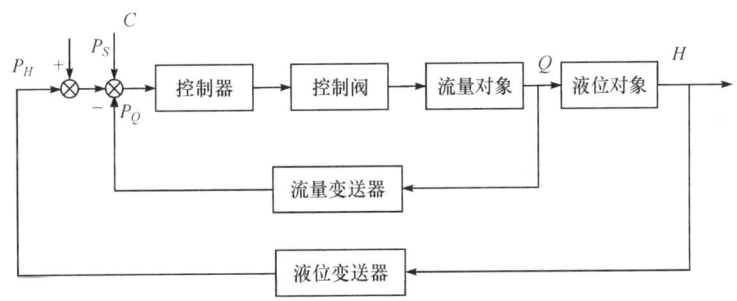

图 2.38 双冲量均匀控制系统结构

加法器在稳定状态下的输出表达式为

$$P_0 = P_H - P_Q + P_S + C$$

式中，P_0 为加法器的输出信号；P_H 为液位的测量值；P_Q 为流量的测量信号；P_S 为设定值；C 为加法器的可调系数。

在稳定工况下，调整可调系数 C 使 P_0 等于控制器的设定值 P_S，并使阀门开度处于50%左右位置。

当流量正常液位受到干扰而上升时，P_H 增大，加法器输出 P_0 增大，使流量控制器的输出信号增大，从而控制阀门开度缓慢开大，使输出流量逐渐增大，即 P_Q 也随之增大，从而液位开始下降。当 $P_H - P_Q$ 减小到稳态值时，加法器的输出重新回到控制器的设定值，系统逐渐稳定。此时，液位和流量的新稳态值比原来有所提高，但仍在允许范围内。当液位正常时，干扰使流量 P_Q 增大，则加法器的输出信号减小，控制阀门慢慢关小，使流量输出减小，同时液位慢慢上升，P_H 与 P_Q 之差恢复到稳态值，系统又进入一个新的平衡状态，从而达到均匀控制的目的。

双冲量均匀控制与串级均匀控制系统相比，双冲量均匀控制用一个加法器取代了串级控制中的主控制器；从结构上看，它相当于以两个信号之差为被控量的单回路系统，其参数整定可按简单均匀控制系统来考虑。

2.8.4 均匀控制的参数整定

简单均匀控制、双冲量均匀控制是一个控制器，可按照以下单回路整定法，只要比例度大些，积分时间常数无穷或大些，使两个变量达到均匀协调即可。

对串级均匀控制器，可按以下经验整定。

(1) 现将主控制器的比例度选择到一个合适的经验值上，然后对副控制器的比例度由小到大调整，直到副变量呈缓慢的非周期衰减过程。

(2) 已整定好的副控制器的比例度不变，由小到大调整主控制器的比例度直到主变量也呈缓慢的非周期衰减过程。

(3) 根据对象的实际情况，可适当加入积分作用，以防止余差超过允许值。

2.9 三冲量控制系统

2.9.1 锅炉三冲量简介

锅炉是火电过程的一个重要传热设备，根据生产负荷提供一定温度和压力的蒸汽，保证汽轮发电机组的运行；锅炉也是一种生产蒸汽或热水的热力设备，将燃料的化学能转化为热能。

锅炉给水控制系统是一种非线性、时变大、强耦合的多变量系统。其中，锅炉汽包液位是表征生产过程的主要工艺指标，同时也是保证锅炉安全运行的主要条件之一。影响汽包液位的因素除了加热汽化这一正常因素，还有蒸汽负荷和给水流量的波动。当负荷突然增大，汽包压力突然降低时，水就会急剧汽化，出现大量气泡，形成"虚假液位"。液位过高，使蒸汽产生带液现象，不仅降低蒸汽的产量和质量，而且会使过热器结垢，或造成汽轮机水冲击，使汽轮机叶片损坏，造成巨大的生产安全事故；当液位过低时，轻则影响水蒸气平衡，重则烧干锅炉，严重时导致锅炉爆炸，直接危及员工的人身安全，造成重大设备等事故。锅炉汽包液位控制的好坏是制约工艺安、稳、长、满、优生产的一大"瓶颈"问题。

锅炉的汽包水位单回路控制有三大问题不能解决，一是不能克服虚假水位带来的后果；二是对蒸汽负荷的变化控制不灵敏；三是对给水量的扰动控制延时。而锅炉的汽包水位-蒸汽流量串级控制虽然克服了虚假水位的现象，解决了对蒸汽负荷的变化控制的灵敏问题，但是不能克服给水干扰的问题，所以为了解决以上三个问题必须引入三冲量控制系统。

三冲量控制系统是电厂锅炉给水自动调节系统。所谓"冲量"实际就是"变量",多冲量控制中的"冲量"是指引入系统的测量信号。根据汽包水位、给水流量和蒸汽流量三个冲量经过 PID 计算来调节给水阀门开度,从而达到自动控制汽包液位的目的。汽包液位信号不仅是被控变量,还是反映锅炉工作状态的主要指标,也是保证锅炉安全运行的必要指标;引入蒸汽流量信号是为了及时缓解蒸汽流量波动对汽包液位的影响,并有效地杜绝"假液位"现象引起控制系统误动作;引入给水流量信号的目的是将给水流量信号作为"副变量",利用串级控制系统中副回路克服干扰快速性来及时地克服给水压力变化对汽包液位的影响。

2.9.2 锅炉三冲量的工作原理

三个冲量分别是汽包液位、给水流量和蒸汽流量。从结构上来说,实际上是一个带前馈信号的串级控制系统。三冲量控制系统框图如图 2.39 所示。

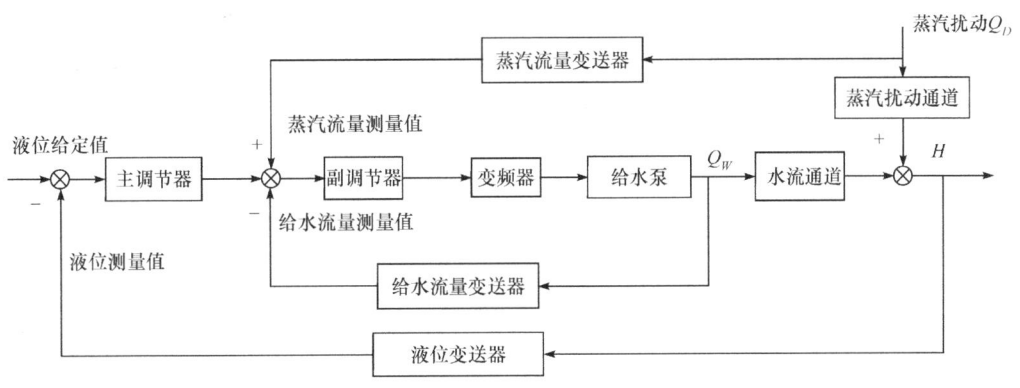

图 2.39 三冲量控制系统框图

从图 2.39 中可以清楚地看出前馈-串级控制系统的结构,其中,H 为液位高度,作为主控制器的反馈信号,Q_W 为给水流量,作为副控制器的反馈信号,Q_D 为蒸汽流量,作为前馈信号。当蒸汽流量增加时,应使给水流量增加,因此引入正反馈信号。

在图 2.39 所示的三冲量系统中,汽包液位是被控变量,且是主冲量信号,蒸汽流量和给水流量是辅助冲量信号。系统将蒸汽流量和给水流量前馈到汽包液位调节系统中,一旦蒸汽流量或给水流量发生波动,不是等到影响液位才进行调节,而是在这两个流量改变之时就能通过加法器立即去改变调节阀开度进行校正,故显著提高了液位这个被调参数的调节精度。

在稳定状态下,液位测量信号等于给定值,液位变送器的输出信号与液位给定值进行比较,得到的偏差信号通过主控制器的调节,作为副控制器的给定信号,它与作为前馈信号的蒸汽流量信号,以及给水流量信号进行比较,得到的偏差信号再经过副控制器的调节输出给变频器,这样就构成了一个前馈-串级系统。调节信号根据运算做出相应变化去调节变频器的频率,进而调节给水泵电机的转速,调节给水量恢复到所需的数值为止。由于引进了蒸汽流量和给水流量两个辅助冲量,起到了"超前信号"的作用,故给水阀一开始就向正确的方向移动,从而显著减小了液位的波动幅度,抵消了虚假液位的影响,并且缩短了过渡过程时间。

2.9.3 锅炉三冲量的调节过程

调节过程:根据串级控制系统选择主、副控制器的正、反作用的原则,水位控制器选反作用,流量控制器为正作用,当水位由于扰动而升高时,因为主控制器是反作用,它的输出下降,经加法器后,流量控制器即副控制器的给定值减小,输出减小,水位下降,保持在设定值上;当蒸汽流量增加时,经加法器后副控制器的给定值增加,输出增大,而使给水流量增大,保持水位稳定;当给水流量增加时,经加法器后,副控制器的给定值减小,输出减小,三冲量能够很好地克服扰动进而保持液位的稳定。

三冲量控制系统是一个带有前馈的串级系统,控制器参数设置可以参考 2.4 节串级系统的调节方法。在串级控制系统中,主、副控制器的作用是不同的,主控制器是定值控制,副控制器是随动控制,系统对两个回路的要求有所不同。主回路一般要求无差,主控制器的控制规律应选取 PI 或 PID 控制规律;副回路要求起控制的快速性,可以有余差,一般情况选取 P 控制规律而不引入 I 或 D 控制。如果引入 I 控制,会延长控制过程,减弱副回路的快速控制作用;也没有必要引入 D 控制,因为副回路采用 P 控制已经起到快速控制的作用,引入 D 控制会使调节阀的动作过大,不利于整个系统的控制。

2.10 Smith 预估控制系统

2.10.1 大滞后系统简介

在工业生产过程中,被控对象除了具有容积时延,往往不同程度地存在着纯迟延,如在反应器、管道混合、皮带传送、轧辊传输、多容量、多个设备串联及用分析仪表测量流体的成分等过程都存在着较大的纯迟延。在这些过程中,由于纯迟延的存在,被控变量不能及时反映系统受到的扰动,即使测量信号到达控制器,控制机构接收控制信号后立即动作,也需要经过纯迟延时间 τ 以后才能作用到被控变量,使之受到控制,因此这样的过程必然会产生较明显的超调量和较长的调节时间。所以,具有纯迟延的过程公认为是较难控制的过程,其难控程度将随着纯迟延 τ 占整个过程动态的份额的增加而增加。一般认为广义被控对象的纯迟延时间 τ 与时间常数 T 之比大于 0.5,采用常规的 PID 控制会使控制过程严重超调,稳定性变差。当纯滞后时间与过程的时间常数之比大于 0.3 时,纯滞后对调节系统的影响就比较严重。随着此比值的增加,过程的相位滞后增加而使超调增大,在实际的生产过程中甚至会因为严重超调而出现聚爆、结焦等事故。此外,大滞后会降低整个控制系统的稳定性。

纯滞后系统与一般系统区别的主要特征是被控对象时滞与其瞬态过程时间常数值比较大,采用通常的控制策略时,不能实现系统的精度控制,甚至会造成系统不稳定。通常认为,当被控对象时滞与其瞬态过程时间常数之比大于 0.3 时,该被控系统为纯滞后系统。

2.10.2 大滞后系统的特点及常规控制策略

在热交换过程中，经常将被加热物料的输出温度作为被控制量，而把载热介质(如过热蒸汽)的流量作为控制量，载热介质流量改变后，经过一定时间才表现为输出物料温度的变化。系统的这种表现可用含有纯滞后的传递特性描述。

这类控制过程的特点是：当控制作用产生后，在滞后时间范围内，被控参数完全没有响应，使得系统不能及时随被控制量进行调整以克服系统所受的扰动。因此，这样的过程必然会产生较明显的超调量和需要较长的调节时间。

为解决纯滞后性能带来的不利影响，许多学者在理论和实践上做了大量的工作，提出了许多行之有效的方法。其中概括为两类用于时滞系统的控制方法，即包括 Smith 预估控制与 Dahlin 算法在内的经典控制方法以及包括模糊控制、神经网络控制和模糊神经网络控制在内的智能控制方法。经典控制方法中用于解决时滞问题的方法还有串级控制、前馈-反馈复合控制、前馈-串级控制等，本节主要介绍 Smith 预估控制算法。

考虑到 Smith 预估控制算法的基本思想与纯滞后补偿控制相同，这里首先介绍纯滞后补偿控制的基本思想。简单来说，其基本思路是在控制系统中某处采取措施(如增加环节或增加控制支路等)，使改变后系统的控制通道以及系统传递函数的分母不含有纯滞后环节，从而改善控制系统的控制性能及稳定性等。纯滞后补偿的基本原理如图 2.40 所示。

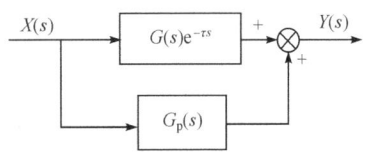

图 2.40 纯滞后补偿的基本原理

图 2.40 中 $G_p(s)$ 为增加的补偿环节。增加补偿环节后的传递函数为

$$G(s)e^{-\tau s} + G_p(s) = G(s)$$

化解可得

$$G_p(s) = (1 - e^{-\tau s})G(s)$$

式中，$G_p(s)$ 为消除滞后采用的补偿函数。通过补偿后，在输入和输出之间传递函数不再表现为滞后特性。

采用相似的思路，Smith 提出的补偿方案如图 2.41 所示，虚线部分为 Smith 预估控制器。

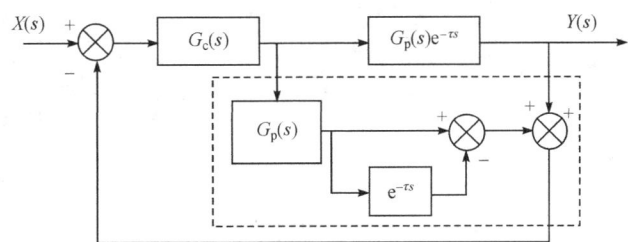

图 2.41 Smith 补偿控制系统方框图

系统中经过 Smith 补偿器补偿后的传递函数为

$$\frac{Y(s)}{X(s)} = \frac{G_c(s)G_p(s)}{1+G_c(s)G_p(s)} e^{-\tau s}$$

可见经过补偿后，传递函数特征方程中已消除滞后项，即消除了时滞对系统控制品质的影响。

为形象地比较 PID 控制器与 Smith 预估控制器对同一个大滞后对象的控制效果，这里首先给出一个仿真实例来说明。

例 2.6 已知某过程控制系统如图 2.42 所示，图中，K_P=2，T_P=4s，τ =4s，试比较两种控制方案的镇定效果。

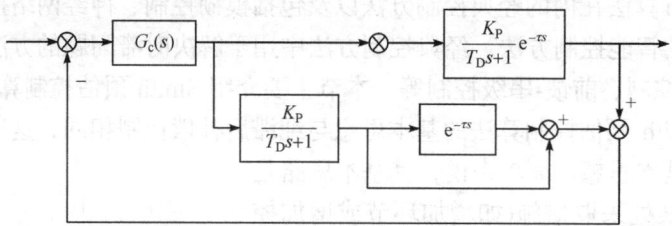

图 2.42　Smith 预估控制系统方框图

解　仿真时，阶跃量均为 10，被控对象时延和 Smith 预估时延均设为 4s，被控对象传递函数如题中所示，采用单纯的 PID 控制，仿真响应曲线如图 2.43 所示；采用 PID Smith 预估控制，仿真响应曲线如图 2.44 所示。

通过图 2.43 和图 2.44 比较可知，预估信号使控制器动作明显提前，与单回路 PID 控制相比调节时间快了约四倍，效果十分显著。

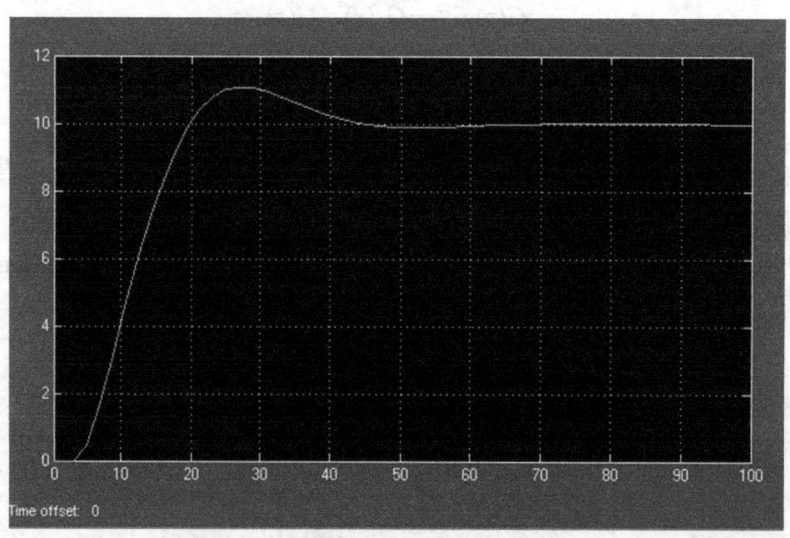

图 2.43　单回路 PID 控制阶跃响应

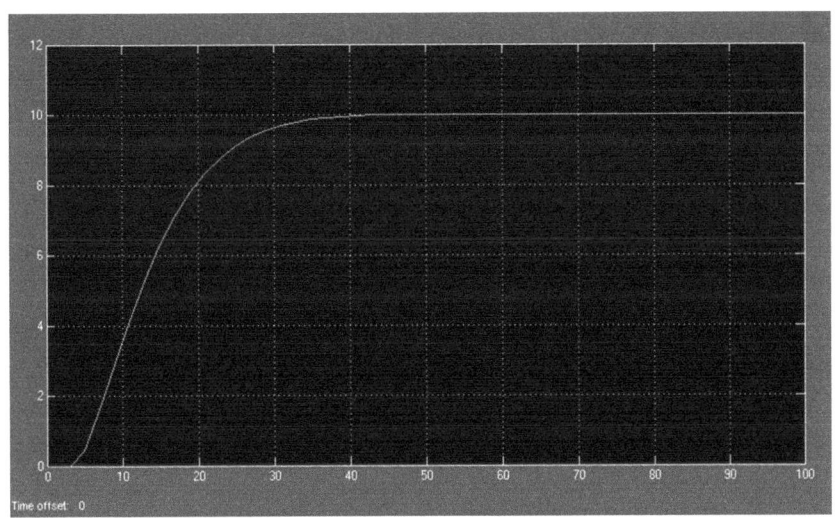

图 2.44　Smith 预估控制阶跃响应

2.11　解耦控制系统

在现代化的工业生产中，不断出现一些较复杂的设备或装置，这些设备或装置本身所要求的被控制参数往往较多，因此必须设置多个控制回路对这种设备进行控制。控制回路的增加往往会在它们之间造成相互影响的耦合作用，即系统中每一个控制回路的输入信号对所有回路的输出都会有影响，而每一个回路的输出又会受到所有输入的作用。要想一个输入只去控制一个输出几乎不可能，这就构成了"耦合"系统。由于耦合关系，系统往往难于控制、性能很差。

2.11.1　耦合现象

耦合是生产过程控制系统普遍存在的一种现象。生产过程是一种有序过程，环环相扣，变量间关系错综复杂，一个过程变量的波动往往会影响多个变量的变化，图 2.45 为双输入双输出耦合系统方框图，$X_1(s)$ 的改变会对 $Y_1(s)$ 和 $Y_2(s)$ 同时发生影响，同样，$X_2(s)$ 的改变也会对 $Y_1(s)$ 和 $Y_2(s)$ 同时发生影响。一般称被控制变量与操作变量在调整过程互相影响的对象为耦合对象，而解除这种耦合关系的过程称为解耦。

2.11.2　解耦控制系统的应用

解耦控制系统就是采用某种结构，寻找合适的控制规律来消除系统中各控制回路之间的相互耦合关系，使每一个输入只控制相应的一个输出，每一个输出又只受到一个控制的作用。如图 2.45 所示，

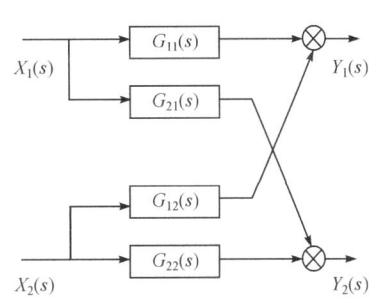

图 2.45　双输入双输出耦合系统方框图

经过解耦后，$X_1(s)$ 的改变只会对 $Y_1(s)$ 产生影响，同样，$X_2(s)$ 的改变也只会对 $Y_2(s)$ 产生影响。解耦控制是一个既古老又极富生命力的话题，不确定性是工程实际中普遍存在的棘手现象。解耦控制是多变量系统控制的有效手段。

常用的解决方法是：设计一个补偿器 $D(s)$，使它与原过程传递函数矩阵 $G(s)$ 构成广义控制过程 $G_D(s)$ 成为对角线矩阵，实现系统解耦控制。经常采用的解耦方法有前馈解耦方法、反馈解耦方法、对角矩阵解耦方法和单位矩阵解耦方法等。其中，对角矩阵解耦法设计的结果十分理想，因为它能使广义过程实现完全的无时延的跟踪，但在实现上却很困难，它不但需要过程的精确建模，而且补偿器结构复杂。下面仍以双输入双输出过程为例说明对角矩阵解耦控制系统结构，如图 2.46 所示。

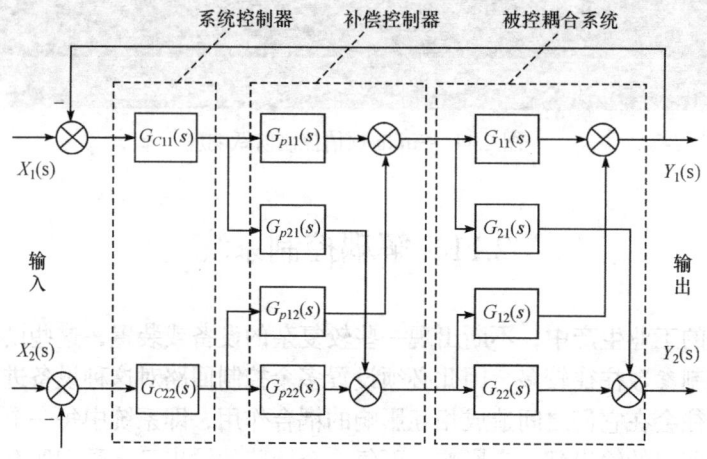

图 2.46 对角矩阵解耦控制系统

由图 2.46 可以明显看出，如果满足，

$$\begin{bmatrix} G_{11}(s) & G_{12}(s) \\ G_{21}(s) & G_{22}(s) \end{bmatrix} \begin{bmatrix} G_{p11}(s) & G_{p12}(s) \\ G_{p21}(s) & G_{p22}(s) \end{bmatrix} = \begin{bmatrix} G_{11}(s) & 0 \\ 0 & G_{22}(s) \end{bmatrix}$$

则系统实现了解耦。

为了描述达到 $X_1(s)$ 的改变只会对 $Y_1(s)$ 产生影响，$X_2(s)$ 的改变也只会对 $Y_2(s)$ 产生影响，可以用下列矩阵表示，即

$$\begin{bmatrix} Y_1(s) \\ Y_2(s) \end{bmatrix} = \begin{bmatrix} G_{11}(s) & 0 \\ 0 & G_{22}(s) \end{bmatrix} \begin{bmatrix} X_1(s) \\ X_2(s) \end{bmatrix}$$

假设被控对象模型矩阵非奇异，$\begin{bmatrix} G_{11}(s) & G_{12}(s) \\ G_{21}(s) & G_{22}(s) \end{bmatrix} \neq 0$ 时，解耦补偿矩阵为

$$\begin{bmatrix} G_{p11}(s) & G_{p12}(s) \\ G_{p21}(s) & G_{p22}(s) \end{bmatrix} = \begin{bmatrix} G_{11}(s) & G_{12}(s) \\ G_{21}(s) & G_{22}(s) \end{bmatrix}^{-1} \begin{bmatrix} G_{11}(s) & 0 \\ 0 & G_{22}(s) \end{bmatrix}$$

2.12 分程控制系统

2.12.1 分程控制系统的概念

在单回路反馈控制系统中,一个控制器的输出信号仅操纵一个控制阀的工作,而一个控制器的输出信号分段分别去控制两个或两个以上的控制阀工作,并且每个控制阀上的操纵信号只是控制器整个输出信号的某一段,这种控制方式称为分程控制。分程控制的特点不只是系统中有两个以上的执行器,更主要的是每个控制阀在控制器输出信号的某段范围内(气动或电动信号)能进行全行程动作,即全开全关或全关全开;否则就不是分程控制系统。

2.12.2 分程控制系统的实现

以图 2.47 所示的压力分程控制系统为例,系统中控制器的输出信号是通过附设在阀门上的阀门定位器来实现的。它是将控制器的输出压力信号分成几段,不同区段的信号由相应的阀门定位器转换为控制阀全程动作的压力信号 0.02~0.1MPa。系统中采用了 A、B 两个控制阀,并且要求 A 阀在 0.02~0.06MPa 压力信号范围内做全行程动作,B 阀在 0.06~0.1MPa 压力信号范围内做全行程动作。那么,就可以对附设在两阀上的阀门定位器进行调整:使 A 阀在 0.02~0.06MPa 的输入信号下,相应的输出信号范围为 0.02~0.1MPa,即 A 阀在 0.02~0.06MPa 走完全程;调整 B 阀在 0.06~0.1MPa 的输入信号下,相应的输出信号范围为 0.02~0.1MPa,即 B 阀在 0.02~0.06MPa 走完全程。因此,当控制信器输出信号在小于 0.06MPa 范围内变化时,就只有控制阀 A 随着信号压力的变化改变自己的开度,而控制阀 B 则处于某个极限位置(全开或全关)开度不变;当控制器输出信号在大于 0.06MPa 范围内变化时,控制阀 A 因已移动到极限位置而开度不再变化,而控制阀 B 却随着信号的变化改变阀门的开度。

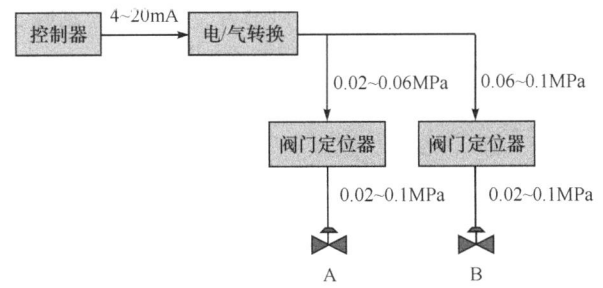

图 2.47 分程控制系统原理框图

2.12.3 分程控制系统的应用

1. 扩大控制阀的可调范围改善系统的控制品质

以蒸汽减压系统分程控制为例。锅炉产汽压力为 10MPa 的高压蒸汽,但在生产上需要 4MPa 的中压蒸汽。因此，需要通过节流减压的方法，将 10MPa 的高压蒸汽节流减压成 4MPa 的中压蒸汽。如果选择一只控制阀，为了适应大负荷下蒸汽供应量的需要，控制阀口径要选择得很大。然而，在正常负荷下，控制阀在小开度下工作，因为大阀在小开度下工作会造成控制阀特性发生畸变，还容易产生噪声和振荡，最终导致控制效果变差，控制质量降低。因此，选择两只同向的控制阀构成分程控制系统，如图 2.48 所示。

分程控制系统中，两只控制阀为同向动作，且根据工艺要求均选择气开式，其中 A 阀在控制器输出信号压力为 0.02～0.06MPa 时从全闭到全开，B 阀在控制器输出信号压力为 0.06～0.1MPa 时从全闭到全开。在正常负荷下，B 阀处于关闭状态，只通过 A 阀的开度变化来控制输出蒸汽；当大负荷时，A 阀已全开仍满足不了蒸汽的需求，这时 B 阀开始动作，以弥补 A 阀全开时蒸汽供应量的不足。

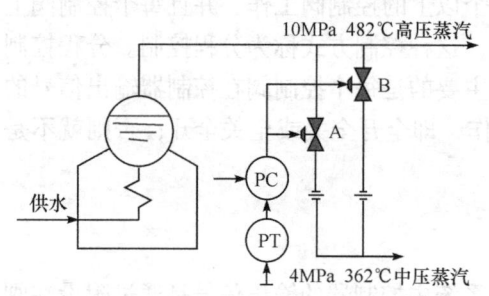

图 2.48　蒸汽减压压力分程控制系统

设在分程控制中两只控制阀的最大流通能力分别为 $C_{Amax}=10$，$C_{Bmax}=100$，控制阀的可调比为 $R_A=R_B=50$，由于 $R=C_{max}/C_{min}$，因此每个控制阀的最小流通能力为：$C_{Amin}=C_{Amax}/R_A=0.2$，$C_{Bmin}=C_{Bmax}/R_B=2$。两个控制阀并联同向动作时，其组合可调比应该为组合阀最大流通能力和最小流通能力之比，即 $R_{AB}=(C_{Amax}+C_{Bmax})/C_{Amin}=550$。可见，上述分程控制阀的可调比是单个控制阀可调比的 11 倍，从而改善了控制阀的工作特性，提高了系统的控制精度。

2. 用于控制两种不同的介质满足工艺操作的特殊要求

在某些间歇式化学反应中，当反应物投入设备后，为了使其达到反应温度，往往在反应开始前需要给它提供一定的热量。一旦达到反应温度后，反应物就会随着化学反应的进行不断释放热量，若不及时移走热量，反应会越来越激烈，以致会有爆炸的危险。因此，设计如图 2.49 所示的分程控制系统，利用 A、B 两台控制阀，分别控制冷却水和蒸汽两种介质，以满足工艺上需要加热和冷却的不同需求。

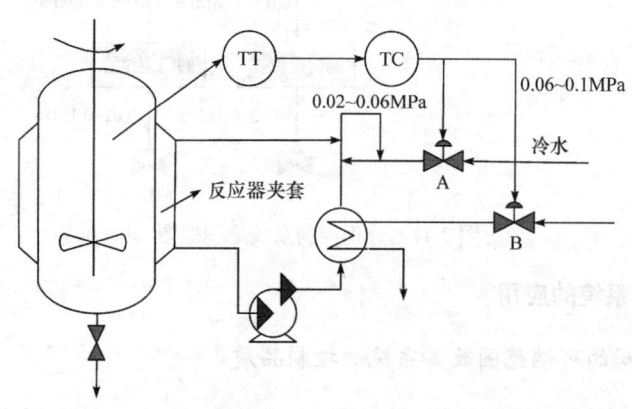

图 2.49　间歇式化学反应器温度分程控制系统

从安全角度考虑，蒸汽阀(B 阀)选为气开式，冷水阀(A 阀)选为气关式。化学反应前的升温阶段，由于温度测量值小于给定值，因此控制器输出增大，B 阀开大，A 阀关闭，即蒸汽阀开、冷水阀关，以便使反应器温度升高；温度达到反应温度时，化学反应发生，于是就有热量放出，反应物的温度逐渐升高。当温度升高使测量值大于给定值时，控制器的输出将减小(由于控制器是反作用方式)。随着控制器输出的减小，B 阀将逐渐关小乃至完全关闭，而 A 阀则逐渐打开。这时反应器夹套中流过的将不再是热水而是冷水，这样一来，反应产生的热量就被冷水带走，从而达到维持反应器温度恒定的目的。

3. 用于节能控制

生产中消耗的大量能量多以热水、热气等形式排放掉，因此尽可能多地回收这些余热是节能研究中的重要课题。但是，余热的供应往往是不稳定和不可靠的。为了使连续性很强的生产稳定地运行，在利用余热的生产流程中，一般都要考虑热源或物料的后备支持手段，所以出现了余热热源与后备支持手段之间或常用物料和后备物料之间的分程控制。

例如，在生产过程中，冷物料通过热交换器用热水(工业废水)和蒸汽对其进行加热。当用热水加热不能满足出口温度要求时，则再同时使用蒸汽加热，构成图 2.50 所示的分程控制系统。

在系统中，蒸汽阀和热水阀均选气开式，控制器为反作用方式。在正常情况下，控制器输出信号使热水阀打开，蒸汽阀关闭；当热水阀全开仍不能满足出口温度要求时，控制器输出信号同时使蒸汽阀打开，以满足出口温度的工艺要求。利用分程控制可节省能源，降低能耗。

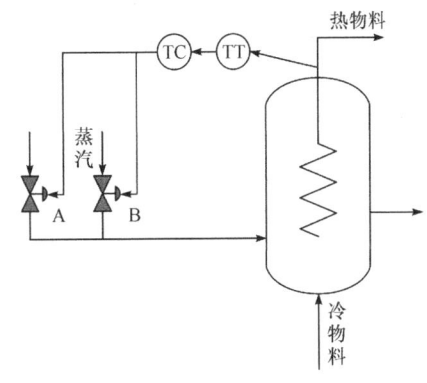

图 2.50　温度分程控制系统

4. 保证生产过程的安全与稳定

在各类炼油厂或石化工厂中，有许多存放各种油品或石化产品的储罐。为使建在室外的储罐里的油品不与空气接触，常采用氮封技术保证油品的质量。氮封技术是通过在储存油品的储罐液位以上空间充以惰性气体氮气，隔绝空气，保证油的品质。一般要求罐顶氮气压力保持微正压。

灌顶压力值的大小主要受容器密封状态、容器内储存物的变化等决定。在密闭的储罐内，当由储罐向外抽取物料时，罐顶压力将会下降，灌顶呈现负压情况，若不及时向储罐中补充氮气，储罐将有被吸瘪的危险；而当向储罐中注料时，氮封压力将会上升，若不及时排出罐顶中部分氮气，易引起储罐变形甚至破裂。在保证油品质量，同时避免这两种安全隐患的情况下，可采用如图 2.51 所示的分程控制方案。

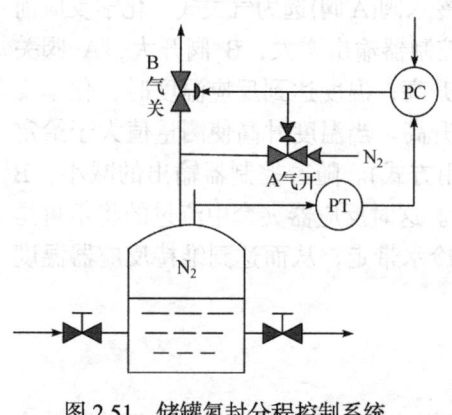

图 2.51 储罐氮封分程控制系统

A 阀(充氮气)采用气开式，B 阀(放气)采用气关式，控制器采用反作用方式。注油时，储罐内压力升高，压力控制器输出减小。在低于 0.06MPa 时，系统中 A 阀是全关的，B 阀则打开，这样储罐中一部分氮气将通过放空管放空，储罐内压力逐渐降低；而当从储罐内抽取油使罐内压力下降时，控制器输出增大而高于 0.06MPa 时，B 阀将关闭，而 A 阀则打开，则氮气被补充到储罐中，提高储罐的压力。通过 A、B 两阀的分程动作，无论是向罐内注油还是从罐内抽油，都能保持罐内的压力维持不变。

2.12.4 分程控制系统的设计与控制器参数的整定

分程控制本质上是简单控制系统，控制规律的选择和参数整定与简单控制系统基本相同。对于介绍的分程控制的五种应用实例，其方块图可归结为以下两类，如图 2.52 和图 2.53 所示。由图可知，A、B 两只控制阀都控制同一对象，因此两阀的控制通道特性是相同的。如果两只控制阀的动特性和放大倍数又比较接近，那么可以按两个通道中的任一通道进行控制器参数整定，结果都能使系统获得比较满意的控制品质。

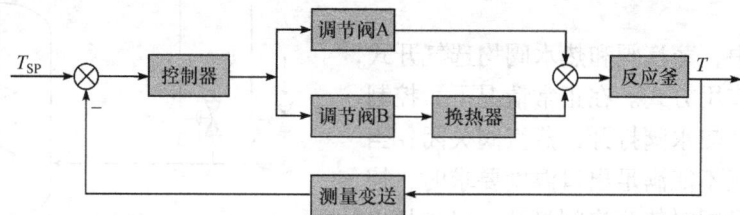

图 2.52 间歇化学反应器温度分程控制方框图

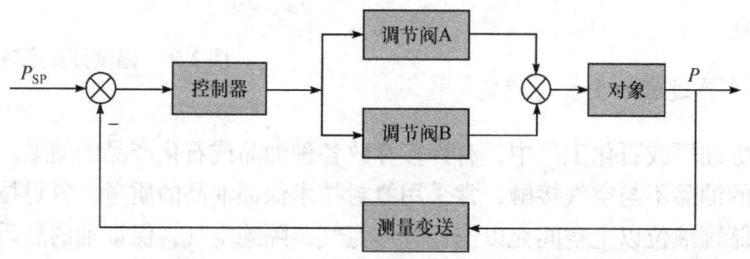

图 2.53 其他三种实例的分程控制方框图

对于间歇式化学反应器温度分程控制系统，由于 B 阀所处的通道比 A 阀所处的通道多一个热交换器，这样两个通道的特性就不一样了。此时，要寻找一组折中的控制器参数，使其能兼顾上述两个通道的特性。

第 3 章 控 制 算 法

本章主要介绍在过程控制中比较常见的一些控制算法的原理、组成、特点及应用。同时，为扩展知识面，在本章的后半部分也将介绍虚拟过程仿真实验涉及的智能控制算法。

3.1 PID 控制器原理及特点

PID(Proportional、Integral and Differential)控制在工业过程控制的发展史上是历史最悠久、应用最广泛、生命力最强的控制方式。目前，经典 PID 控制器仍然是液位控制系统中最常用的控制器，主要是因为工作可靠、实现简单、鲁棒性强和设计维护方便等成就了其无可替代的优势。然而，PID 控制器在实际应用中本身存在很大的局限性：工业中许多被控过程激励复杂，具有高阶非线性、慢时变、纯滞后等特点，在噪声、负载振动和一些苛刻环境下，过程参数甚至模型结构都会发生变化，PID 控制器参数整定并不能得到较好的解决。

3.1.1 常规 PID 控制

PID 控制器作为最早实用化的控制器，至今已经有 70 多年的历史，目前仍是应用最广泛的工业控制器。PID 控制系统结构如图 3.1 所示，主要由 PID 控制器和被控对象组成。

PID 控制器是一种采用比例、积分和微分的关系来调节系统响应的自动控制器，根据给定值 $r(t)$ 与实际输出值 $c(t)$ 进行比较构成控制偏差 $e(t)$，即 $e(t)=r(t)-c(t)$，将偏差的比例系数(K_P)、积分时间常数(T_I)、微分时间常数(T_D)通过线性组合构成控制规律来调节控制系统的响应，从而获得更好的控制效果。PID 控制器的输入输出信号关系式为

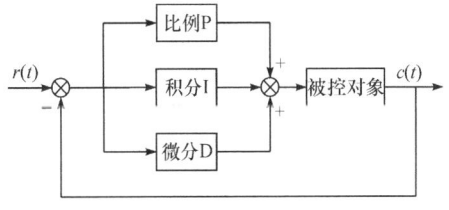

图 3.1 PID 控制系统结构图

$$u(t)=K_P\left[e(t)+\frac{1}{T_I}\int_0^t e(t)\mathrm{d}t+T_D\frac{\mathrm{d}e(t)}{\mathrm{d}t}\right] \tag{3-1}$$

或

$$u(t)=K_P e(t)+K_I\int_0^t e(t)\mathrm{d}t+K_D\frac{\mathrm{d}e(t)}{\mathrm{d}t} \tag{3-2}$$

用传递函数形式表示，为

$$G(s)=\frac{U(s)}{E(s)}=K_P\left(1+\frac{1}{T_I s}+T_D s\right) \tag{3-3}$$

式中，K_P 为比例放大系数；T_I 为积分时间常数；T_D 为微分时间常数。

PID 控制效果的好坏在很大程度上取决于系统参数的整定，即控制器参数的选择，其中，比例(P)环节能及时成比例地反映控制系统的偏差信号 error(t)，偏差一旦产生，控制器立即产生控制作用减少偏差，加快系统的响应速度，提高系统的调节精度。

积分(I)控制规律主要用于消除系统的稳态误差，提高系统的抗干扰能力。积分作用的强弱取决于积分时间常数，T_I 越大，积分作用越小，反之，则越强。如果一个自动控制系统进入稳态后存在稳态误差，则称这个控制系统是有差系统，在系统质量要求高时是不允许的。为了消除稳态误差，在控制器中应该引入积分项。积分项对偏差的克服作用取决于偏差存在的时间，随着时间的增加，积分项会增大，这样即便误差很小，积分项也会随着时间的增加而加大，它推动控制器的输出增大使稳态误差进一步减小，直到等于零。

微分(D)控制规律能反映偏差信号的变化趋势，预测偏差变化的趋势，并能在偏差信号变化较大之前，提前引入一个有效的早期修正信号，从而加快系统的动作速度，减小调节时间，避免被控变量的严重超调。因此，微分控制规律一般用在有较大惯性或滞后的被控对象的调节过程中以改善其动态特性。

常规的 PID 控制分为模拟 PID 控制和数字 PID 控制。由于采用 Simulink 编程实现控制算法需要数字信号，它只能根据采样时刻的偏差值计算控制量，故对式(3-1)中的积分和微分项不能直接使用，还需离散化处理，设采样周期为 T：

$$\begin{cases} \int_0^t e(t)\mathrm{d}t \approx T\sum_{i=0}^{k} e(iT) = T\sum_{j=0}^{k} e(i), \quad t = kT(k=0,1,2,\cdots) \\ \dfrac{\mathrm{d}e(t)}{\mathrm{d}t} \approx \dfrac{e(KT) - e[(k-1)T]}{T} = \dfrac{e(k) - e(k-1)}{T} \end{cases} \tag{3-4}$$

控制器第 k 次采样输出值为

$$u(k) = K_P \left\{ e(k) + \frac{T}{T_I}\sum_{i=0}^{n} e(t) + \frac{T_D}{T}[e(k) - e(k-1)] \right\} \tag{3-5}$$

第 $k-1$ 次采样输出值为

$$u(k-1) = K_P \left\{ e(k-1) + \frac{T}{T_I}\sum_{i=0}^{k-1} e(t) + \frac{T_D}{T}[e(k-1) - e(k-2)] \right\} \tag{3-6}$$

3.1.2 增量 PID 控制

对于位置式 PID 控制算法，由于全量输出，所以每次输出均与过去的状态有关，计算时要对误差进行累加，运算工作量大；而且如果执行器出现故障，则会引起执行机构位置的大幅度变化，工业生产中这种情况是不允许发生的，因而产生了增量式 PID 控制算法。

由式(3-5)和式(3-6)导出增量化的数字 PID 控制算法为

$$\Delta u(k) = K_P \left\{ [e(k) - e(k-1)] + \frac{T}{T_I}e(k) + \frac{T_D}{T}[e(k) - 2e(k-1) + e(k-2)] \right\} \tag{3-7}$$

$$\Delta u(k) = K_P[e(k) - e(k-1)] + K_I e(k) + K_D[e(k) - 2e(k-1) + e(k-2)] \tag{3-8}$$

$$\begin{cases} \Delta u(k) = K_P \Delta e(k) + K_I e(k) + K_D \Delta^2 e(k) \\ \Delta e(k) = e(k) - e(k-1) \end{cases} \tag{3-9}$$

式中，T 为采样周期；k 为采样序号；K_P、K_I、K_D 分别为比例、积分和微分系数；$u(k)$ 为第 k 次采样时刻的输出值；$e(k)$ 为第 k 次采样时刻输入的偏差值；$K_I = K_P \dfrac{T}{T_I}$ 为积分系数；$K_D = K_P \dfrac{T_D}{T}$ 为微分系数。

增量式控制算法的优点是误动作小，便于实现无扰动切换。当计算机出现故障时，可以保持原值，比较容易通过加权处理获得较好的控制效果。但增量式 PID 也有积分截断效应大、存在静态误差、溢出影响大等不足。

一般在调节 PID 参数时，需要遵守先比例、后积分、再微分的原则，其具体操作步骤如下：

(1) 设置比例系数 $K_P = 1$，积分系数和微分系数分别为 $K_I = 0, K_D = 0$；
(2) 逐渐增大比例系数，观察输出响应曲线，直至其衰减比近似为 4∶1；
(3) 适当增加积分系数，确保系统能够有效消除余差，同时考虑到积分的加入导致系统振荡加剧，可以适当减小比例系数，使系统的衰减比保持为近似 4∶1；
(4) 适当增加微分系数，消除响应曲线中带有的"尖刺"，使曲线变平滑。

需要注意的是，积分系数的微小增加将导致响应曲线激烈振荡，故积分系数一般的取值范围为 0~1。

3.2 串级 PID 控制

从控制器角度来说，串级控制本质上是采用两个 PID 控制器对一个复杂大滞后系统进行调节，其中主控制器的控制输出作为副控制器的给定。控制要求的不同，导致主控制器与副控制器的调试方法各异。单个 PID 控制器的调试原则和串级控制中主、副控制器的调试原则请见第 2 章。

3.3 神经网络 PID 控制

近年来，随着人工神经元网络的研究和广泛应用，人们开始将该网络和 PID 控制结合在一起，解决传统 PID 控制器不易在线实时整定参数的缺点，以便改善传统 PID 控制器的性能。

1986 年 Rumelhart 和 McClelland 提出了多层网络的误差反向传播训练(Error Back-Propagation Training)算法，简称 BP 算法，系统解决了多层网络中隐含单元的连接权问题，预示着 BP 神经网络(BP Neural Network，BPNN)的出现。BP 神经网络是人工神经网络的一种，它不仅具有人工神经网络的特点，而且有自己的 BP 算法，它是一种有隐含层的多层前馈网络，如图 3.2 所示，$x_i(i=1,2,\cdots,M)$、$y_j(j=1,2,\cdots,L)$ 分别为网络的输入量和输出量，网络由输入层、隐含层和输出层节点组成，隐含层可以是一层，也可以是多层(图 3.2 中是单隐层)，前层至后层节点通过权连接。

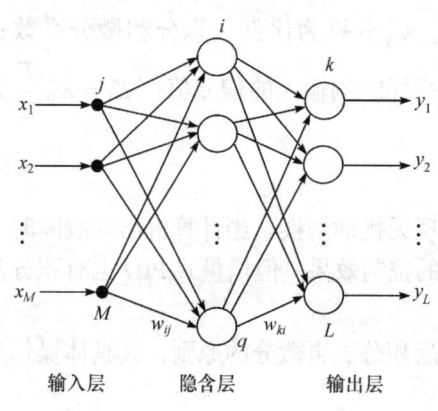

图 3.2 BP 神经网络的结构模型

BP 学习算法的基本原理是梯度下降(Gradient Descent)的最优化方法，它的中心思想是调节网络的连接权值(w_{ij}、w_{ki})，使网络总误差函数极小化，即采用梯度搜索技术，以期使网络的实际输出值与期望输出值的误差均方值为最小。

BP 神经网络 PID 控制器是一种较新型的神经网络 PID 控制策略。这种控制方式在结构上不再明显包含 PID 控制器，而是将神经网络和 PID 控制规律融为一体，将误差信号的比例、积分、微分运算和 PID 参数的自适应整定在一个前向神经网络中完成。

BP 神经网络 PID 控制器主要利用神经网络的非线性映射能力和自适应能力。系统结构如图 3.3 所示。

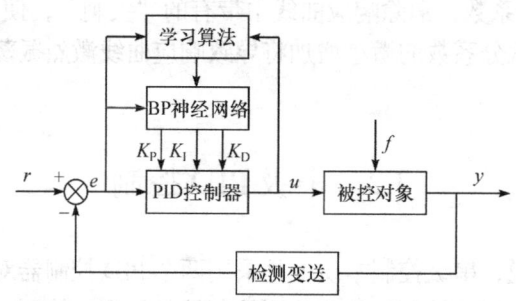

图 3.3 BP 神经网络 PID 控制系统结构图

控制器由两部分组成：①经典的 PID 控制器直接对被控对象进行闭环控制，并且 K_P、K_I、K_D 三个参数在线整定；②BP 神经网络控制器可根据系统的运行状态，通过自适应算法来调整权系数，调节对应 PID 控制器的 K_P、K_I、K_D 三个参数，实现稳定状态对应于某种最优控制律下的 PID 控制参数。

可以将常规数字 PID 控制的增量式算法表示为

$$u(k) = f[u(k-1), K_P, K_I, K_D, e(k), \Delta e(k), \Delta^2 e(k)] \tag{3-10}$$

式中，$f[\cdot]$ 为与 K_P、K_I、K_D、$u(k-1)$ 和 $e(k)$ 等有关的非线性函数。

由于 BP 神经网络具有逼近任意非线性函数的能力，因此可以采用 BP 神经网络通过训练和学习找到一个最佳控制规律。BP 算法可以有多层，为了叙述方便，以 M 个输入层节点、Q 个隐含层节点、3 个输出层节点的三层 BP 神经网络 $M \times Q \times 3$ 导出计算公式。

3.3.1 函数信号与误差信号的计算

(1) 网络输入节点对应所选的系统运行状态量，必要时应进行归一化处理，输入层各节点状态为

$$\begin{cases} O_j^{(1)}(k) = \text{net}_j^{(1)} = x_j(k), \quad j = 1, 2, \cdots, M \\ O_M^{(1)} = 1 \end{cases} \tag{3-11}$$

式中，$O_j^{(1)}$ 为输入层第 j 个节点的输出；$x_j(k)$ 为输入层第 j 个节点的输入；输入层节点变量的个数 M 取决于被控系统的复杂程度；上角标(1)、(2)、(3)分别对应输入层、隐含层、输出层。

(2) 网络隐含层的输入输出关系为

$$\begin{cases} \text{net}_i^{(2)}(k) = \sum_{j=1}^{M} w_{ij}^{(2)} O_j^{(1)}(k) - \theta_i^{(2)} \\ O_i^{(2)}(k) = f[\text{net}_i^2(k)], \quad i = 1, 2, \cdots, Q \\ O_Q^{(2)}(K) = 1 \end{cases} \tag{3-12}$$

式中，$O_i^{(2)}(k)$ 为隐含层第 i 个神经元的输出；$w_{ij}^{(2)}$ 为隐含层加权系数；$\theta_i^{(2)}$ 为隐含层阈值；$f(\cdot)$ 为输出变换函数，也称隐含层活化函数，此处取正负对称的 Sigmoid 函数：

$$f(x) = \tanh(x) = \frac{e^x - e^{-x}}{e^x + e^{-x}} \tag{3-13}$$

(3) 网络的输出层各节点的输入输出关系为

$$\begin{cases} \text{net}_l^{(3)}(k) = \sum_{i}^{Q} w_{li}^{(3)} O_i^{(2)}(k) - \theta_i^{(3)} \\ O_l^{(3)}(k) = g\left[\text{net}_l^{(3)}(k)\right], \quad l = 1, 2, 3 \\ O_1^{(3)}(k) = K_P \\ O_2^{(3)}(k) = K_I \\ O_3^{(3)}(k) = K_D \end{cases} \tag{3-14}$$

式中，$w_{li}^{(3)}$ 为输出层权系数；$\theta_i^{(3)}$ 为阈值，神经网络输出层输出节点分别对应可调 PID 控制器的三个参数 K_P、K_I、K_D，由于 K_P、K_I、K_D 不能为负值，所以输出层神经元的活化函数取非负的 Sigmoid 函数：

$$g(x) = \frac{1}{2}[1 + \tanh(x)] = \frac{e^x}{e^x + e^{-x}} \tag{3-15}$$

3.3.2 神经网络训练算法

神经网络 PID 控制器采用性能指标函数为

$$J(k) = \frac{1}{2}[r_m(k+1) - y_{\text{out}}(k+1)]^2 = \frac{1}{2}e^2(k+1) \tag{3-16}$$

按照梯度下降法修正网络权系数 $w_i(k)$，即按照 $J(k)$ 对 $w_i(k)$ 的负梯度方向搜索调整，并附加一个使搜索快速收敛全局最小的惯性项，加快 BP 算法的收敛速度：

$$\Delta w_{li}^{(3)}(k) = -\eta \frac{\partial J(k)}{\partial w_{li}^{(3)}} + \alpha \Delta w_{li}^{(3)}(k-1) \tag{3-17}$$

式中，η 为学习速率；α 为惯性系数（$0 \leqslant \alpha \leqslant 1$）。

结合数字 PID 控制的增量化算法推导可得以下公式。

(1) BP 神经网络输出层权值的学习算法为

$$\begin{cases} \Delta w_{li}^{(3)}(k) = \alpha \Delta w_{li}^{(3)}(k-1) + \eta \delta_l^{(3)} O_i^{(2)}(k) \\ \delta_l^{(3)} = e(k) \times \text{sgn}\left(\frac{\partial y(k)}{\partial \Delta u(k)}\right) \times \frac{\partial \Delta u(k)}{\partial O_l^{(3)}(k)} \times g'\left[\text{net}_l^{(3)}(k)\right] \end{cases}, \quad l = 1,2,3 \tag{3-18}$$

(2) 同理可得到隐含层权值的学习算法为

$$\begin{cases} \Delta w_{ij}^{(2)}(k) = \alpha \Delta w_{ij}^{(2)}(k-1) + \eta \delta_i^{(2)} O_j^{(1)}(k) \\ \delta_i^{(2)} = f'\left[\text{net}_i^{(2)}(k)\right] \sum_{l=1}^{3} \delta_l^{(3)} w_{li}^{(3)}(k) \end{cases}, \quad i = 1,2,\cdots,Q \tag{3-19}$$

式(3-18)和式(3-19)中，因 $\frac{\partial y(k)}{\partial \Delta u(k)}$ 未知，近似用符号函数 $\text{sgn}\left(\frac{\partial y(k)}{\partial \Delta u(k)}\right)$ 代替 $\frac{\partial y(k)}{\partial \Delta u(k)}$，由此导致计算结果不精确，可以通过调整学习速率 η 来补偿，$g'(\cdot) = g(x)[1-g(x)]$，$f'(\cdot) = [1-f^2(x)]/2$。

根据以上推导的 BP 神经网络 PID 公式，可将控制器算法归纳如下：

(1) 确定 BP 神经网络的结构，即选定输入层节点数 M 和隐含层节点数 Q，并赋予各层加权系数的初值 $w_{ij}^{(2)}(0)$ 和 $w_{li}^{(3)}(0)$，选定学习速率 η 和惯性系数 α，此时 $k=1$；

(2) 采样得到 $r_{\text{in}}(k)$ 和 $y_{\text{out}}(k)$，计算该时刻的误差 $e(k) = r_{\text{in}}(k) - y_{\text{out}}(k)$；

(3) 对选作网络输入的系统运行状态量进行归一化处理；

(4) 由式(3-11)~式(3-14)计算神经网络的各层神经元的输入和输出，BP 神经网络输出层的输出即为 PID 控制器的三个可调参数 K_P、K_I、K_D；

(5) 计算 PID 控制器的输出 $u(k) = u(k-1) + \Delta u(k)$；

(6) 进行网络学习，由式(3-18)和式(3-19)在线调整加权系数 $w_{ij}^{(2)}(k)$ 和 $w_{li}^{(3)}(k)$，实现 PID 控制参数的自适应整定；

(7) 置 $k = k+1$，返回到步骤(2)重新计算学习。

3.4 模糊 PID 控制

3.4.1 模糊 PID 控制方式简介

PID 控制和模糊控制是当今应用较为广泛的两种控制方式,它们都存在着各自的优点和不足。

常规的 PID 控制器具有算法简单、可靠性高、无静差等优点。其核心是参数的整定,对于确定性的被控制对象,通过适当地整定 PID 的三个参数,可以获得比较满意的控制效果;但对于大滞后、时变的、非线性的复杂系统,则较难以整定 PID 参数,因而比较难以达到预期的效果。模糊控制器具有不依赖对象的数据模型适应能力的突出优点,但它的稳定精度差。所以,针对 PID 控制器和模糊控制器的特点,可以扬长避短,既具有模糊控制灵活、适应强的优点,又具有 PID 控制精度高的特点,从而对各种复杂的被控制对象、不同的控制指标取得理想的控制效果。因此,将模糊控制和 PID 控制进行有效结合的控制方式可以取得良好的效果。

3.4.2 模糊 PID 算法

模糊 PID 算法无须考虑被控系统的模型,而只根据其误差 e 和误差的变化率 e_c 两个检测数据来自适应调整 K_P、K_I、K_D 的值,最终使被控系统处于稳定工作状态。

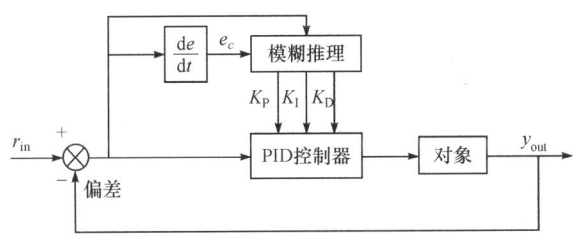

图 3.4 模糊 PID 的结构框图

如图 3.4 所示,模糊 PID 算法是一个两输入三输出的模糊控制器,输出端的三个输出量分别为比例系数、积分系数和微分系数,即 K_P、K_I、K_D,其 Simulink 模块结构如图 3.5 所示。

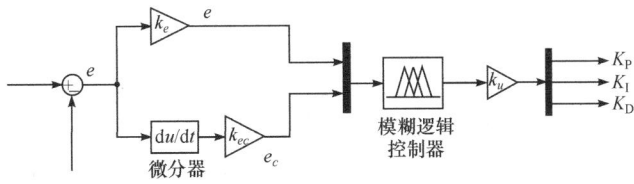

图 3.5 两输入三输出模糊控制器结构

相对于传统的 PID 控制器,模糊 PID 控制器在如下三个基本概念上有明显差异。
(1) 模糊化:通俗来讲,模糊化就是将精确量转变为模糊量的过程,在模糊控制中主要采用三角隶属函数和高斯隶属函数来实现模糊功能，其主要优点是均可以克服输入变量中包含的噪声。相应的隶属函数如图 3.6 和图 3.7 所示。

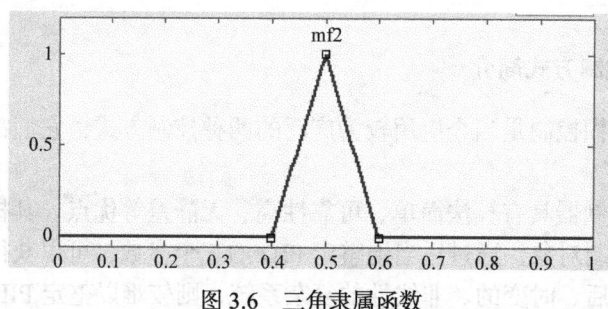

图 3.6 三角隶属函数

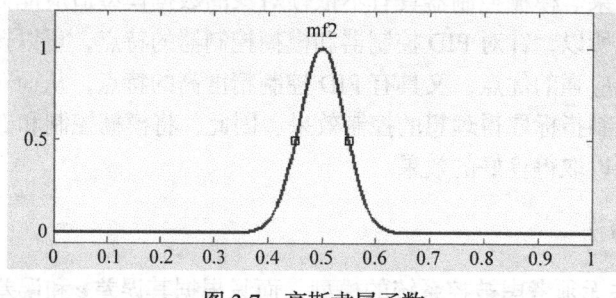

图 3.7 高斯隶属函数

(2) 知识库：知识库中包含了具体应用领域中的知识和要求的控制目标，它通常由数据库和模糊控制规则组成。

(3) 模糊推理：在模糊控制中，通过一组语言描述的规则来表示，通常具有如下形式，即 If 满足一个条件，Then 可以推出一个结论。模糊语言：

```
1. If (level is okay) then (valve is no_change) (1)
2. If (level is low) then (valve is open_fast) (1)
3. If (level is high) then (valve is close_fast) (1)
4. If (level is okay) and (rate is positive) then (valve is close_slow) (1)
5. If (level is okay) and (rate is negative) then (valve is open_slow) (1)
```

第一条规则物理意义：如果水箱液位正好，那么阀门开度不变。
第二条模糊规则定义：如果水箱液位低，那么阀门开度增大。

3.4.3 模糊 PID 参数调试

PID 参数自整定的实现思想是先找出 PID 三个参数与误差 e 和误差变化率 e_c 之间的模糊关系，然后在运行中不断检测 e 和 e_c，并根据模糊控制原理来对三个参数进行在线修改，以满足不同 e 和 e_c 时对控制器参数的不同要求，而使被控对象有良好的动、静态性能，而且计算量小。PID 控制器的三个参数 K_P、K_I、K_D 对系统的稳定性、响应速度、超调量和稳态精度等方面特性的影响作用请见第 2 章和第 3 章有关章节。

PID 参数的整定必须考虑到在不同时刻三个参数的作用以及相互之间的互联关系。

根据参数 K_P、K_I、K_D 对系统输出特性的影响情况可归纳出：一般情况下，在不同的$|e|$和$|e_c|$时，被控过程对 K_P、K_I、K_D 的自整定要求如下。

(1) 当$|e|$较大时，为了加快系统的响应速度，并避免因开始时误差 e 的瞬间变大，可能引起微分过饱和，而使控制作用超出许可范围，应取较大的 K_P 和较小的 K_D，同时为了防止积分饱和，避免系统响应出现较大的超调，此时应去掉积分作用，取 $K_I=0$。

(2) 当$|e|$和$|e_c|$为中等大小时，为使系统响应的超调减少，K_P、K_I、K_D 都不能取大，应取较小的 K_I 值，K_P 和 K_D 的值大小要适中，以保证系统的响应速度。

(3) 当$|e|$较小时，为使系统具有良好的稳态性能，应增大 K_P 和 K_I 值，同时为避免系统在设定值附近出现振荡，并考虑系统的抗干扰性能，应适当地选取 K_D 值，其原则是：当$|e_c|$较小时，K_D 值可取大一些，通常取为中等大小；当$|e_c|$较大时，K_D 应取小一些。

3.5 预测控制

预测控制是近年来发展起来的一类新型的计算机控制算法。它由于采用多步测试、滚动优化和反馈校正等控制策略，因而控制效果好，适用于控制不易建立精确数字模型且比较复杂的工业生产过程，所以一出现就受到国内外工程界的重视，并已在石油、化工、电力、冶金、机械等工业部门的控制系统得到了成功的应用。结合本书实验内容，这里重点介绍 Smith 预估控制器。

在工业生产的控制中，有许多控制对象含有较大的纯滞后特性。被控对象的纯滞后时间 τ 使系统的稳定性降低，动态性能变坏，如容易引起超调和持续的振荡。对象的纯滞后特性给控制器的设计带来困难。

1957 年，史密斯(Smith)提出了一种以模型为基础的预估器补偿控制算法。其基本设计思想：预先估计出过程在基本扰动作用下的动态响应，然后由预估器进行补偿，试图使被延时了 τ 时刻的被控量超过超前反馈到控制器，使控制器提前动作，从而显著降低超调量，并加速调节过程。

纯滞后补偿控制的基本思路是：在控制系统中某处采取措施(如增加环节，或增加控制支路等)，使改变后系统的控制通道以及系统传递函数的分母不含有纯滞后环节，从而改善控制系统的控制性能及稳定性等。

纯滞后补偿的基本原理如图 3.8 所示。

图 3.8 中 $G_p(s)$ 为增加的补偿环节。增加补偿后的传递函数为

$$G(s)\mathrm{e}^{-\tau s} + G_p(s) = G(s) \quad (3\text{-}20)$$

得

$$G_p(s) = (1-\mathrm{e}^{-\tau s})G(s) \quad (3\text{-}21)$$

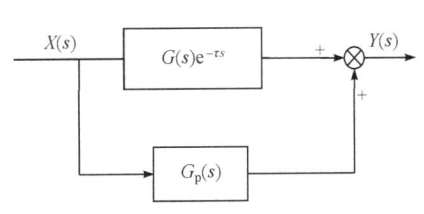

图 3.8 纯滞后补偿的基本原理

式中，$G_p(s)$ 为消除滞后采用的补偿函数。

通过补偿后，在输入和输出之间传递函数不再表现为滞后特性。

Smith 提出的补偿方案如图 3.9 所示，虚线部分为 Smith 预估控制器。

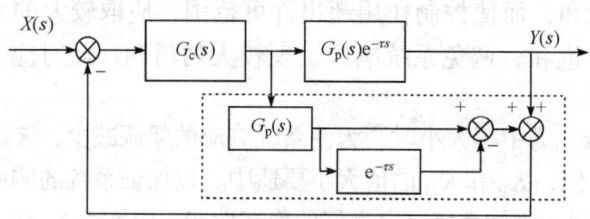

图 3.9　Smith 补偿控制方框图

经过等效变换后如图 3.10 所示。

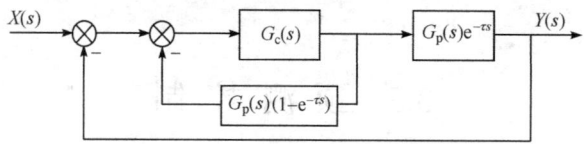

图 3.10　Smith 补偿控制系统方框图

系统的传递函数为

$$\frac{Y(s)}{X(s)} = \frac{G_c(s)G_p(s)}{1+G_c(s)G_p(s)} e^{-\tau s} \tag{3-22}$$

式中，$Y(s)$ 为系统被控变量的拉氏变换；$X(s)$ 为系统输入变量的拉氏变换；$G_c(s)$ 为控制器传递函数；$G_p(s)$ 为消除滞后采用的补偿函数。

式(3-22)说明，经补偿后，消除了纯滞后部分对控制系统的影响，因为式中的 $e^{-\tau s}$ 在闭环控制回路之外，不影响系统的稳定性。拉氏变换的位移定理说明，$e^{-\tau s}$ 仅将控制作用在时间坐标上推移了一个时间 τ，控制系统的过渡过程及其他性能指标都与对象特性为 $G_p(s)$ 是完全相同的。

3.6　前馈-反馈控制

前馈控制又称扰动补偿，它与反馈调节原理完全不同，是按照引起被调参数变化的干扰大小进行调节的。在这种调节系统中要直接测量负载干扰量的变化，当干扰刚刚出现并能被测出时，控制器就能发出调节信号使调量进行相应的变化，使两者在被调量发生偏差之前抵消。因此，前馈调节对干扰的克服比反馈调节及时。但是前馈控制是开环控制，其控制效果需要通过反馈加以检验。前馈控制器在测出扰动之后，按过程的某种物质或能量平衡条件计算出校正值。如果前馈支路出现扰动，经过流量计测量之后，测量得到干扰的大小，然后在反馈支路通过调整调节阀开度，直接进行补偿，而不需要经过控制器。前馈-反馈控制系统原理框图如图 3.11 所示。

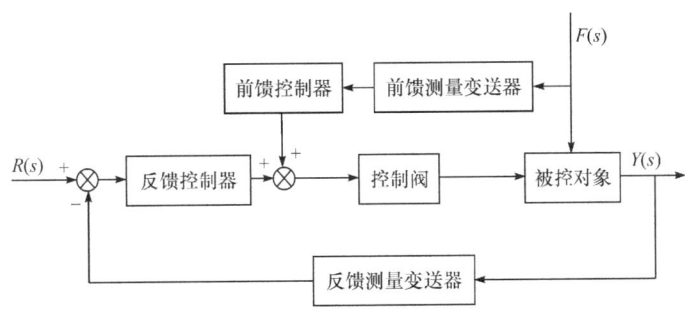

图 3.11 前馈-反馈控制系统原理框图

图 3.11 中，$R(s)$ 为系统输入变量的拉氏变换，$Y(s)$ 为系统被控变量的拉氏变换，$F(s)$ 为扰动量的拉氏变换。

前馈-反馈控制系统整定的主要任务是确定反馈控制器和前馈控制器模型参数。确定前馈控制器的方法主要有理论计算法和工程整定法。理论计算法往往所得参数与实际系统相差较大，精确性差，所以工程应用中广泛采用工程整定法。

1. 静态前馈系统整定

【方法 1】 其结构图如图 3.12 所示，$G_f(s)$ 为干扰通道的传递函数，$G_1(s)$ 为反馈控制器的传递函数，$G_2(s)$、$G_3(s)$ 为控制通道的传递函数，当系统无前馈(即图中开关处于打开状态)时，设系统在输入 r_0 (此时对应控制量为 u_0)、扰动 f_0 作用下，系统输出为 y_0，改变扰动为 f_1 后，改变输入为 r_1 (此时对应控制量为 u_1)，维持输出 y_0 不变，则所求前馈补偿为

$$k = \frac{u_1 - u_0}{f_1 - f_0} \tag{3-23}$$

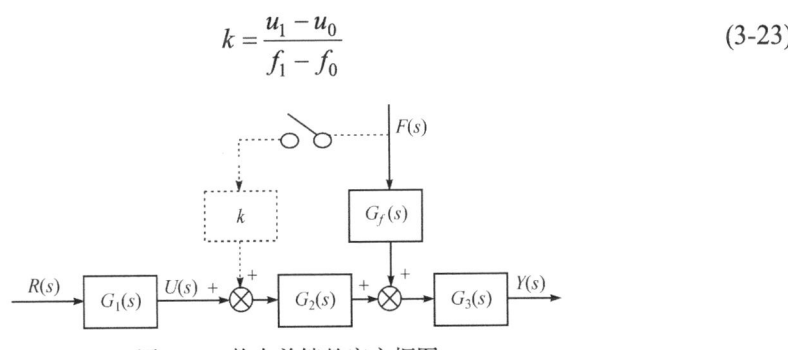

图 3.12 静态前馈整定方框图

【方法 2】 若系统允许可以按图 3.12 进行现场调节。首先无前馈时(即图 3.12 中开关处于打开状态)，设系统在输入 $R(s)$ (此时对应控制量为 $U(s)$)、扰动 $F(s)$ 作用下，系统输出为 y_0，然后关闭开关，调节前馈补偿 k 使系统的输出恢复为 y_0，此时 k 即为所求。

2. 动态前馈系统整定

动态前馈整定方框图如图 3.13 所示。前馈补偿器为 $G_d = -G_f(s)/G_2(s)$，由控制理论知，精确测定实际被控对象传递函数 $G_f(s)$ 和 $G_2(s)$ 很困难。因此，在工程整定过程中，为了既保证工程精度又简化整定过程，经常将系统的控制通道函数简化处理成含有一阶环节，并根据实际情况附加纯时间滞后环节的形式。即

$$G_f(s) = \frac{K_f}{T_f s + 1} e^{-\tau_f s}, \quad G_2(s) = \frac{K_2}{T_2 s + 1} e^{-\tau_2 s}$$

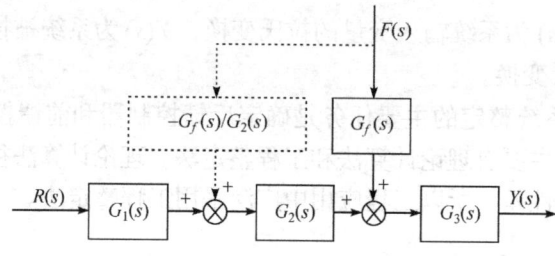

图 3.13 动态前馈整定方框图

故前馈控制器具有以下形式：

$$G_d(s) = -\frac{K_f}{K_2} \frac{T_2 s + 1}{T_f s + 1} e^{-(\tau_f - \tau_2)s} = -K_d \frac{T_{d1} s + 1}{T_{d2} s + 1} e^{-(\tau_d)s} \tag{3-24}$$

式中，K_d 为静态前馈系数，$K_d = \frac{K_f}{K_2}; T_{d1} = T_2; T_{d2} = T_f; \tau_d = \tau_f - \tau_2$。

可见，静态前馈只是动态前馈的一种特殊情况。由于式(3-24)含有的时间常数为 T_{d1} 和 T_{d2} 的超前滞后环节，具有对时间超前和滞后进行补偿的作用，所以实际工程中一般采用的前馈控制器形式为

$$G_d(s) = -K_d \frac{T_{d1} s + 1}{T_{d2} s + 1}$$

系统的整定分为静态前馈系数整定和时间常数整定两步。

(1) 静态前馈系数整定。静态前馈系数整定时，将系统时间常数和时延常数均设为零，即不考虑它们的影响。此时前馈控制器形式为

$$G_d(s) = -K_d$$

整定方法参考上面所述静态前馈系统整定方法。

(2) 时间常数整定。在静态前馈系数整定的基础上，对时间常数进行整定时，前馈控制器为式(3-23)的形式。该形式的前馈控制器实际上是超前滞后补偿器，也就是说采用这种形式的前馈控制器，在系统整定时应先搞清楚是让它起超前补偿作用，还是起滞后补偿作用，然后才能进行细致的调试。

① 若起超前补偿作用(即此时干扰通道传递函数时延小于前馈控制通道传递函数时延)，则 $T_{d1} > T_{d2}$。② 若起滞后补偿作用(即此时干扰通道传递函数时延大于前馈控制通

道传递函数时延),则$T_{d1} < T_{d2}$。③ 前馈-反馈系统整定。

前馈-反馈控制整定方法主要有以下两种。

(1) 前馈控制和反馈控制分别整定,确定各自参数,然后组合在一起。

(2) 首先整定反馈控制系统,然后在反馈基础上引入前馈控制系统,并对前馈控制系统进行整定。

3.7 解耦控制

本虚拟仿真实验是反应釜的温度和液位出现耦合,这种相互间的耦合作用(互相影响)对于实际工业生产控制增加了许多操作上的难度,如图 3.14 所示,经过温度和液位相互间的耦合作用,输出液位和输出温度既受液位影响又受温度影响,对于实际控制操作不利。

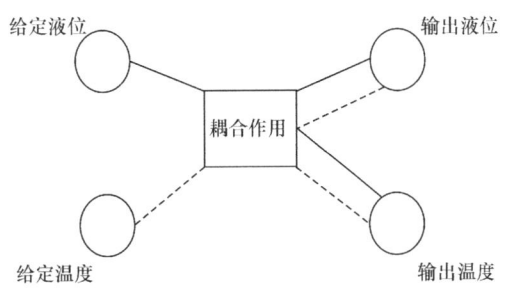

图 3.14 反应釜温度和液位耦合关系原理图

因此,我们需要解除液位和温度两者间的耦合关系,达到如图 3.15 所示的关系图,输出液位只受液位相关控制的影响,同理,温度亦如此。

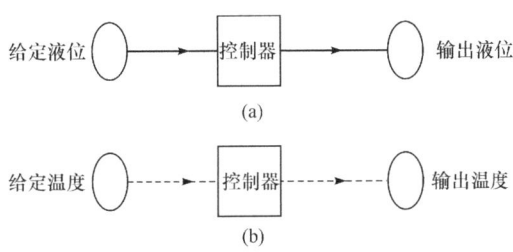

图 3.15 反应釜温度和液位解耦关系原理图

基于反应釜液位(y_1)和温度(y_2)控制的解耦关系如图 3.16 所示,其中,$G_{c1}(s)$、$G_{c2}(s)$ 为相应的普通传递函数,传递函数 $G_{11}(s)$、$G_{21}(s)$、$G_{12}(s)$、$G_{22}(s)$ 为反应釜液位和温度耦合关系矩阵,而 $D_{11}(s)$、$D_{21}(s)$、$D_{12}(s)$、$D_{22}(s)$ 为解除二者耦合关系而增加的补偿关系矩阵。

解耦控制的最终目的是要找到合适的解耦矩阵,得到如图 3.17 所示的成功解除耦合关系的结构图。

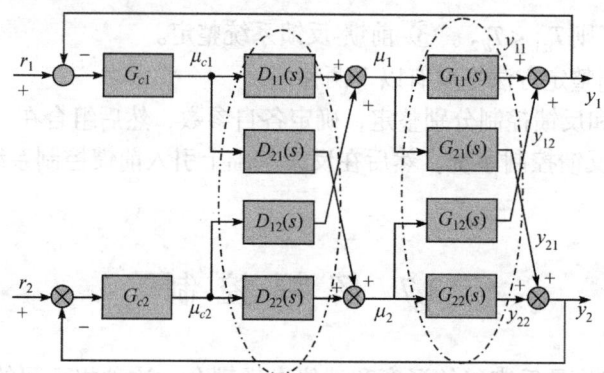

图 3.16 解耦关系原理图

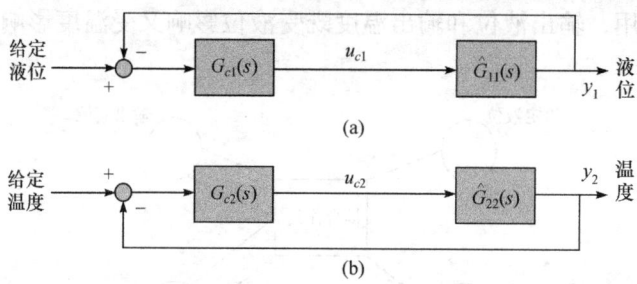

图 3.17 解除耦合关系的结构图

为得到合适的解耦矩阵，基本的解耦推导过程如下。

设 y_1 和 y_2 为实际输出液位，则解耦矩阵输出 u_1、u_2 与液位输出的关系为

$$\begin{bmatrix} y_1 \\ y_2 \end{bmatrix} = \begin{bmatrix} G_{11}(s) & G_{12}(s) \\ G_{21}(s) & G_{22}(s) \end{bmatrix} \begin{bmatrix} u_1 \\ u_2 \end{bmatrix}$$

而由图 3.16 可知，控制器输出 u_{c1}、u_{c2} 与解耦矩阵输出 u_1、u_2 的关系为

$$\begin{bmatrix} u_1 \\ u_2 \end{bmatrix} = \begin{bmatrix} D_{11}(s) & D_{12}(s) \\ D_{21}(s) & D_{22}(s) \end{bmatrix} \begin{bmatrix} u_{c1} \\ u_{c2} \end{bmatrix}$$

联立上述两个关系矩阵，有

$$\begin{bmatrix} y_1 \\ y_2 \end{bmatrix} = \begin{bmatrix} G_{11}(s) & G_{12}(s) \\ G_{21}(s) & G_{22}(s) \end{bmatrix} \begin{bmatrix} D_{11}(s) & D_{12}(s) \\ D_{21}(s) & D_{22}(s) \end{bmatrix} \begin{bmatrix} u_{c1} \\ u_{c2} \end{bmatrix}$$

得到的解耦关系为

$$\begin{bmatrix} y_1 \\ y_2 \end{bmatrix} = \begin{bmatrix} \hat{G}_{11}(s) & 0 \\ 0 & \hat{G}_{22}(s) \end{bmatrix} \begin{bmatrix} u_{c1} \\ u_{c2} \end{bmatrix}$$

则可知

$$\begin{bmatrix} D_{11}(s) & D_{12}(s) \\ D_{21}(s) & D_{22}(s) \end{bmatrix} = \begin{bmatrix} G_{11}(s) & G_{12}(s) \\ G_{21}(s) & G_{22}(s) \end{bmatrix}^{-1} \begin{bmatrix} \hat{G}_{11}(s) & 0 \\ 0 & \hat{G}_{22}(s) \end{bmatrix}$$

为方便计算，令

$$\hat{G}_{11}(s) = G_{11}(s), \quad \hat{G}_{22}(s) = G_{22}(s)$$

则可得

$$\begin{bmatrix} D_{11}(s) & D_{12}(s) \\ D_{21}(s) & D_{22}(s) \end{bmatrix} = \begin{bmatrix} \dfrac{1}{1 - \dfrac{G_{12}(s)G_{21}(s)}{G_{22}(s)G_{11}(s)}} & \dfrac{1}{-\dfrac{G_{11}(s)}{G_{12}(s)} + \dfrac{G_{21}(s)}{G_{22}(s)}} \\ \dfrac{1}{-\dfrac{G_{22}(s)}{G_{21}(s)} + \dfrac{G_{12}(s)}{G_{11}(s)}} & \dfrac{1}{1 - \dfrac{G_{12}(s)G_{21}(s)}{G_{11}(s)G_{22}(s)}} \end{bmatrix}$$

其中，$\begin{bmatrix} D_{11}(s) & D_{12}(s) \\ D_{21}(s) & D_{22}(s) \end{bmatrix}$ 是要求解的解除耦合关系矩阵，利用已知的耦合关系矩阵可以求得，最终可得解除了耦合关系的关系式为

$$\begin{bmatrix} y_1 \\ y_2 \end{bmatrix} = \begin{bmatrix} G_{11}(s) & 0 \\ 0 & G_{22}(s) \end{bmatrix} \begin{bmatrix} u_{c1} \\ u_{c2} \end{bmatrix} \tag{3-25}$$

由式(3-25)可知，采用解耦的方法成功解除了两个系统之间的相互影响。需要注意的是，如果相互耦合的变量越多，其相互耦合作用就越复杂，最终导致解耦关系矩阵求解失败。因此，解耦方法仅能解除变量个数较少的系统之间的耦合关系。

第 4 章 复杂过程控制虚拟实验

在第 1~3 章中，主要介绍了虚拟控制系统的基本架构、常用过程控制系统基本知识和常用过程控制算法。而在本章，将按照实际过程工业使用的频繁程度，依次给出具有不同控制算法的虚拟仿真实验，每个实验以图文的方式介绍包括实验目的、实验设备、实验工艺流程、实验内容与实验步骤、实验结果分析、实验注意事项和思考题七项内容，方便使用者理解与操作。

4.1 双容水箱液位串级 PID 控制及抗干扰实验

4.1.1 实验目的

(1) 熟悉串级控制系统的结构与特点，掌握串级控制系统的组成和原理；
(2) 掌握串级控制系统的投运与参数的整定方法；
(3) 学习在虚拟仿真实验平台上实现简单的控制方案。

4.1.2 实验设备

安装了 Windows 7 系统、Kingview 6.5 学习版和 Matlab R2010a 软件的计算机一台。

4.1.3 实验工艺流程

双容水箱液位串级控制系统的工艺流程如图 4.1 所示。单击左下方"电机"图标，随后自动启动"水泵"，手动设定下水箱液位值、调节阀系数并调节 PID 参数。在泵的作用下水经由管路注入上水箱并经由上水箱和两个水箱之间的管路流入下水箱，导致下水箱内的液位上升，当液位达到设定值时，由于惯性作用，液位还会继续上升。当上升到一定位置后，下水箱液位会在调节阀的作用下开始下降，当下降到一定位置后，下水箱液位又会在调节阀的作用下开始上升。经过一段时间的波动，液位将会平衡在给定的液位处，则系统达到稳定。通过进水扰动阀和出水扰动阀的作用可以观察双容水箱的抗干扰能力，也可以给下水箱加入进水扰动，观测该扰动对上水箱液位的影响。

为清晰地了解系统的工艺流程，表 4.1 用于说明图 4.1 中主要工艺器件和检查与控制器件的名称及功能。

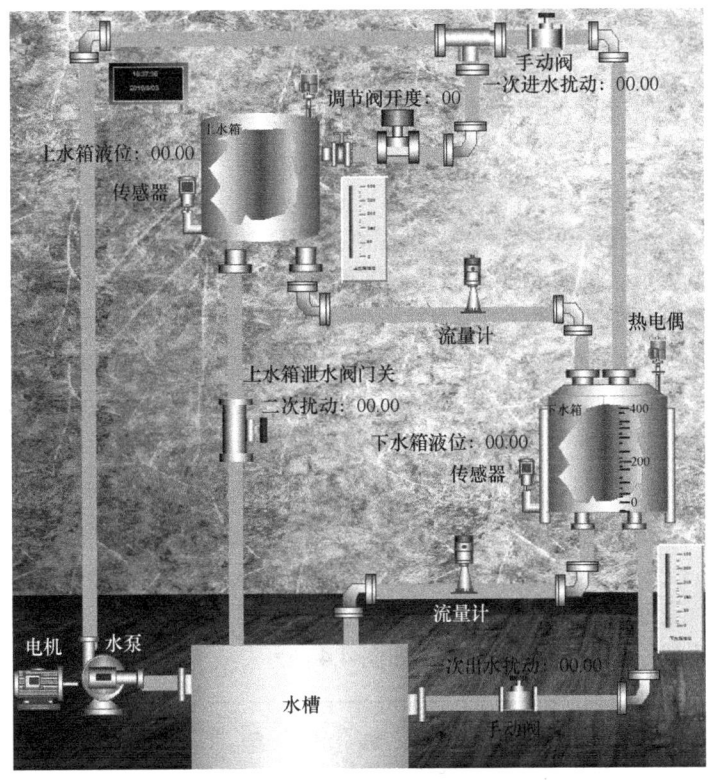

图 4.1 组态王界面工艺流程图

表 4.1 双容水箱液位串级控制实验主要管器件

对象	示意图	作用	数量/个
反应器		盛装液体	2
开关阀		流量开关	2
线性调节阀		调节流量	1
流量计		检测流量	2

4.1.4 实验内容与实验步骤

本实验由上水箱、下水箱和储水槽组成,要求给定水箱面积和下水箱一定液位值,通过控制调节两水箱间的线性调节阀来稳定下水箱液位,以满足工业生产需要。根据上述要求,本节设计了双容水箱液位串级控制系统。其中,仿真平台以组态王作为主控平台模拟被控过程,以 Matlab 作为强大的运算后台实现控制系统构建、算法编写以及算法效果的图形显示等功能。假设该被控系统主、从对象的传递函数分别为

$$G_1(s) = \frac{1}{2s^2 + 2s + 1}, \quad G_2(s) = \frac{1}{3s^2 + 2s + 1}$$

则该系统的串级控制 Simulink 模块就可以顺利搭建起来了。

1. 实验内容

(1) 按照 2.4 节调试过程调节主、副控制器 PID 参数，使下水箱液位以 4∶1 的衰减比稳定在设定值附近，同时将实时曲线截图保存，并将参数记录到表 6.2 中。

(2) 改变系统调节阀系数，观察实时曲线变化情况，并截图保存。

(3) 改变上、下水箱的截面积，观察实时曲线变化情况，并截图保存。

(4) 依次在系统中加入主、副回路扰动，观察扰动对下水箱液位的影响曲线，并截图保存。

2. 实验步骤

(1) 打开组态王软件，其工程管理器界面如图 4.2 所示。单击【搜索】，找到应用工程所在目录：桌面/过程控制实验/锅炉液位控制系统_串级测试，如图 4.3 所示。加载完成后，该工程就添加到应用工程中，如图 4.4 所示。

图 4.2　组态王工程管理器界面

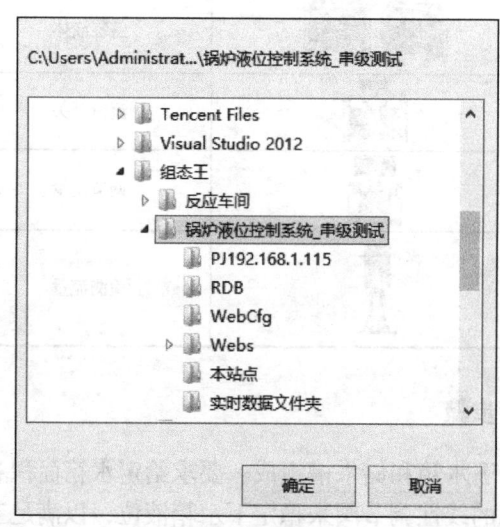

图 4.3　目标文件选择

(2) 进入锅炉液位控制系统监控画面。双击已添加的工程"锅炉液位控制系统_串级测试",单击【确定】,出现如图 4.5 所示的工程浏览器界面,双击【双容系统主画面】,出现如图 4.6 所示的锅炉液位控制系统监控画面。

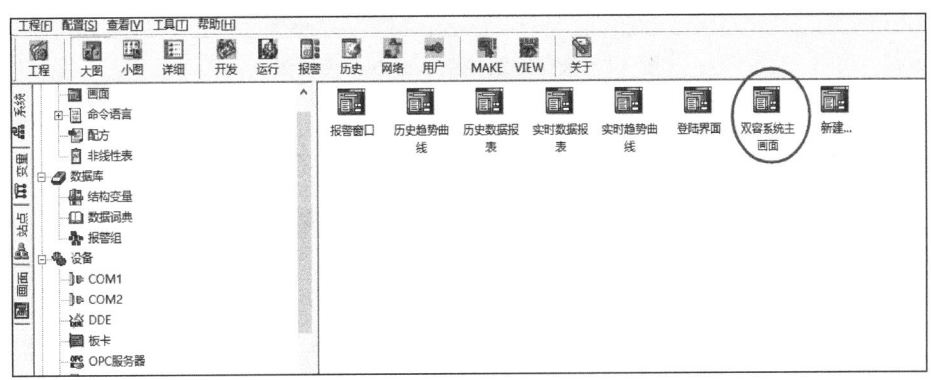

图 4.4 加载后的工程管理器界面

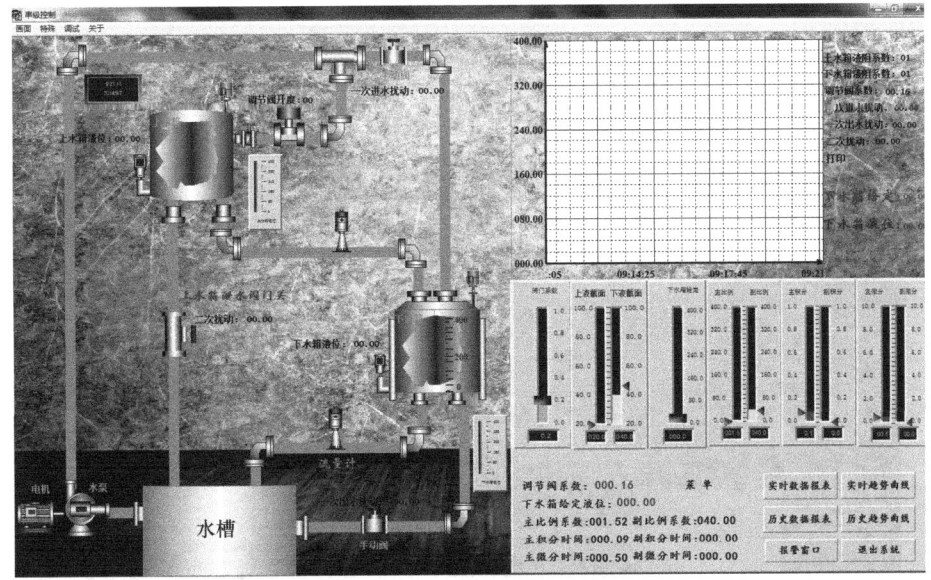

图 4.5 锅炉液位控制系统串级控制工程浏览器界面

图 4.6 锅炉液位控制系统监控画面

(3) 加载 Matlab/Simulink 程序。打开 Matlab 软件，找到相应的控制算法，如桌面/过程控制程序/双容水箱液位串级控制实验/PIDinput_Cascade。双击该文件，即可打开，如图 4.7 所示。

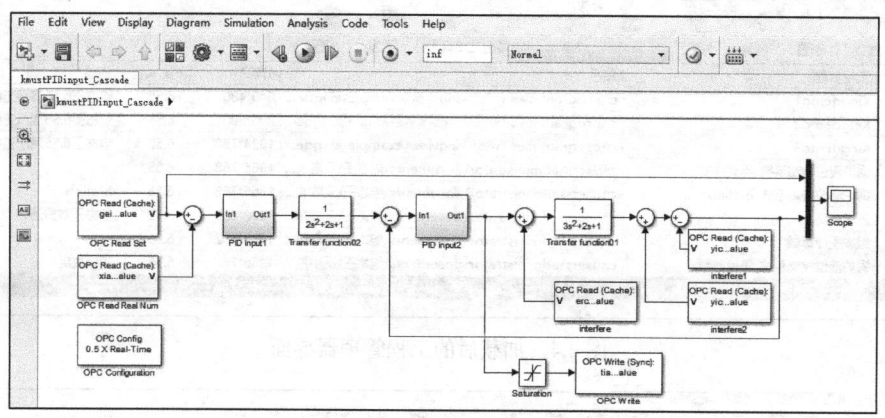

图 4.7 液位串级控制 Simulink 模块图

(4) 投入运行。单击 Simulink 程序中的运行控键▸，弹出如图 4.8 所示的提示画面，单击【确定】。系统将自动进入图 4.9 所示的组态王运行系统。

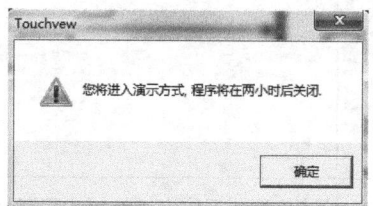

图 4.8 系统运行提示画面

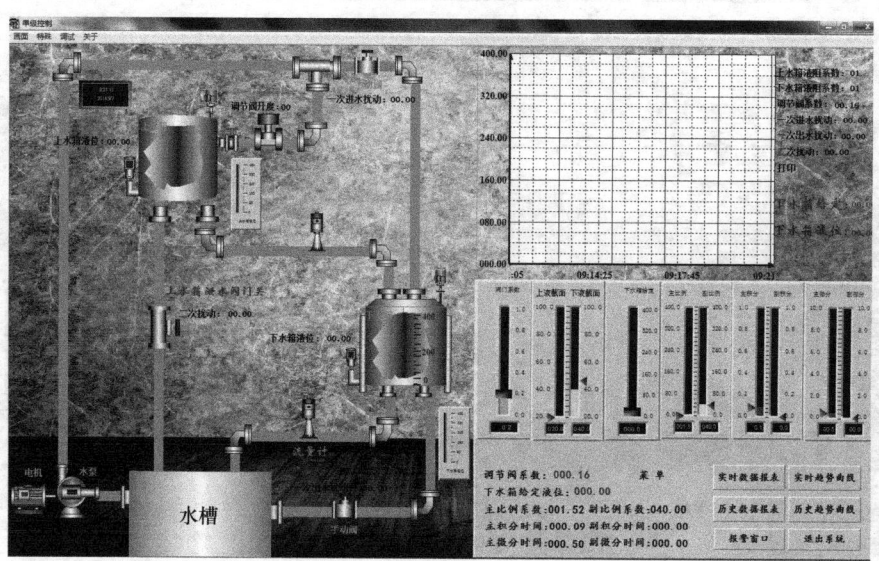

图 4.9 锅炉液位控制系统监控画面

锅炉液位控制系统监控画面分为三大模块。一是双容水箱液位动态画面展示模块，包含整个双容水箱液位控制系统虚拟过程；二是双容水箱液位实时曲线画面模块，可以让我们清晰地看到水箱液位的波动，通过曲线可以对参数进行再调节，直至找到合适参数位置；三是功能实现模块，在该区域内能设定下水箱液位、调节阀系数、PID 控制器参数，通过"菜单"按钮能实现各个页面间的相互切换，移动游标能够调节系统的各项参数。

下面对图 4.10 所示的功能实现模块做进一步说明。

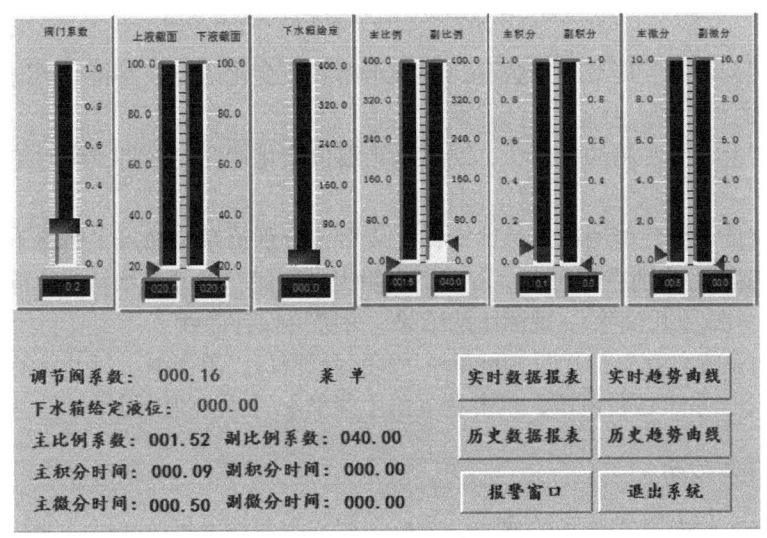

图 4.10　控制面板参数设定区域

第一个游标调节阀门系数，系数越低阀门调节越慢，系统运行平稳，系数越高，阀门调节越快，系统抖动剧烈；第二个游标可以设定上、下水箱的截面积，直接拖动游标即可设定；第三个游标可以手动设置下水箱给定值，直接拖动游标即可设定给定值；第四个游标可调节主回路和副回路的比例系数 K_{P1} 与 K_{P2}，同样拖动游标即可实时调节大小；第五个游标可调节主回路和副回路的积分系数 K_{I1} 与 K_{I2}，当系统出现余差时，可以调节其值大小，实现消除余差的目的；第六个游标可调节主回路和副回路的微分系数 K_{D1} 与 K_{D2}(一般地，为保证副回路的快速性，副控制器采用比例控制即可，这时应将副回路的积分系数和微分系数置 0)。同样地，也可以在下方手动单击数字设置更改参数，输入需要的数据，单击【确定】，完成输入操作，此操作与游标设定数据操作完全一致。

(5) PID 控制器参数调试运行。在组态王"双容水箱串级控制"画面设定下水箱液位给定值，如图 4.11 所示，观测实时跟踪曲线，并同时根据第 2 章介绍的三种 PID 参数整定方法，按单回路整定方法分别整定主从回路控制器的 PID 参数。要求先整定副回路(上水箱回路)的控制器参数，再整定主回路(下水箱回路)中的控制器参数。

在对以上三个参数进行整定时，每一次整定都记录下系统运行的起始时间和此时的参数，并由仿真曲线计算相应的超调量和收敛时间，直至得到满意的结果，将数据填在第 6 章相应的表格中。

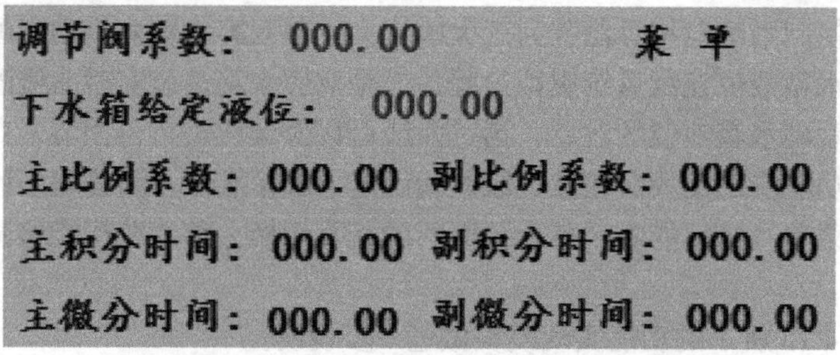

```
调节阀系数：  000.00              菜 单
下水箱给定液位：  000.00
主比例系数： 000.00    副比例系数： 000.00
主积分时间： 000.00    副积分时间： 000.00
主微分时间： 000.00    副微分时间： 000.00
```

图 4.11 液位串级 PID 控制系统参数设定图

(6) 改变系统的"调节阀系数"，观察水箱液位变化情况，并将"实时趋势变化曲线"抓屏保存。

(7) 改变上、下水箱的截面积，观察水箱液位变化情况，并将"实时趋势变化曲线"抓屏保存。

(8) 系统抗干扰性能测试。上述操作完成后，分别给系统加入主回路干扰和副回路干扰，具体步骤为分别在画面中单击"下水箱出水阀门"和"上水箱出水阀门"，大约 2s 后再单击一次(干扰消除)。观测跟踪结果，并抓屏保存曲线。

(9) 关闭系统。首先打开图 Simulink 程序运行窗口，单击 ■，停止运行 Simulink，然后打开组态王系统运行窗口，单击右下角【菜单】/【系统退出】。

4.1.5 实验结果分析

(1) 根据实验内容(2)得到的曲线，分析在调节阀系数发生改变时，上、下水箱液位变化情况。

(2) 根据实验内容(3)得到的曲线，分析当上水箱截面积大于、小于或者等于下水箱的截面积时，上、下水箱液位变化情况。

(3) 根据实验内容(4)得到的曲线，分别分析在有主、从干扰的情况下，上、下水箱液位变化情况。

4.1.6 实验注意事项

在 Simulink 投入运行时，单击 Simulink 的 Start Simulation 后，若系统长时间不出现进入演示方式的提示画面，此时在组态王界面单击"文件/切换到 View"，可加快组态王系统响应速度。

4.1.7 思考题

(1) 串级控制相比于单回路控制有什么优点？
(2) 为什么串级控制系统在加副回路控制后控制量得到较大提升？
(3) 串级控制系统应如何投运？还可以应用于哪些场合？使用方块图和文字描述。
(4) 串级控制系统参数应如何整定？

4.2 双容水箱双闭环比值 PID 控制实验

4.2.1 实验目的

(1) 了解比值控制的特点，学习双闭环比值控制原理；
(2) 熟悉双闭环比值控制系统参数整定方法；
(3) 分析从物料流量与主物料流量变化的关系。

4.2.2 实验设备

安装了 Windows 7 系统、Kingview 6.5 学习版和 Matlab R2010a 软件的计算机一台。

4.2.3 实验工艺流程

物料双闭环比值控制系统的工艺流程如图 4.12 所示。启动泵，设定原料油流量、物料比值系数并调节 PID 参数。原料油和催化剂在泵的作用下通过进料开关阀注入反应器，反应器内液位上升，当液位过高时，两进料开关阀关闭，停止向反应器内注入物料。反应器内的原料油和催化剂不断流出，液位下降，当液位过低时，两进料开关阀打开，继续向反应器内注入物料。原料油流量和催化剂流量在控制器作用下，成比例地流入盛装

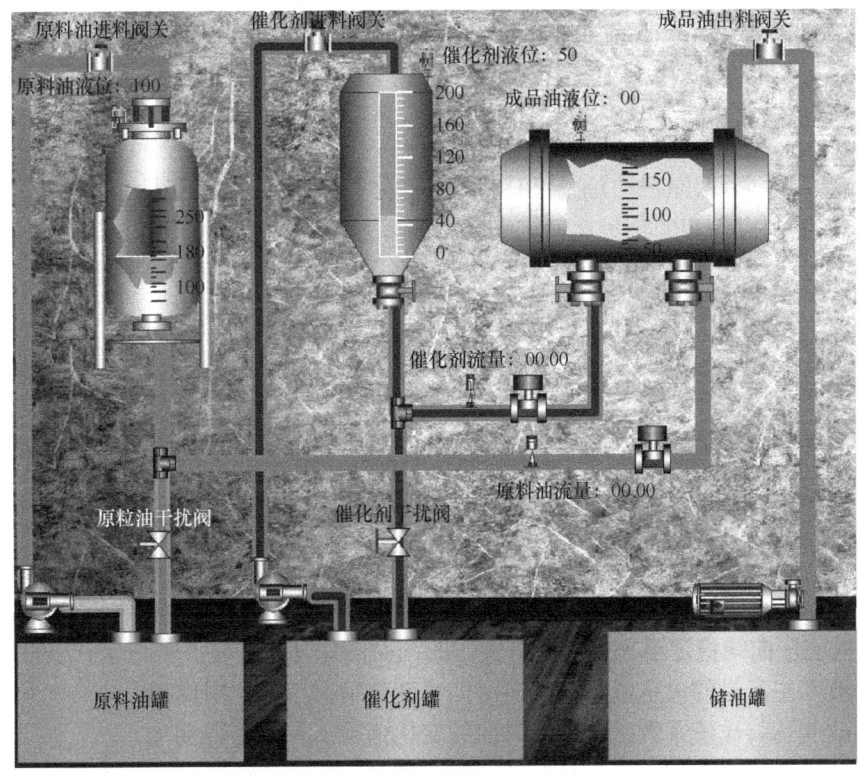

图 4.12 组态王界面工艺流程图

成品油的反应器，反应器内成品油的液位不断上升，当液位过高时，成品油出料阀门打开，成品油流入储油罐内，反应器内液位随之降低，当液位过低时，成品油出料阀门又关闭。当打开原料油或催化剂干扰阀时，原料油或催化剂向下流出，管路内的流量发生波动，相当于在系统中加入扰动，关闭干扰阀，扰动停止，原料油流量和催化剂流量在控制器作用下逐渐恢复稳定。

下面给出表 4.2 对图 4.12 所示流程图中的过程装备与控制系统做一个说明。

表 4.2 工艺流程主要管器件

对象	示意图	作用	数量/个
反应器		盛装物料	3
开关阀		流量开关	3
线性调节阀		调节流量	2
干扰阀		流量干扰	2

4.2.4 实验内容与实验步骤

本实验以主管路(原料油)流量和从管路(催化剂)流量为被控变量，要求原料油、催化剂罐中的物料以一定的流量比例进入成品油罐，以满足工业生产需要。此外，为考虑系统的抗干扰能力，通过在系统中加入扰动，观察主、从物料流量的抗干扰能力。假设该被控系统主、从动量的流量模型可以用传递函数分别表示为

$$G_1(s) = \frac{1}{2s^2 + 2s + 1}, \quad G_2(s) = \frac{1}{3s^2 + 2s + 1}$$

同时设定两个物料的流量比值系数为 0.5。利用组态王软件和 Matlab 构成的虚拟仿真实验系统进行研究。

1. 实验内容

(1) 依次调节两个流量 PID 控制参数，使原料油和催化剂罐中的物料分别以衰减比为 4∶1 的响应曲线稳定至平衡态。将实时曲线截图保存，并将参数记录到表格中。
(2) 改变主流量的设定值，观察实时曲线变化情况，并截图保存。
(3) 改变物料比值系数，观察实时曲线变化情况，并截图保存。
(4) 依次在系统中加入主、从扰动，观察实时曲线变化情况，并截图保存。

2. 实验步骤

(1) 打开组态王软件，其工程管理器界面如图 4.13 所示。单击【搜索】，找到应用工程所在目录：桌面/过程控制实验/双闭环比值控制实验。加载完成后，该工程就添加到应用工程中，如图 4.14 所示。

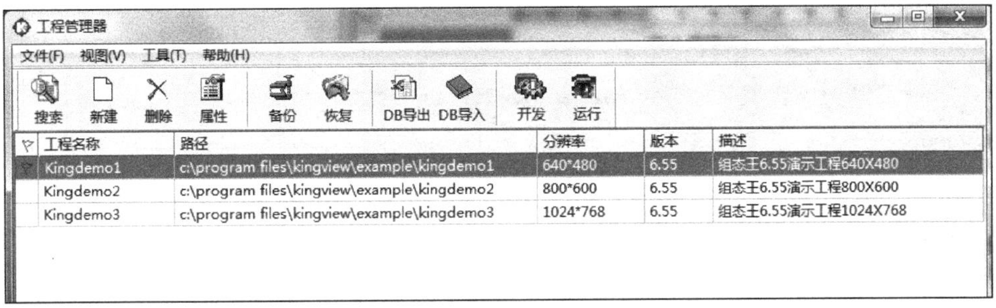

图 4.13　组态王工程管理器界面

图 4.14　加载后的工程管理器界面

(2) 进入反应车间监控画面。双击已添加的工程"双闭环比值控制"，单击【确定】，出现图 4.15 所示的工程浏览器界面，双击 fanyingchejian 图标，出现图 4.16 所示的反应车间监控画面。

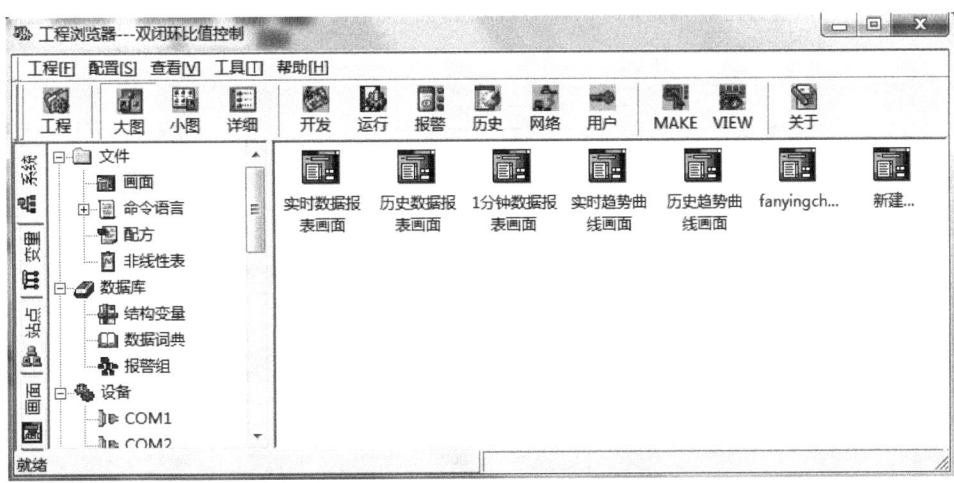

图 4.15　双闭环比值控制工程浏览器界面

(3) 加载 Matlab/Simulink 程序。首先打开 Matlab 软件，找到相应的控制算法，如桌面/过程控制程序/双闭环比值控制实验/bizhipid。然后双击该文件，即可打开，如图 4.17 所示。

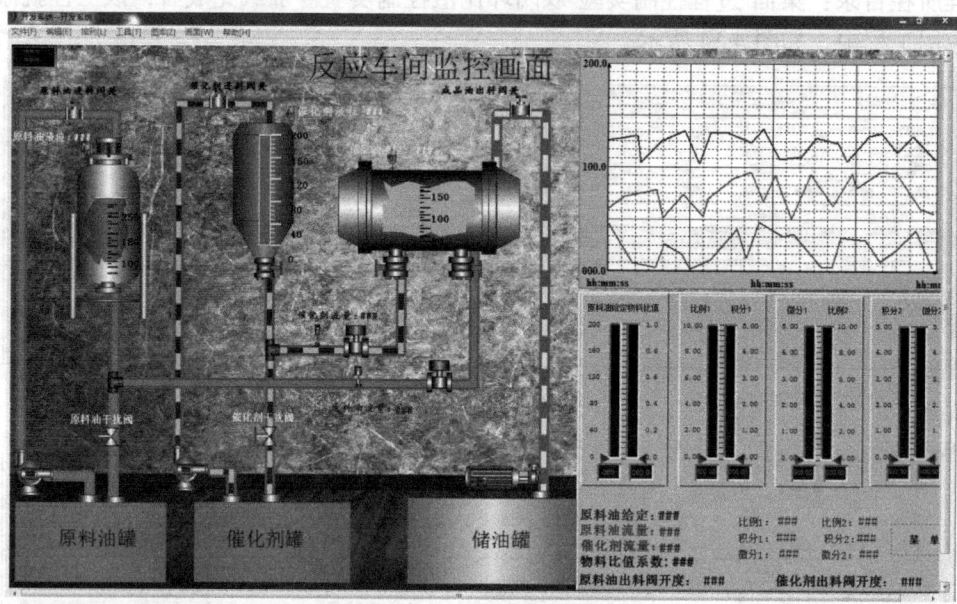

图 4.16　反应车间监控画面

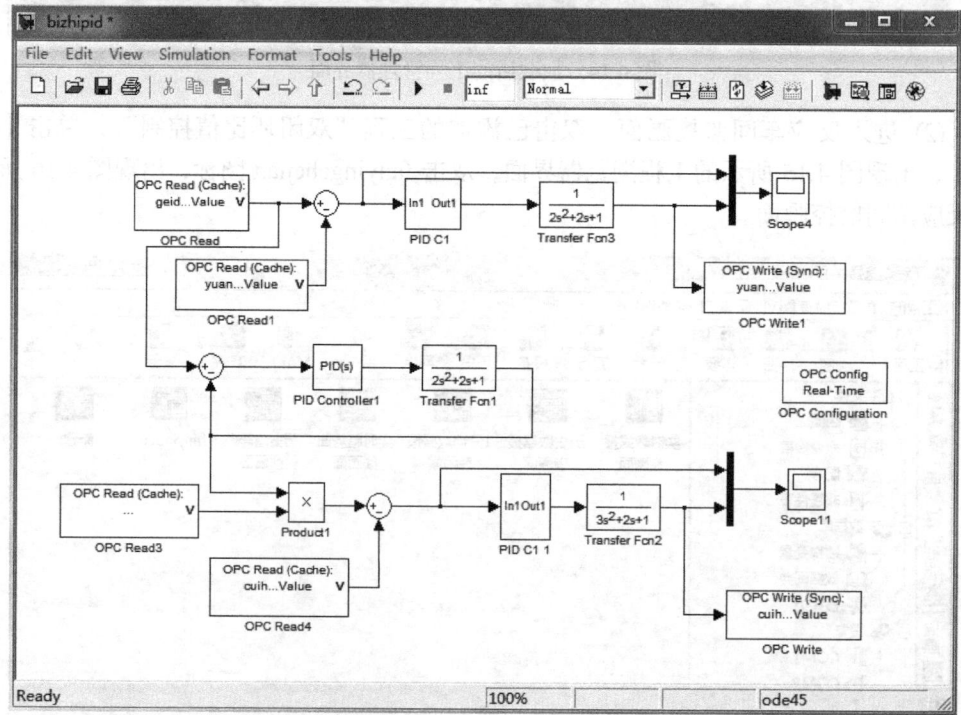

图 4.17　双闭环比值控制 Simulink 模块图

(4) 投入运行。单击 Simulink 程序中的运行控键 ▶，弹出如图 4.18 所示的提示画面，单击【确定】，系统将自动进入图 4.19 所示的组态王运行系统。

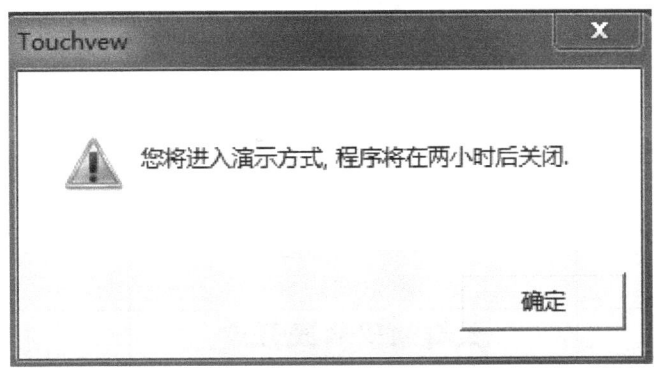

图 4.18　系统运行提示画面

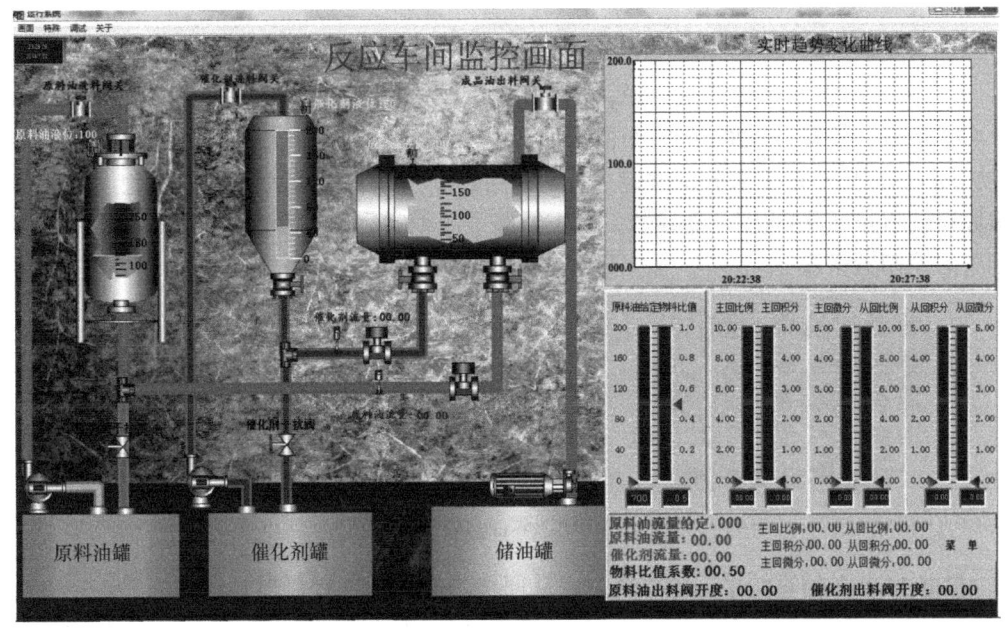

图 4.19　反应车间运行画面

反应车间监控画面分为三大模块。一是物料流量动态画面展示模块，包含整个物料流量控制系统虚拟过程；二是主、从管路流量实时曲线画面模块，可以让我们清晰地看到管路流量的变化，通过曲线可以对参数进行再调节，直至找到合适参数位置；三是功能实现模块，在该区域内能设定物料流量、PID 控制器参数，通过菜单按钮还能实现各个页面间的相互切换，移动游标能够调节系统的各项参数。

下面给出表 4.3 对图 4.19 中的主要参数做一个说明。

表 4.3 运行画面主要参数

对象	示意图	作用
原料油给定	原料油给定	设定原料油流量值
原料油/催化剂流量	原料油流量 催化剂流量	显示原料油/催化剂实时流量值
物料比值系数	物料比值系数	设定主、从流量的比值系数
比例系数1、2，积分系数1、2和微分系数1、2	比例1 比例2 积分1 积分2 微分1 微分2	调节主、从回路PID参数
原料油/催化剂出料阀开度	原料油出料阀开度 催化剂出料阀开度	显示原料油/催化剂出料阀的开度
菜单	菜 单	查看实时/历史画面

(5) PID 控制器参数调试。单击图 4.19 中右下角"原料油给定"后的文本框，如图 4.20 所示，设置 0~200 的一个值，如 100。然后根据第 2 章介绍的三种 PID 参数整定方法按单回路整定方法分别整定主、从回路控制器的 PID 参数。要求先整定主流量回路(原料油流量回路)的控制器参数，待主回路系统稳定后，再整定从回路(催化剂流量回路)中的控制器参数。

图 4.20 组态界面参数设置画面

根据 Matlab 仿真结果，该系统主、从回路对应的 PID 控制器参数均为 P 0.5~3.0，I 0.05~0.15，D 0.05~0.3。在对以上三个参数进行整定时，每一次整定都记录下系统运行的起始时间，记录下此时的参数，并由仿真曲线计算相应的超调量和收敛时间，直至得到满意的结果。

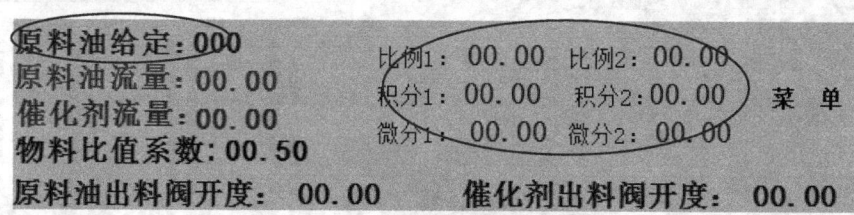

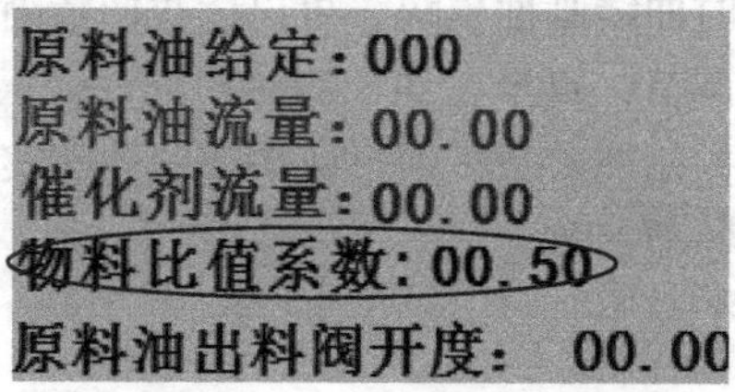

(6) 待系统的被控变量趋于不变时(系统进入稳态)，适当改变主流量设定值的大小，观察主从流量的变化过程，并将"实时趋势变化曲线"抓屏保存。

(7) 改变系统"物料比值系数"，如图 4.21 所示。观察从流量变化，并将"实时趋势变化曲线"抓屏保存。(注：

图 4.21 组态界面"物料比值系数"参数设置画面

为了使曲线变化明显,可让物料比值系数的改变幅度大些,只需观察主、从流量变化,无需保证衰减比为 4∶1)。

(8) 加入扰动。首先加入主回路扰动,单击图 4.22 所示的"原料油干扰阀",大约 4s 后再单击一次(即消除干扰影响)。观察主、从流量变化,并将"实时趋势变化曲线"抓屏保存(注:只需观察主从流量变化,无需保证衰减比为 4∶1)。

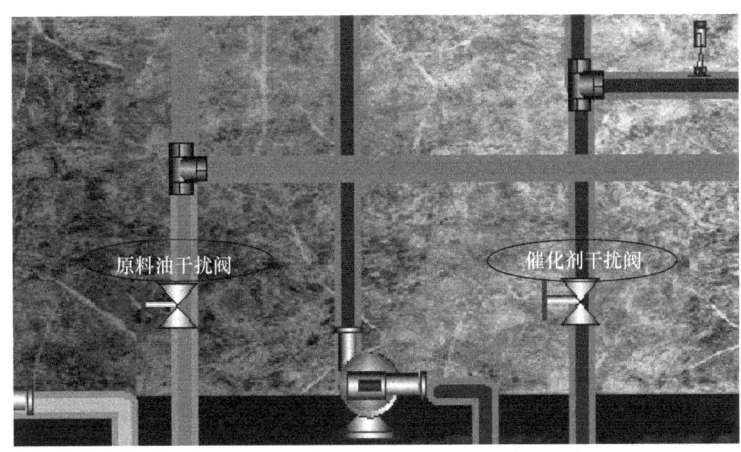

图 4.22 组态界面干扰阀操作画面

待系统稳定后,加入从回路扰动,单击图 4.22 所示的"催化剂干扰阀",大约 2s 后再单击一次(即消除干扰影响)。观察主、从流量变化,并将"实时趋势变化曲线"抓屏保存。

(9) 关闭系统。首先打开图 Simulink 程序运行窗口,单击 ■,停止运行 Simulink,然后打开图组态王系统运行窗口,单击右下角【菜单】/【系统退出】。

4.2.5 实验结果分析

(1) 根据实验内容(2)得到的曲线,分析在主流量给定值改变时,主、从流量变化情况。

(2) 根据实验内容(3)得到的曲线,分析在物料比值系数发生改变时,主、从流量变化情况。

(3) 根据实验内容(4)得到的曲线,分别分析在有主、从干扰的情况下,主、从流量变化情况。

4.2.6 实验注意事项

在对从回路的 PID 控制器参数进行整定时,由于从回路为随动系统,其输入为主回路的实时值,Matlab 对该值的采集有一定的时延,因此从回路的控制效果稍差于理想的控制效果。

4.2.7 思考题

(1) 分析比值控制与串级控制系统的区别,以及各自的优缺点。

(2) 双闭环比值控制系统除了本实验中应用于原料油催化剂的反应车间，还可以应用于哪些场合？使用方块图和文字描述。

4.3 电加热水箱温度与流量的前馈-反馈控制实验

4.3.1 实验目的

(1) 熟悉前馈-反馈控制系统的结构与特点，掌握前馈-反馈控制系统的组成和原理；
(2) 掌握前馈-反馈控制系统的投运与参数的整定方法；
(3) 比较前馈-反馈控制系统与反馈控制系统的异同点。

4.3.2 实验设备

安装了 Windows 7 系统、Kingview 6.5 学习版和 Matlab R2010a 软件的计算机一台。

4.3.3 实验工艺流程

本实验为电加热水箱的前馈-反馈控制系统，它是在反馈回路的基础上加入前馈控制系统实现对干扰的补偿。本系统不仅具有前馈控制及时克服主要扰动的功能，又保持反馈控制能克服多个未知扰动对被控变量的影响。图 4.23 给出了组态王界面工艺流程图。

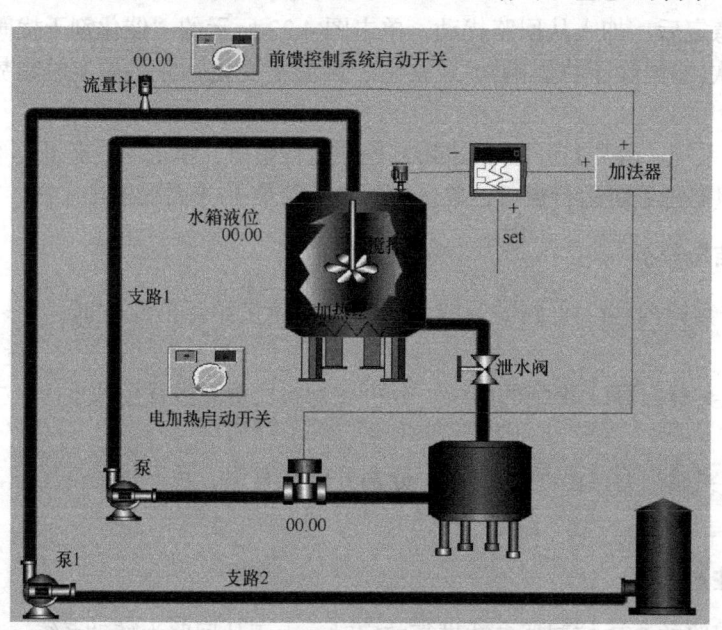

图 4.23 组态王界面工艺流程图

启动泵，输入水箱温度设定值，随后打开电加热启动开关，即构成了温度控制的反馈回路，并通过调节温度控制器的 PID 参数，使温度响应曲线以 4∶1 的衰减比稳定于设定值。液体在泵的作用下通过管路流入水箱，加热丝对水箱内液体进行加热，热电偶对水箱内液体温度进行实时检测，通过线性调节阀来控制入水量，使水箱内温度逐渐稳定到设定值。启动泵 1，液体从支路 2 流入水箱，相当于在反馈回路中加入了一个可测不可控的扰动。这不同于之前研究的反馈回路的抗干扰实验，该干扰无法通过 PID 调节来达到稳定曲线，仍然通过支路 1 的线性调节阀来调节入水量，使水箱内液体温度稳定到设定值。随后打开前馈控制系统启动开关，即构成了温度与流量前馈-反馈控制系统，以支路 1 的泵入口流量为操纵变量，以支路 2 的流量作为可测不可控的干扰量，以电加热水箱的温度作为被控变量。还可以通过加入对象时延、干扰时延、前馈时延，观察时延对水箱温度变化的影响。

下面给出表 4.4 对图 4.23 中主要设备与控制系统做一个说明。

表 4.4 电加热水箱前馈-反馈控制实验主要管器件

对象	示意图	作用	数量/个
罐体		盛装液体	3
开关阀门		流量开关	1
线性调节阀		调节流量	1
流量计		检测流量	1
温度计		检测温度	1
泵		抽送液体	2

4.3.4 实验内容与实验步骤

本实验中的电加热水箱为恒功率，它由电加热水箱、检测元件(温度传感器和流量计)、泵等组成。干扰经前馈控制器后，其输出与反馈控制器的输出叠加后直接作用在控制阀上，调节低温水的流量来控制电加热水箱的出口水温，从而满足工业生产或生活需要。根据上述要求设计前馈-反馈温度控制系统。其中，仿真平台以组态王作为主控平台模拟被控过程，以 Matlab 作为强大的运算后台实现控制系统分析、算法编写以及算法效果的图形显示。

1. 实验内容

(1) 调节液位控制器 PID 参数，使下水箱液位按照 4∶1 的衰减比稳定在设定值。将实时曲线截图保存，并将参数记录到第 6 章相应的表格中。

(2) 打开"电加热启动开关"，构建温度反馈回路，观察实时曲线变化情况，并截图保存。

(3) 打开支路 2 的启动泵，构建加入扰动的反馈回路，观察实时曲线变化情况，并截图保存。

(4) 打开"前馈控制系统"启动开关，构建加入扰动的前馈-反馈回路，观察实时曲线变化情况，并截图保存。

(5) 依次改变对象时延、干扰时延、前馈时延的设定值，观察实时曲线变化情况，并截图保存。

2. 实验步骤

(1) 打开组态王软件，可弹出工程管理器窗口。单击【搜索】，找到工程文件所在目录，如桌面/电加热水箱温度与流量前馈-反馈控制系统。加载完成后，该工程就成功添加到应用工程中，如图 4.24 所示。

图 4.24　组态王工程管理器界面

(2) 进入反应车间监控画面。双击已添加的电加热水箱目录，单击【确定】，弹出如图 4.25 所示的窗口。然后双击【电加热水箱控制中心】图标，弹出如图 4.26 所示的电加

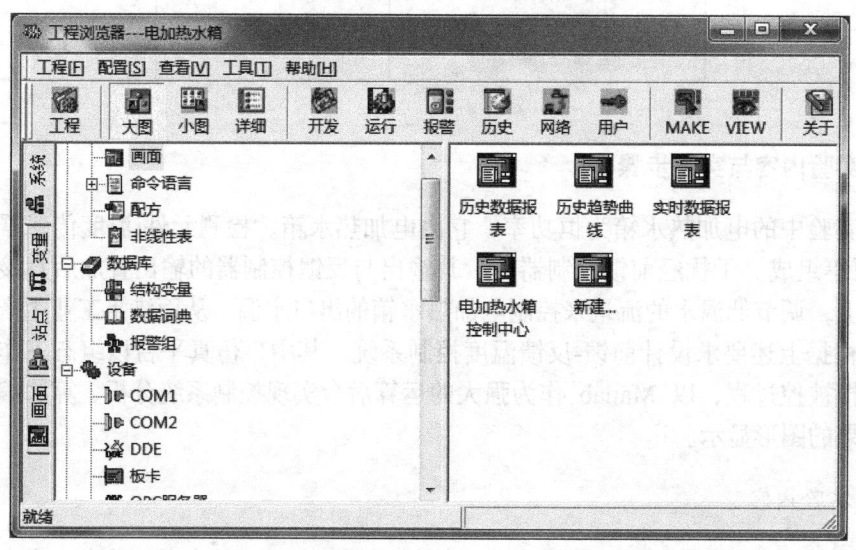

图 4.25　电加热水箱温度与流量前馈-反馈控制系统工程浏览器界面

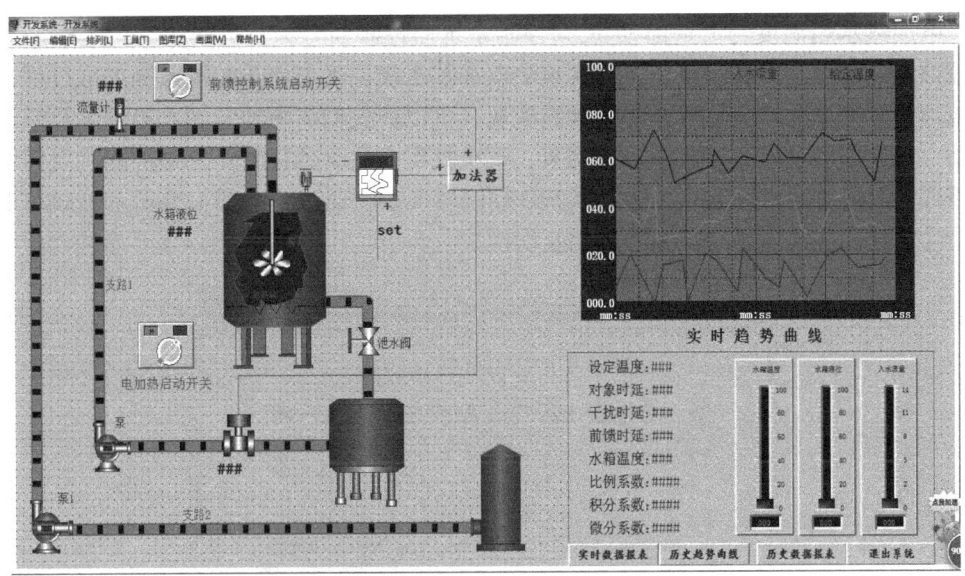

图 4.26 电加热水箱温度与流量前馈-反馈控制系统的主监控画面

热水箱温度与流量前馈-反馈控制系统画面。

(3) 加载 Matlab/Simulink 程序。首先打开 Matlab，单击 File/Open，选择相应的控制算法，如 File/Open/桌面/电加热水箱温度与流量前馈-反馈控制系统/Simulink/forward_feedback。双击该文件，即可打开，如图 4.27 所示。

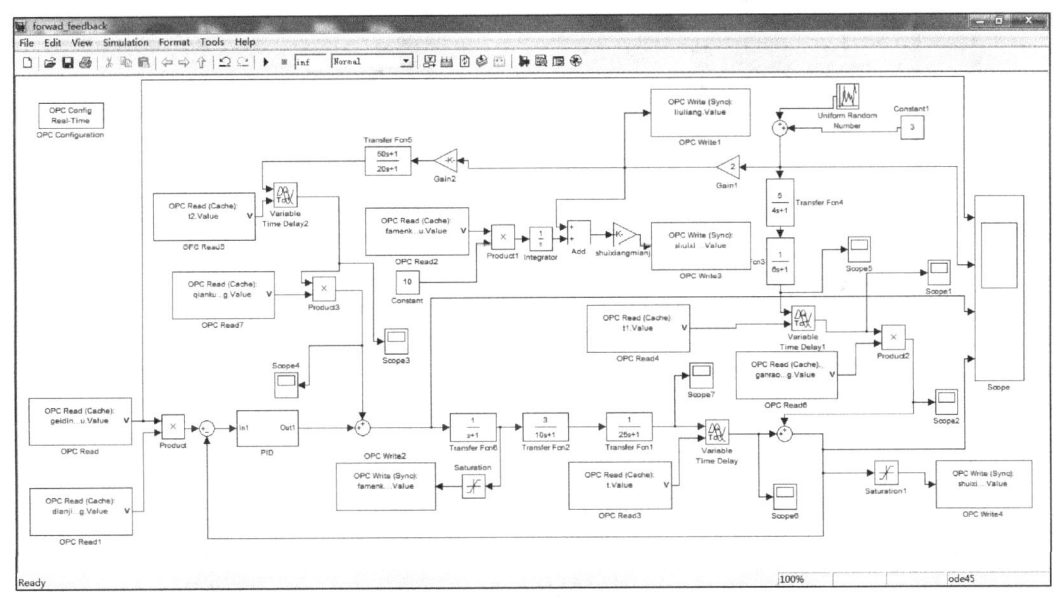

图 4.27 前馈-反馈温度控制系统 Simulink 模块图

(4) 投入运行。单击 Simulink 程序中的运行控制 ▶，弹出如图 4.28 所示的提示画面，单击【确定】。系统将自动进入如图 4.29 所示的组态王运行系统。

电加热水箱温度与流量前馈-反馈控制系统监控画面分为三大模块。一是电加热水箱液位流量动态画面展示模块，包含整个电加热水箱温度与流量控制系统虚拟过程；二是电加热水箱温度与流量实时曲线画面模块，可以让我们清晰地看到水箱温度及流量的波动，通过曲线可以对参数进行再调节，直至找到合适参数位置；三是功能实现模块，在该区域内能设定水箱温度、时延和 PID 控制器参数，通过单击图 4.29 所示画面右下角各个功能键，能实现各个页面间的相互切换。

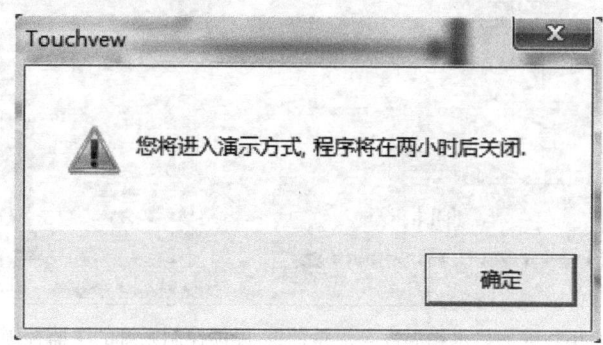

图 4.28　系统运行提示画面

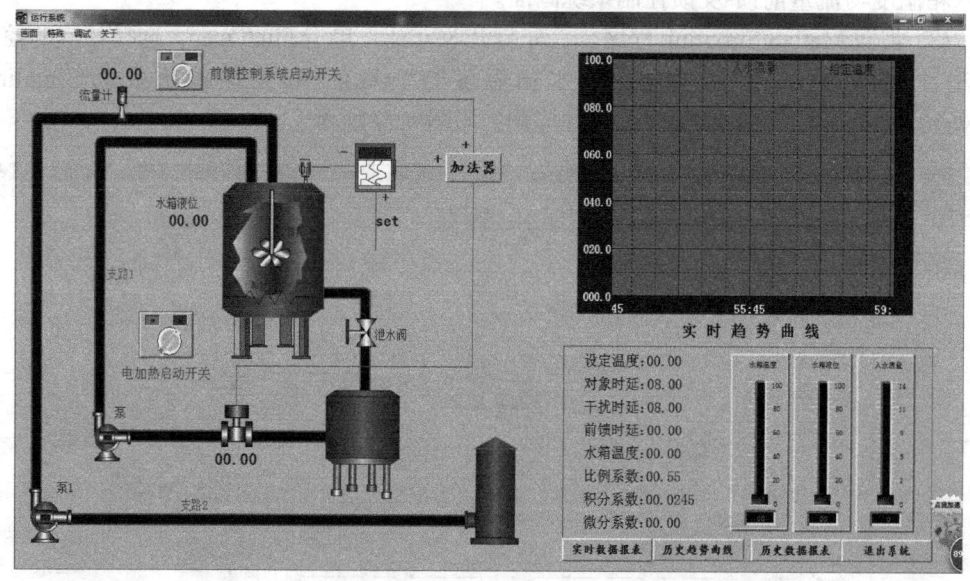

图 4.29　电加热水箱温度与流量前馈-反馈控制系统运行图

(5) PID 控制器参数调试。单击图 4.30 所示"设定温度"文本框，可以设置 0～100 的一个值，如 50。本实验中，前馈补偿器已设计在 Simulink 模块中，只需根据第 2 章介绍的方法按单回路整定方法整定反馈回路控制器的 PID 参数。通过手动修改 PID 参数，并同时观察系统的实时曲线图，使温度控制达到最优(工程上一般采取 4∶1)，记录参数截屏保存图像。

在对以上三个参数进行整定时，每一次整定都记录下系统运行的起始时间和此时的参数,并由仿真曲线计算相应的超调量和收敛时间,直至得到满意的结果,将数据填在第 6 章相应的表格中。

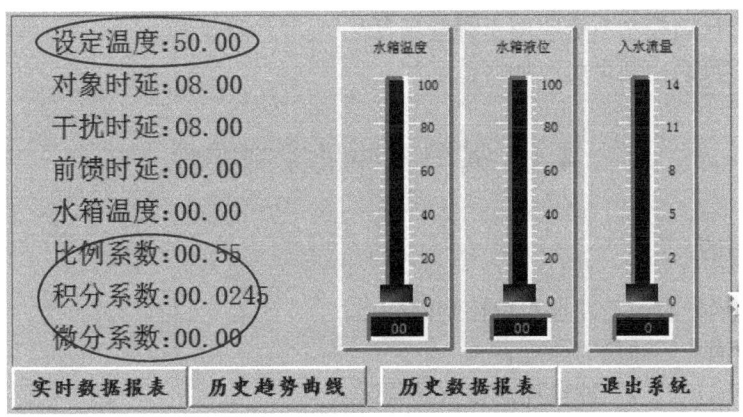

图 4.30 前馈-反馈温度控制系统参数设定图

(6) 打开泵与电加热启动开关,即构成反馈回路,观察温度、流量变化情况,并将"实时趋势变化曲线"抓屏保存。

(7) 打开泵、泵 1 及电加热启动开关,关闭前馈控制系统启动开关,即可构成反馈回路加入干扰的系统,观察温度、流量变化情况,并将"实时趋势变化曲线"抓屏保存。

(8) 打开泵、泵 1、电加热启动开关及前馈控制系统启动开关,即可构成温度与流量前馈-反馈控制系统,观察温度、流量变化情况,并将"实时趋势变化曲线"抓屏保存。

(9) 依次改变对象时延、干扰时延、前馈时延的设定值,观察温度、流量变化情况,并将"实时趋势变化曲线"抓屏保存。

(10) 关闭系统。首先打开图 Simulink 程序运行窗口,单击 ■,停止运行 Simulink,然后打开图组态王系统运行窗口,单击右下角【菜单】/【系统退出】。

4.3.5 实验结果分析

(1) 根据实验内容(2)、(3)得到的曲线,分析在有干扰的情况下,水箱温度变化情况。

(2) 根据实验内容(3)、(4)得到的曲线,分析比较反馈回路与前馈-反馈回路的抗干扰能力及控制效果。

(3) 根据实验内容(5)得到的曲线,分析对象时延、干扰通道时延及前馈控制通道时延对控制效果的影响。

4.3.6 实验注意事项

在系统投入运行时,若弹出的组态王运行系统为空白画面,可单击"画面/打开/电加热水箱控制中心"打开组态王运行系统画面。

4.3.7 思考题

(1) 前馈-反馈控制相比于反馈回路控制有什么优点？
(2) 前馈-反馈控制系统应用于哪些场合？
(3) 前馈-反馈控制系统应如何整定？

4.4 锅炉三冲量控制实验

4.4.1 实验目的

(1) 了解锅炉汽包三冲量水位控制的特点；
(2) 掌握锅炉三冲量的原理；
(3) 学会锅炉汽包三冲量控制参数的调试。

4.4.2 实验设备

安装了 Windows 7 系统、Kingview 6.5 学习版和 Matlab R2010a 软件的计算机一台。

4.4.3 实验工艺流程

锅炉汽包液位三冲量控制系统的工艺流程如图 4.31 所示；该系统主要由锅炉、汽包、省煤器、给水泵、给水调节阀、蒸汽调节阀、炉水循环阀、送风机、引风机、除尘器、烟囱等设备构成。

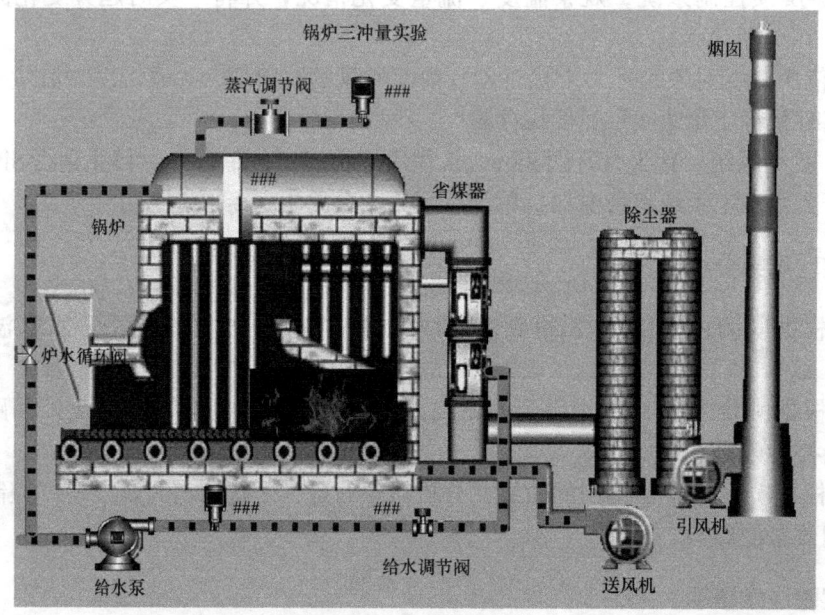

图 4.31 锅炉汽包液位三冲量控制系统的工艺流程图

该工艺过程包括由给水泵经给水调节阀进入省煤器，然后进入锅炉水冷壁，经炉膛加热变成饱和水进入汽包,进行汽水分离,分离出来的蒸汽进入过热器,经蒸汽调节阀进入汽轮机等旋转设备;在锅炉上水时可以打开炉水循环阀来保持给水泵的持续运行,进而慢慢地切换到锅炉点火,直至产生蒸汽。送风机是为锅炉提供助燃风,引风机则是将燃烧产生的烟气抽走,让炉膛保持微低负压,有助于炉膛的燃烧;除尘器则是除去烟气中的灰尘,然后烟气经烟囱排出,实际生产中对烟气还会有脱硫脱硝工艺,在此仿真界面中不做显示。由于汽包水位的控制极其重要:汽包液位过高容易引起旋转设备水冲击,汽包液位过低容易造成烧干锅炉,进而发生爆炸事故,所以本实验引入汽包液位、蒸汽流量、给水流量进行锅炉汽包三冲量控制。

为方便了解整个工艺过程,图 4.31 中的重要工艺设备和控制系统器件如表 4.5 所示。

表 4.5　锅炉汽包水位三冲量控制实验主要管器件

对象	示意图	作用	数量/个
汽包		盛装液体	1
蒸汽调节阀		调节流量	1
给水调节阀		调节流量	1
流量计		检测流量	2
泵		为锅炉上水	1
风机		输送风烟	2

4.4.4　实验内容与实验步骤

1. 实验内容

(1) 蒸汽调节阀开度为零,调节主、副控制器的 PID 参数,使汽包水位以 4∶1 衰减比稳定到给定值。汽包液位给定值一般处于汽包中间位置,打开炉水循环阀,按照第 2 章串级 PID 调节方法调出 4∶1 最佳曲线,截图保存。

(2) 关闭炉水循环阀,手动输入一定蒸汽调节阀开度,观察曲线变化,截图保存。

(3) 汽包液位达到给定值稳定后,单击【有蒸汽前馈】,引入蒸汽前馈,增加适当的蒸汽调节阀开度,观察蒸汽扰动下曲线变化,截图保存,对比没有引入前馈同样幅度的扰动的控制效果。

(4) 将蒸汽调节阀控制打到自动模式,观察随机扰动时蒸汽三冲量的控制效果;截图保存。

(5) 单击【无蒸汽前馈】,观察随机扰动下无蒸汽前馈时的控制效果,截图保存,与有前馈时进行对比分析。

2. 实验步骤

(1) 打开组态王软件;双击组态王图标,打开如图 4.32 所示画面;如果画面中没有三冲量实验,则单击对话框中【搜索】,打开三冲量实验所在目录,选中锅炉三冲量实验,如图 4.33 所示;单击【确认】即可。

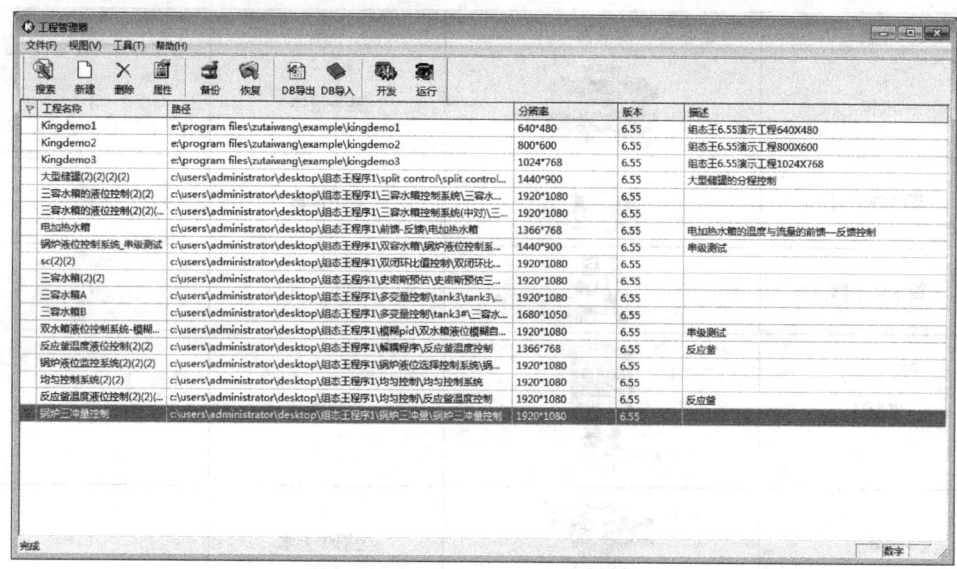

图 4.32 组态王工程管理器界面

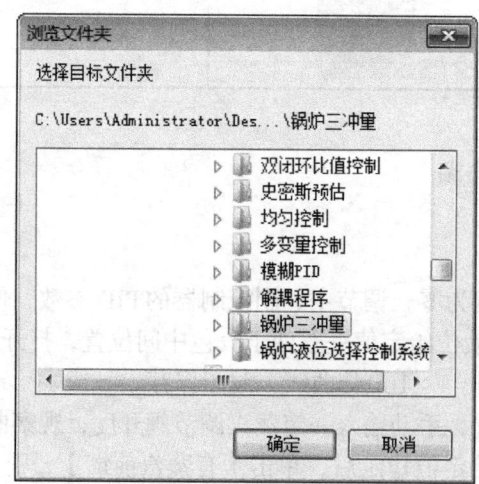

图 4.33 目标文件选择

双击图4.33中的锅炉三冲量实验,即可打开如图4.34所示画面;双击对话框中的系统图,打开实验组态画面,如图4.35所示。

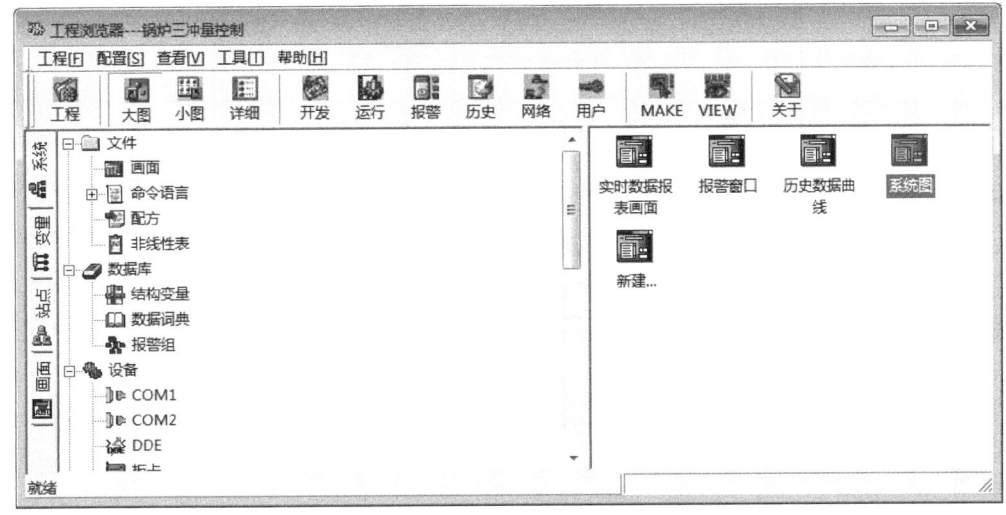

图 4.34　锅炉三冲量控制工程浏览器界面

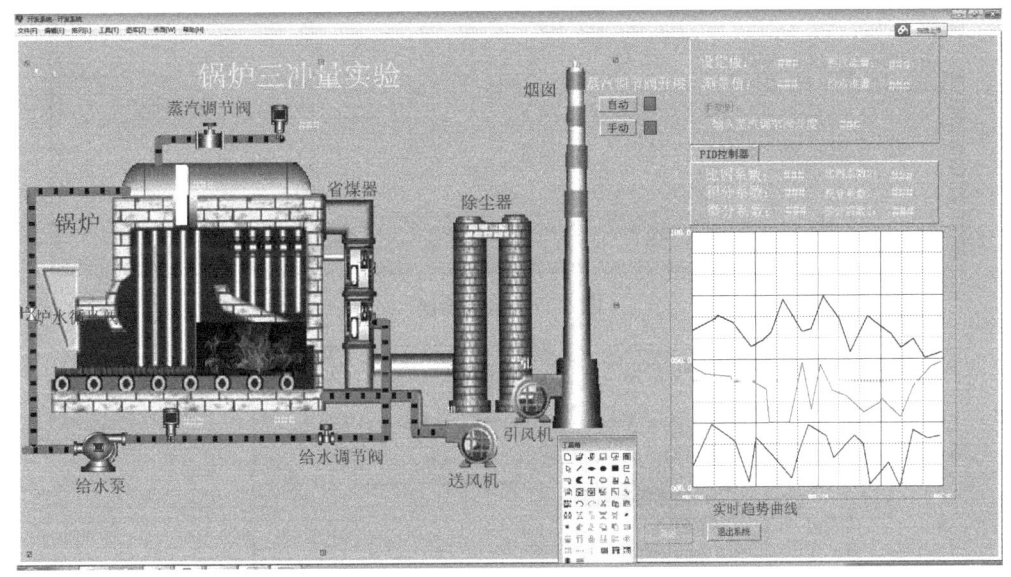

图 4.35　锅炉三冲量控制系统监控画面

(2) 在组态王中运行实验;在图4.35画面中右击,选择【切换到View】,弹出如图4.36所示的对话框;单击【确定】,弹出如图4.37所示的对话框;单击图4.37所示的对话框中的【画面】,选择【打开】,弹出如图4.38所示的对话框;选择【系统图】,单击【确定】,即运行实验的人机对话窗口,如图4.39所示。

在图4.39中,按照功能锅炉三冲量实验运行画面共分为三部分。左侧部分是实验的工艺流程和相关设备,显示系统的运行状态和相关实时参数;右侧上半部分是实验的设定值和 PID 调节参数的设定，调节控制参数，使系统运行最佳；右侧下半部分则是实时响应曲线，实时显示各参数的变化，为 PID 参数的设定提供参考。

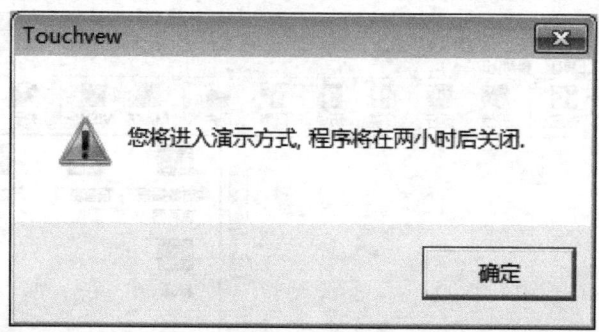

图 4.36 系统运行提示画面

图 4.37 运行画面

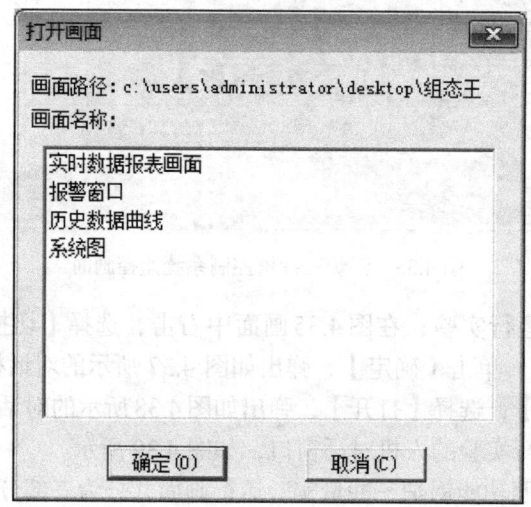

图 4.38 运行画面

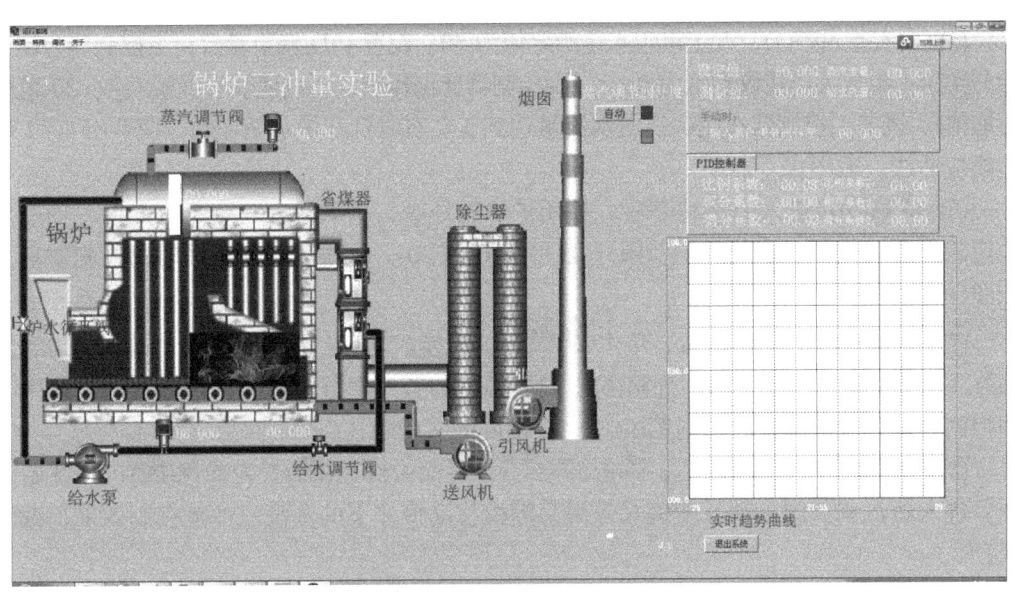

图 4.39　锅炉三冲量实验运行画面

(3) 打开 Matlab/Simulink 仿真控制算法模块；找到相应的目录双击该模块即可打开；如桌面/组态王程序/锅炉三冲量实验/guolusanchongliangshiyan.mdl，打开后如图 4.40 所示。

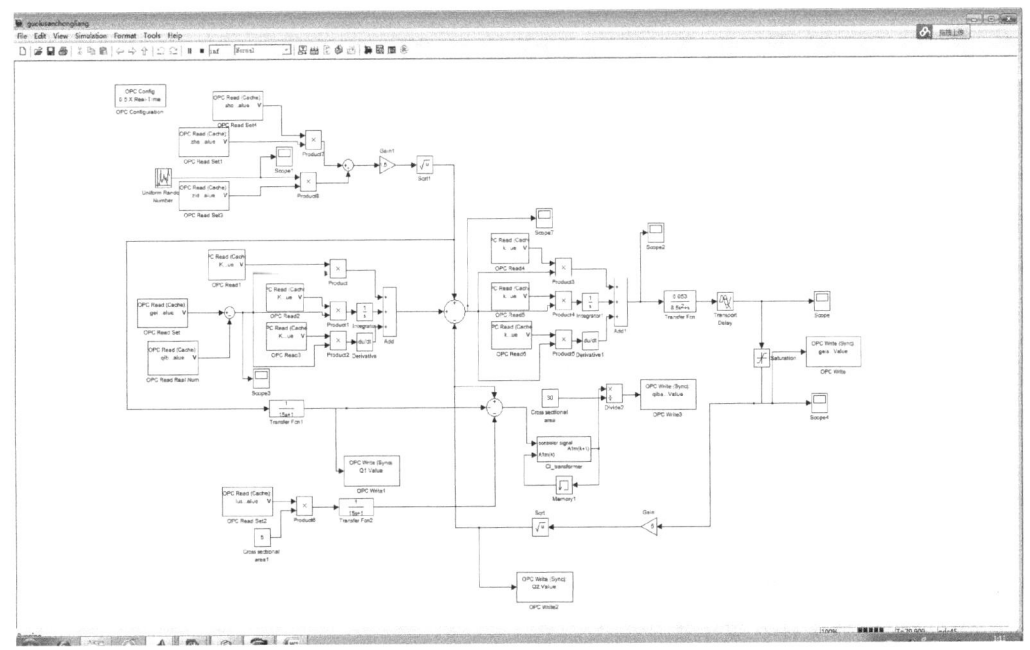

图 4.40　锅炉三冲量控制 Simulink 模块图

(4) 运行系统，单击运行控键 ▶ ，Simulink 控制算法即和组态王实验窗口建立了 OPC 连接，输入设定值和 PID 参数即可开始实验。

(5) 按实验内容(1)，设定汽包水位给定值为 50，设置 PID 调节参数，主控制器为比例微分作用，参数大小建议设置为 0～1，副控制器比例作用，比例建议设置稍大(1～30 范围内取值)。调节主控制器作用，当给水流量达到 5 左右时打开炉水循环阀，调节出 4：1 最佳响应曲线，截图保存。

(6) 待第(5)步进入稳定状态后，关闭炉水循环阀，手动输入一定蒸汽开度，等进入稳定状态后，增加一定蒸汽调节阀开度(可取 10 或 20)，观察无蒸汽前馈时的控制效果，截图保存。

(7) 待第(6)步进入稳定后，单击 有蒸汽前馈，切换成功后，后面红色方块(■)变为绿色(■)，并且闪烁，然后手动增加第(6)步同样幅度的蒸汽调节阀开度，观察有前馈作用时的控制效果，截图保存，并与第(6)步同样幅度的扰动对比。

(8) 待第(7)步进入稳定后，单击 自动，后面由红色(■)变为绿色(■)，并开始闪烁，进入蒸汽调节阀自动开度模式，观察随机扰动模式下的蒸汽三冲量控制效果，截图保存。

(9) 单击 无蒸汽前馈，观察无前馈模式下随机扰动的控制效果，截图保存，与有蒸汽流量前馈的随机扰动控制效果进行对比。

(10) 关闭实验，单击 ■，停止运行，首先关闭 Simulink 算法模块；然后打开组态王运行界面，单击【退出】，关闭组态王程序，退出实验。

4.4.5 实验结果分析

(1) 为什么三冲量控制能够很快且稳定地调节水位，给水流量和蒸汽流量在副环的作用是什么？

(2) 结合响应曲线，分析为什么实验内容(1)不加入积分作用？

(3) 经过实验，分析总结比例、微分、积分的调节作用。

4.4.6 实验注意事项

(1) 结合生产实际，汽包液位在过高过低时均会引起跳机停炉，所以在实验中设定为水位达到 90 或低于 10 就会关闭蒸汽调节阀，因此在实验中水位给定值最好设置在中间液位即 50 处，另外还要注意积分作用的引入。

(2) 书中的参考调节参数仅供参考，若要调节出较好的曲线，还需细心调试。

4.4.7 思考题

(1) 锅炉水位三冲量控制比其他控制方案有什么优缺点？

(2) 副控制器为什么采用纯比例作用？

(3) 在打开蒸汽调节阀或炉水循环阀后为什么要加入积分作用？

4.5 大型储罐分程控制实验

4.5.1 实验目的

(1) 理解分程控制的概念及特点;
(2) 掌握分程控制系统的构成及分析其工作原理;
(3) 掌握液位回路(单回路反馈控制系统)PID 控制器参数的整定方法。

4.5.2 实验设备

安装了 Windows 7 系统、Kingview 6.5 学习版和 Matlab R2010a 软件的计算机一台。

4.5.3 实验工艺流程

储罐压力分程控制系统的监控画面如图 4.41 所示,系统主要由两部分组成,一是单回路液位控制部分,用来控制储罐物料的改变;二是分程控制部分,通过调节控制阀门 A 或 B 的启闭来进行调节灌顶压力。

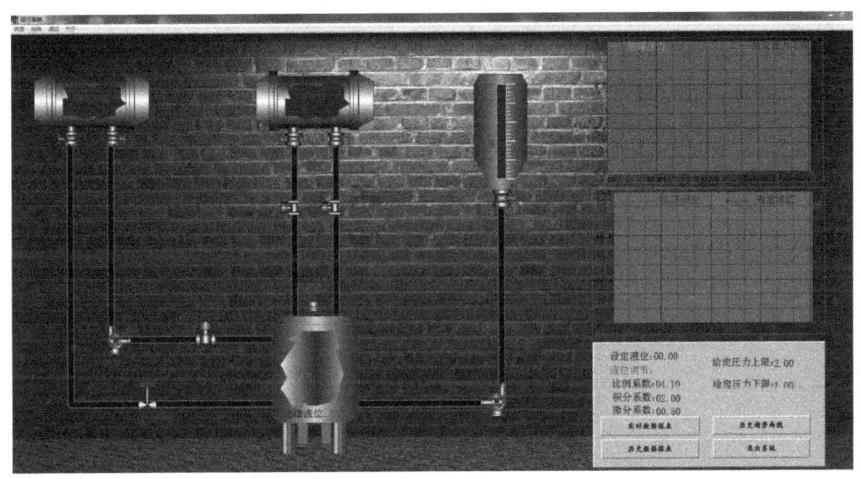

图 4.41 大型储罐的分程控制系统运行画面

油泵为储罐输油提供动力,油泵打开,系统启动,通过液位调节阀调节油量,最终达到对储罐液位的控制。手动修改设定液位的数值,模拟储罐进油或者出油。如果设定值减小,则意味着储油罐出油;如果设定值增大,则意味着油罐注油。灌顶安装的压力传感器实时测量压力,若实测压力值大于给定压力上限,调节阀 B 打开,将灌顶多余氮气排出;如果实测压力值小于给定压力,调节阀 A 打开,向灌顶补充氮气;否则两阀都关闭。

本系统同时增加了一个进油干扰阀,用以施加进油干扰;增加的出油泵是高液位启动泄油保护的装置,用来将超过储罐最大可存放液位高度的油品排出储罐。

4.5.4 实验内容与实验步骤

本实验以储罐为被控对象，罐顶氮气压力为被控变量，氮气输入量和输出量为操纵变量。储罐能承受的压力是有限的，要求罐顶压力维持在储罐能承受的安全范围内，即给定压力上、下限之间，才可以满足工业生产过程的安全与稳定。

1. 实验内容

(1) 按照实验步骤(5)整定液位控制器的参数，使液位响应曲线的衰减比为 4∶1，并抓屏保存图片，最后完成表 6.1。

(2) 改变设定液位的值，观察液位变化引起压力变化的规律，截图对比说明。

(3) 参照实验步骤中施加扰动的方法，观察液位及压力抗干扰特性，即干扰消除后，液位及压力曲线是否能回到稳定值，截图并保存实验曲线。

(4) 改变给定压力上、下限的值，重复上述(1)、(2)和(3)的内容，观察不同的安全压力范围，对储罐压力是否有影响，截图对比说明。

2. 实验步骤

(1) 打开组态王软件，其工程管理器界面如图 4.42 所示。单击【搜索】，找到应用工程所在目录：桌面/基于 Matlab 和组态王的大型储罐的分程控制系统。加载完成后，该工程就添加到应用工程中，如图 4.43 所示。

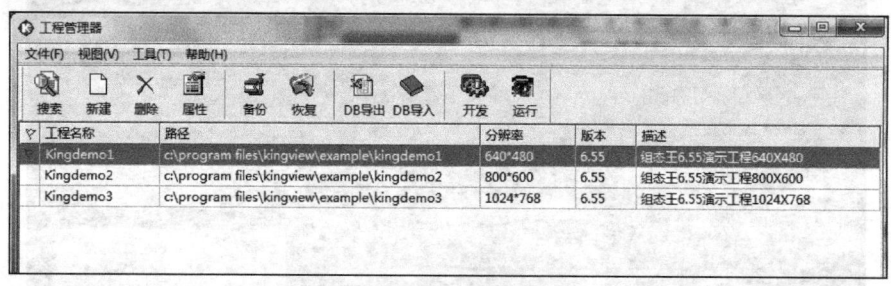

图 4.42 组态王工程管理器界面

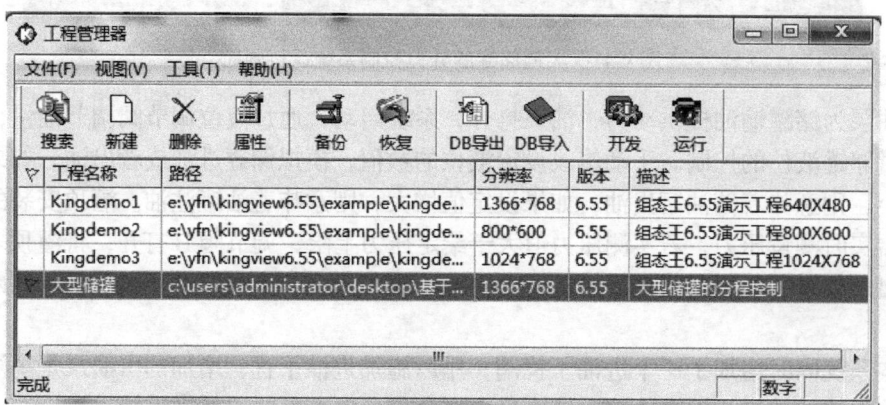

图 4.43 加载后的工程管理器界面

(2) 进入反应车间控制中心画面。双击已添加的大型储罐目录,单击【确定】,出现如图 4.44 所示的工程浏览器界面,双击【控制中心】图标,弹出如图 4.45 所示的大型储罐的分程控制系统主监控画面。

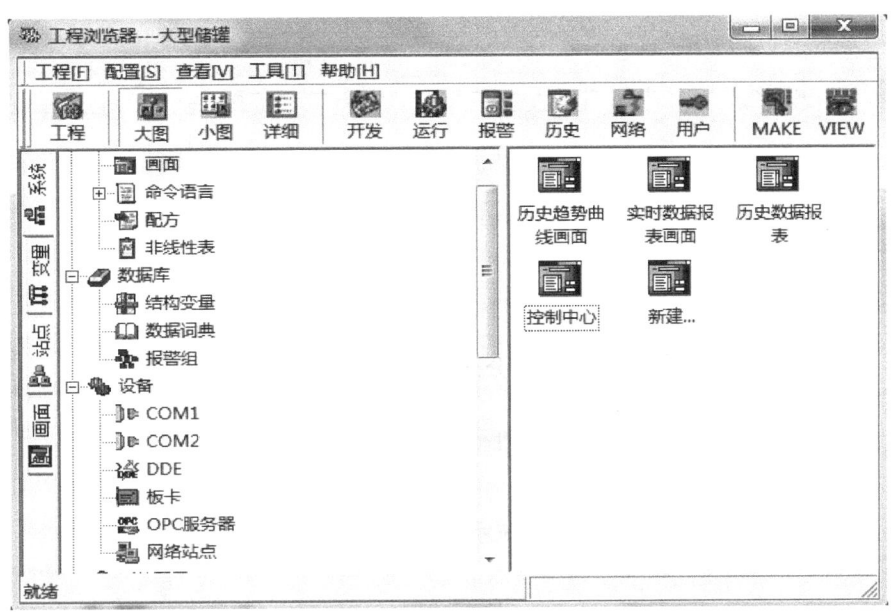

图 4.44 大型储罐的分程控制系统工程浏览器界面

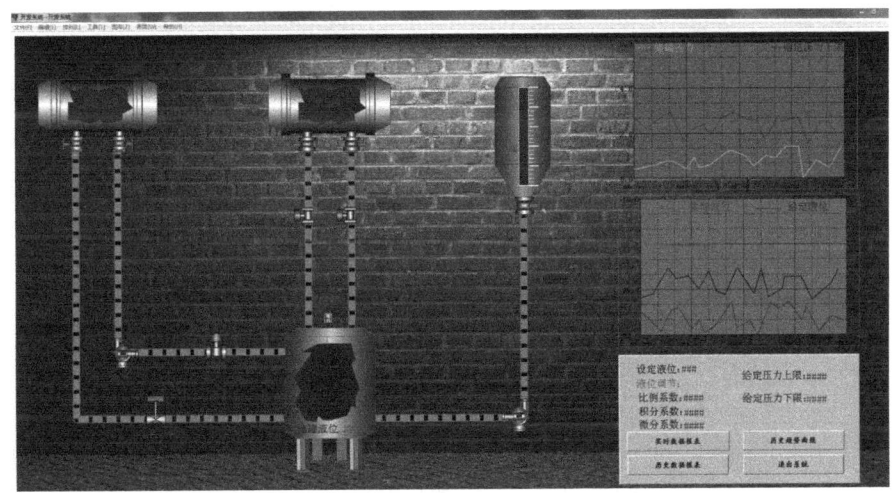

图 4.45 大型储罐的分程控制系统的主监控画面

(3) 加载 Matlab/Simulink 程序。首先打开 Matlab 软件,找到相应的控制算法,如 File/Open/桌面/基于 Matlab 和组态王的大型储罐的分程控制系统/fenchengkongzhi。然后双击该文件,即可打开,如图 4.46 所示。

(4) 投入运行。单击 Simulink 程序中的运行控键 ▶,弹出如图 4.47 所示的提示画面,单击【确定】,系统将自动进入如图 4.45 所示的组态王运行系统。

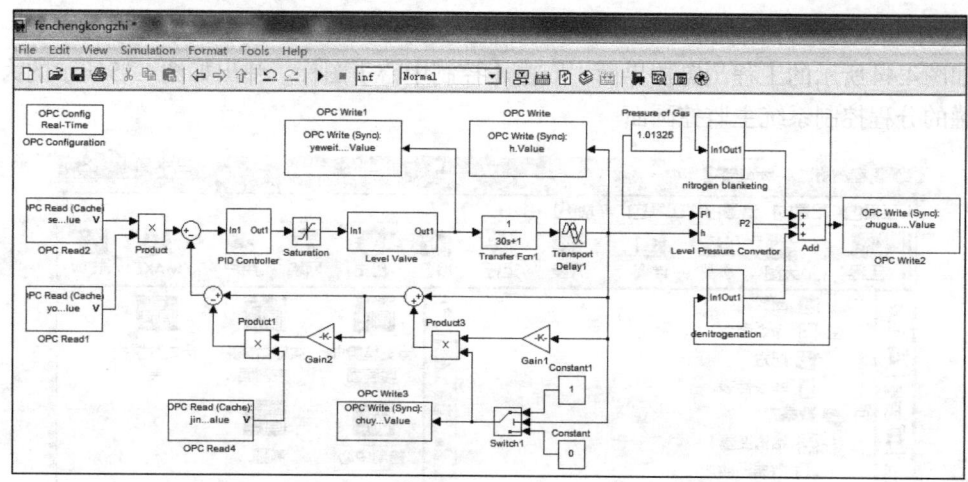

图 4.46 大型储罐分程控制系统 Simulink 模块图

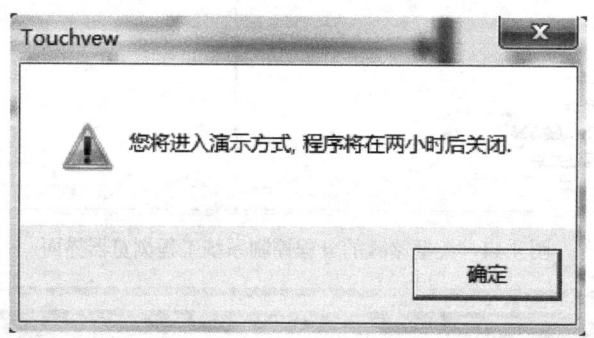

图 4.47 系统运行提示画面

(5) PID 控制器参数调试。单击图 4.45 中的【油泵】，在组态界面中的参数设置区，给定设定液位 h_1 后，通过手动修改 PID 参数，按照先比例、后积分、再微分的顺序调试储罐液位的 PID 参数，同时观察系统的实时曲线图，使液位控制达到最优，一般第一个波峰与第二个波峰之比近似于 4∶1 为最优，记录参数，截屏保存图像。设定参数区如图 4.48 所示。

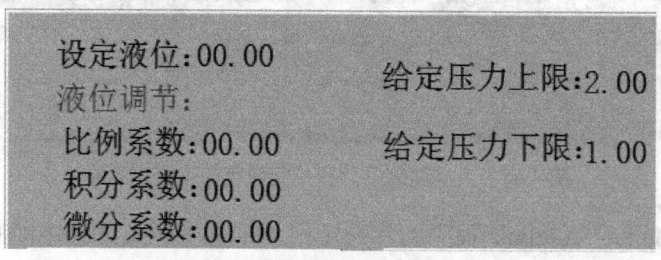

图 4.48 储罐分程控制系统参数设定图

在对以上三个参数进行整定时，每一次整定都记录系统运行的起始时间和此时的参数，并由仿真曲线计算相应的超调量和收敛时间，直至得到满意的结果，将数据填在表 6.1 中。

(6) 分程控制效果。按照步骤(5)操作后，待给定的设定液位 h_1 稳定后，改变设定液位值为 h_2($h_2>h_1$ 或 $h_2<h_1$)，观察液位及压力实时曲线图，并截图保存；待 h_2 液位稳定后，改变设定液位值为 h_3($h_3<h_2$ 或 $h_3>h_2$)，及时对实时曲线图抓屏保存。

(7) 施加液位回路扰动。待液位稳定在设定液位后，单击【进油扰动阀】。大约 2s 后再单击一次(即消除干扰影响)，观察液位及压力的响应特性，并将"实时趋势变化曲线"抓屏保存。

(8) 手动修改给定压力上、下限，重复步骤(6)，观察压力的变化，并抓屏保存图片，与步骤(6)的压力曲线进行对比。

(9) 关闭系统。首先打开 Simulink 程序运行窗口，单击 ■，停止运行 Simulink，然后打开图组态王系统运行窗口，单击右下角【菜单】\【系统退出】。

4.5.5 实验结果分析

(1) 在液位 PID 控制器参数整定过程中，试分析选择衰减比为 4∶1 为性能指标的原因。

(2) 在液位 PID 控制器参数整定过程中，试分析比例系数、积分系数和微分系数对动态特性的影响。

4.5.6 实验注意事项

实验仿真运行过程中，如果程序在过短的时间跳出(一般几分钟，甚至几十秒钟)，此时应检查 Simulink 的运行时间，将图 4.46 中【暂停】(■)后的数值改为 inf 即可。

4.5.7 思考题

(1) 分程控制系统除了本实验中应用于罐顶氮封控制系统，还可以应用于哪些场合？给出应用实例并使用方块图和文字描述。

(2) 在实际工业生产中，你认为分程控制系统有什么优点，实现的难点是什么？

(3) 列举你知道的其他可实现分程控制的平台，对比所有实现平台，指出它们的优缺点。

4.6 双位水箱液位与流量均匀控制实验

4.6.1 实验目的

(1) 熟悉均匀控制系统的思想与特点；

(2) 掌握均匀控制系统参数的整定方法；

(3) 了解均匀控制系统中反作用阀门的构建思想。

4.6.2 实验设备

安装了 Windows 7 系统、Kingview 6.5 学习版和 Matlab R2010a 软件的计算机一台。

4.6.3 实验工艺流程

均匀控制主要用于紧密联系的生产设备中，是当前一个设备所需控制的参数在控制过程中与后一个设备的被控变量在控制过程中产生矛盾时的一种协调方法。如图 4.49 所示，物料由泵输送至圆柱形反应器，然后通过电动调节阀流入圆锥形反应器，为保证生产需要，需要控制圆柱形反应器中物料的液位高度和圆锥形反应器的入口流量。系统运行起来时阀 F1、阀 F2 是分别用于测试圆柱形反应器入口流量和圆锥形反应器液位的干扰阀门，前后两个电动调节阀分别用于控制圆柱形反应器中的液位和圆锥形反应器的入口流量。工艺流程主要管器件如表 4.6 所示。

图 4.49 组态王界面工艺流程图

表 4.6 工艺流程主要管器件

对象	示意图	作用	数量/个
反应器		盛装液体	2
开关阀		流量开关	2

续表

对象	示意图	作用	数量/个
线性调节阀		调节流量	1
流量计		检测流量	1
中储箱		储存介质	1

为达到既满足液位的要求，又满足流量的要求，分别以这两个变量设计了两个独立的反馈控制系统，但由于工艺上的原因，只能把两个线性调节阀安装在圆柱形反应器出口至圆锥形反应器入口之间的管路上，这时会出现因为要准确控制液位或者流量，而导致另外一个被控变量控制性能变差甚至失稳的现象。这里采用均匀控制方法来协调两个被控变量的控制性能，力求使液位和流量能均匀地变化。

4.6.4 实验内容与实验步骤

1. 实验内容

(1) 分别设置给定液位值和给定进水流量值，并按照第 2 章的调试方法调节相应的液位 PID 控制器和流量 PID 控制器，看是否能够得到理想的衰减振荡效果并截图保存。

(2) 仅调节两个 PID 控制器的比例系数，找到能够使两个被控变量均稳定的比例系数和相应的曲线响应图并截图保存。

(3) 打开 F1 阀 2s 后关闭，观察流量扰动对系统控制效果的影响并截图保存；等系统稳定后再打开 F2 阀 2s 后关闭，观察液位扰动对系统控制效果的影响并截图保存。

(4) 更改液位设定值，观察液位和流量变化情况，截图保存。

(5) 恢复液位设定值，更改流量设定值，观察液位和流量变化情况，截图保存。

2. 实验步骤

(1) 双击组态王图标，打开组态王软件，如图 4.50 所示，如果显示工程中有均匀控制，则双击打开，如图 4.51 所示；如果没有，则单击【搜索】，找到工程文件所在目录文件夹，搜索工程。

双击图 4.51 中的均匀控制系统，则打开均匀控制系统的画面组态窗口，如图 4.52 所示，右击画面，单击【切换到 View】，弹出对话窗，如图 4.53 所示，单击【确定】，即打开组态王人机对话窗口也就是均匀系统运行界面，如图 4.54 所示。

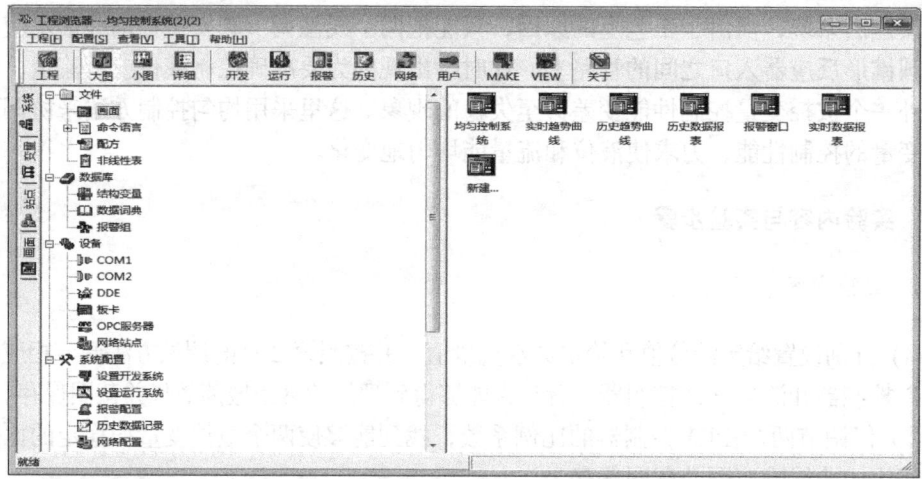

图 4.50　组态王工程管理器界面

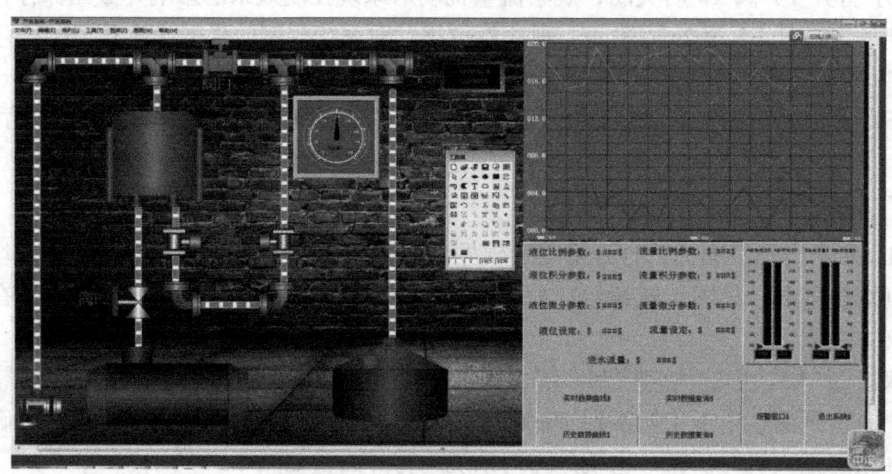

图 4.51　均匀控制工程浏览器界面

图 4.52　均匀控制系统监控画面

第 4 章　复杂过程控制虚拟实验

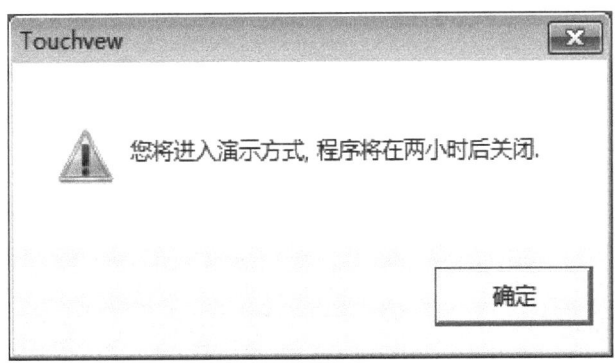

图 4.53　系统运行提示画面

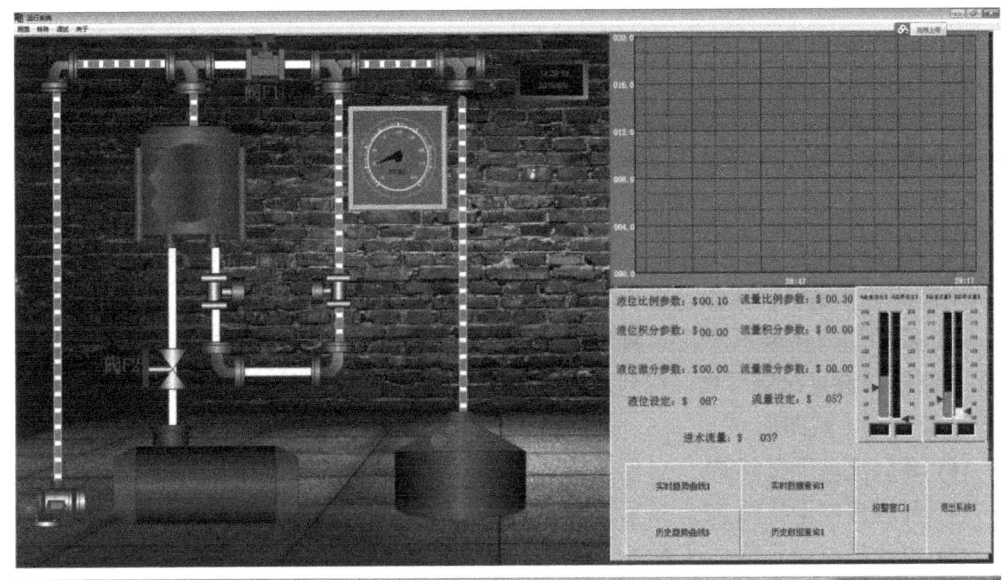

图 4.54　均匀控制系统监控画面

(2) 打开 Matlab/Simulink 控制算法模块，打开 Matlab 软件，找到均匀控制 Simulink 算法模块所在目录，双击【打开】，如 c:/桌面/组态王程序 1/均匀控制/meancontrol.mdl，如图 4.55 所示。

(3) 在组态王已经打开的情况下，打开算法模块后会弹出如图 4.53 对话框，单击【确定】，组态王的均匀控制组态画面也会自动进入运行状态；单击 Simulink 算法窗口中的运行控键 ▶ ，运行后 Matlab 已与组态王软件建立了 OPC 连接，即可开始进行仿真实验。

运行界面如图 4.54 所示，共分三部分，一是均匀控制系统的工艺流程，包括反应箱、介质流向阀门、反应箱液位流量的动态显示等；二是实时曲线显示部分，对给定值及实际值的实时显示；三是相关控制参数和设定值的设置及历史曲线与报警窗口等功能模块部分。

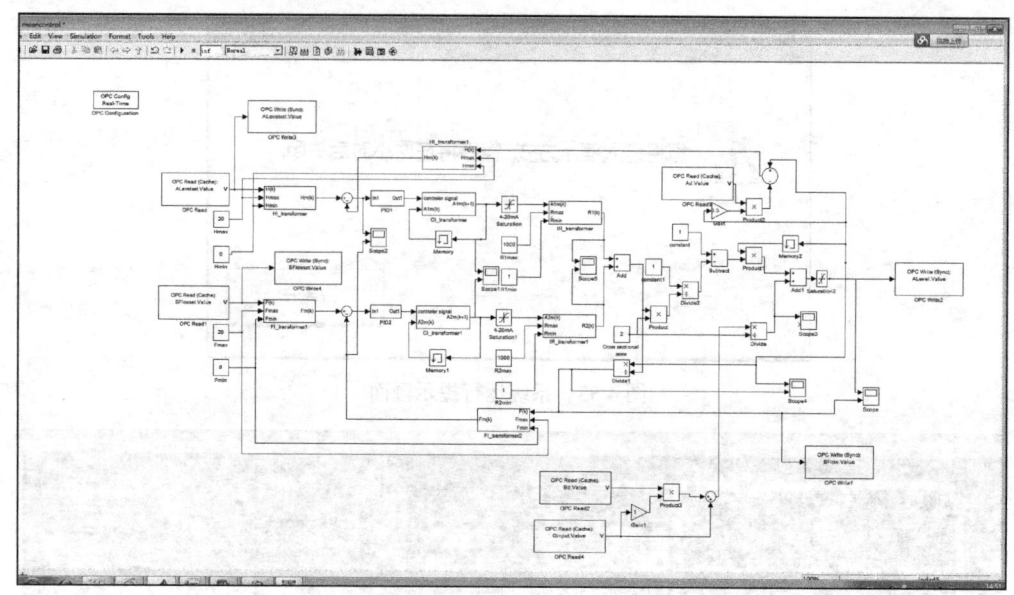

图 4.55　均匀控制 Simulink 模块图

(4) 按实验内容(1)，设定液位和流量给定值，调节两个 PID 控制器参数，观察系统的两个被控变量是否存在相互影响的现象，截图保存。

(5) 采用均匀控制思想，即两个 PID 控制器均采用纯比例调节，通过液位和流量 PID 控制器只设置比例系数，找到合适的比例系数使系统尽可能地达到较好的控制效果，观察实验结果，截图保存。

(6) 开启流量干扰阀 F1，3s 后关闭，测试系统的抗干扰能力并截图保存。

(7) 开启液位干扰阀 F2，3s 后关闭，测试系统的抗干扰能力并截图保存。

(8) 更改液位设定值，观察液位和流量变化情况，分析调节参数产生的均匀控制效果；截图保存。

(9) 恢复液位设定值，更改流量设定值，观察液位和流量变化情况，分析调节参数产生的均匀控制效果；截图保存。

(10) 实验结束，结束 Simulink 模块运行，单击 ■，停止运行 Simulink，并关闭 Simulink 模块，然后打开图组态王系统运行窗口，单击右下角【菜单】/【系统退出】。

4.6.5　实验结果分析

(1) 进水流量对流量控制有什么影响？
(2) 液位曲线和流量曲线有什么关系？
(3) 为什么在均匀控制中的 PID 控制器仅适用于比例控制？

4.6.6　实验注意事项

在对从回路 PID 控制器参数的整定时，由于从回路为随动系统，其系统输入为主回路的实时值，Matlab 对该值的采集有一定的时延，因此从回路的控制效果稍差于主回路的控制效果。

4.6.7 思考题

(1) 液位均匀控制系统与纯液位控制系统有何异同？在什么场合需采用均匀控制？
(2) 在均匀控制中为什么推荐采用纯比例控制器？

4.7 反应釜温度与液位解耦控制实验

4.7.1 实验目的

(1) 理解解耦控制系统的基本原理及其适用范围；
(2) 掌握解耦控制系统的投运与控制参数的整定方法；
(3) 了解解耦控制器设计的基本推导过程。

4.7.2 实验设备

安装了 Windows 7 系统、Kingview 6.5 学习版和 Matlab R2010a 软件的计算机一台。

4.7.3 实验工艺流程

为清晰阐述解耦控制系统的工艺过程，这里采用组态王组态了如图 4.56 所示的反应釜监控中心的监控画面。

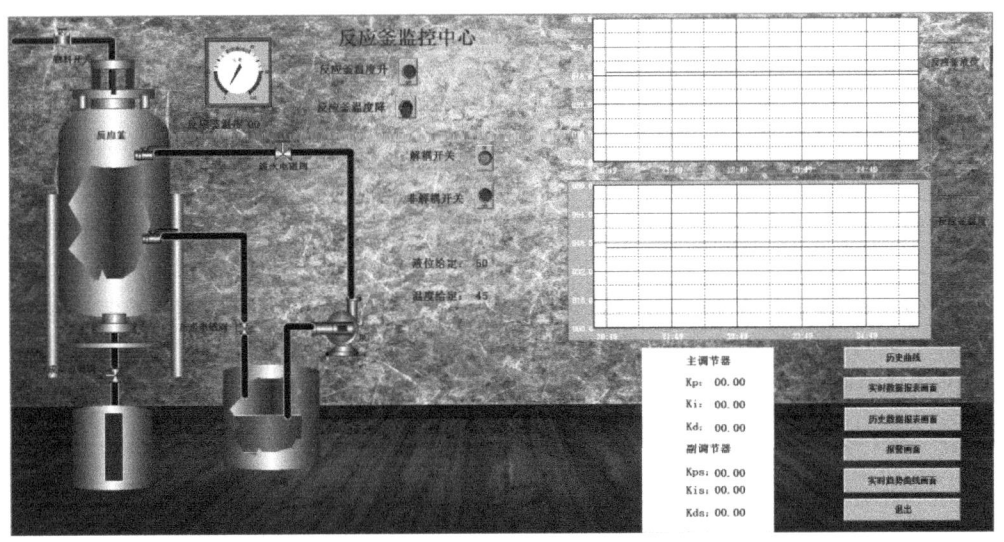

图 4.56　操作、演示界面

按照如图 4.56 所示的组态王监控画面，其中阀门红色状态表示断开，绿色状态表示闭合；同理，开关红色状态表示断开，绿色状态表示闭合。当打开物料开关的阀门时，物料就进入反应釜内进行物料反应和合成，物料通过成品电磁阀开关流入成品罐内，就合成了需要得到的成品。整个反应过程可以通过液位和温度的实时监控画面来反映实时生产情况，同时也可以通过对进水电磁阀和出水电磁阀的控制来对反应釜液位进行实时控制；利用反应釜温度升、降按钮对反应釜的温度进行实时控制。通过解耦开关和非解耦开关间的相互切换进行解耦状态与非解耦状态的对比。需要注意的是，画面初始状态时解耦开关是闭合的，非解耦开关是断开的，即初始状态为解耦实验状态。同时用主控制器和副控制器内的 PID 控制器进行实时的参数修改，以达到需要的控制效果。除此之外，还可以单击右下角如【历史曲线】、【历史数据报表画面】等按钮进行相关的数据查询与分析。

4.7.4 实验内容与实验步骤

1. 实验内容

(1) 根据控制效果：调整 PID 控制器参数。通过手动修改 PID 参数，调试主、副回路 PID 参数，对于主、从回路参数的整定实行先比例、后积分、再微分的整定步骤的整定原则(详见第 2 章)，并同时观察系统的实时曲线图，使液位控制和温度控制达到最优(工程上一般采取 4∶1)，记录参数，并截屏保存图像。当控制效果不佳时，重新将控制器设置成手动，根据调节规律跳转到调试运行，参数设定步骤，继续实验，并截屏保存曲线。

(2) 解耦情况下抗干扰能力检测。当上述操作完成后，分别给系统加入主回路(液位控制)干扰和副回路(温度控制)干扰，当干扰消除后，观测跟踪结果，并截屏保存曲线。

(3) 进行实验比对：解耦与非解耦的区别，并截屏保存曲线。当解耦实验的参数调整控制达到 4∶1 的关系曲线，并且曲线达到稳定时，进行在没有解耦控制实验情况下的实验对比，观察解耦控制的实际效果，并截屏保存曲线。

(4) 非解耦情况下抗干扰能力检测。当在非解耦情况下通过整定 PID 参数使液位和温度曲线达到要求(工程上一般采取 4∶1)并稳定后的操作完成后，分别给系统加入主回路(液位控制)干扰和副回路(温度控制)干扰，当干扰消除后，观测跟踪结果，并截屏保存曲线。

(5) 数据记录。根据 Matlab 仿真结果，该系统主、从回路对应的 PID 控制器参数为 P $0.02\sim0.2$，I $0.2\sim5$，D $0\sim3$。在对以上三个参数进行整定时，每一次整定都记录系统运行的起始时间和此时的参数，并由仿真曲线计算相应的超调量和调整时间，直至得到满意的结果，将数据填在第 6 章相应的表格中。

2. 实验步骤

(1) 进入实验。打开组态王软件，弹出工程管理器窗口，单击【搜索】，找到工程文件所在目录，如桌面/反应釜温度控制系统。图 4.57 为添加工程窗口。

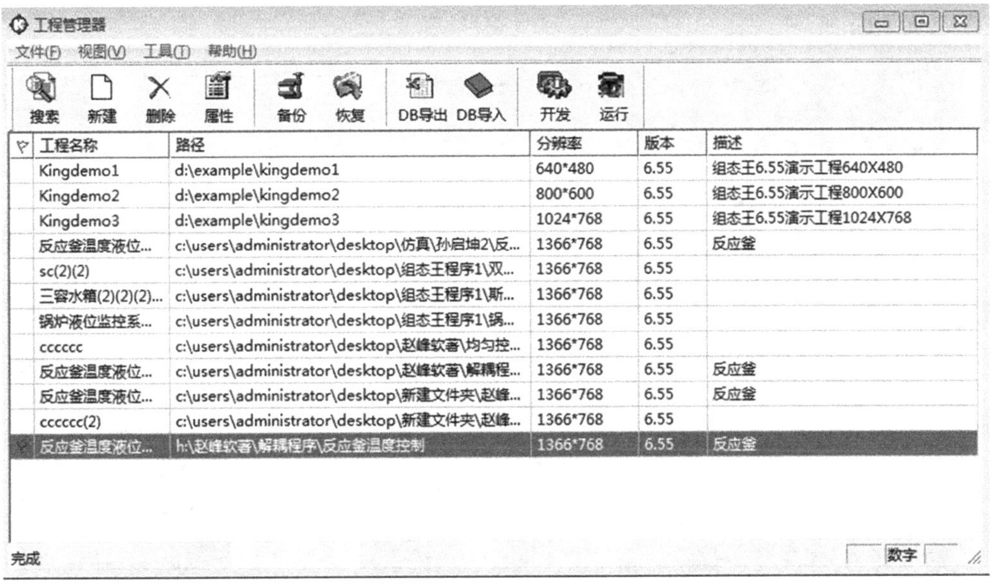

图 4.57 添加工程窗口

添加反应温度液位控制系统监控画面。双击已添加的反应釜温度液位控制目录，单击【确定】，弹出如图 4.58 所示的工程浏览器窗口。然后双击【反应釜监控中心】，弹出如图 4.59 所示的反应釜监控中心监控系统画面。

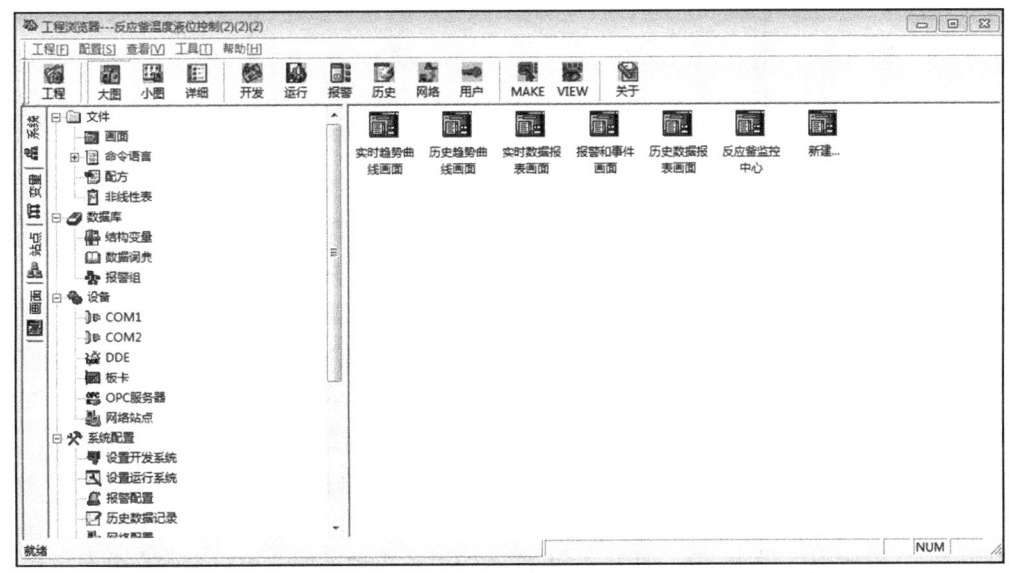

图 4.58 工程浏览器窗口

(2) 开始实验。加载 Matlab/Simulink 程序，首先打开 Matlab，单击 File/Open，选择相应的控制算法，如 File/Open/桌面/反应釜温度液位控制控制系统/Simulink 模块/duijiaozhengjieou.mdl，然后单击【打开】，弹出如图 4.60 所示的窗口，单击【确定】，即可打开图 4.61 所示的解耦控制 Simulink 模块图窗口和图 4.62 所示的反应釜监控中心监控系统画面。

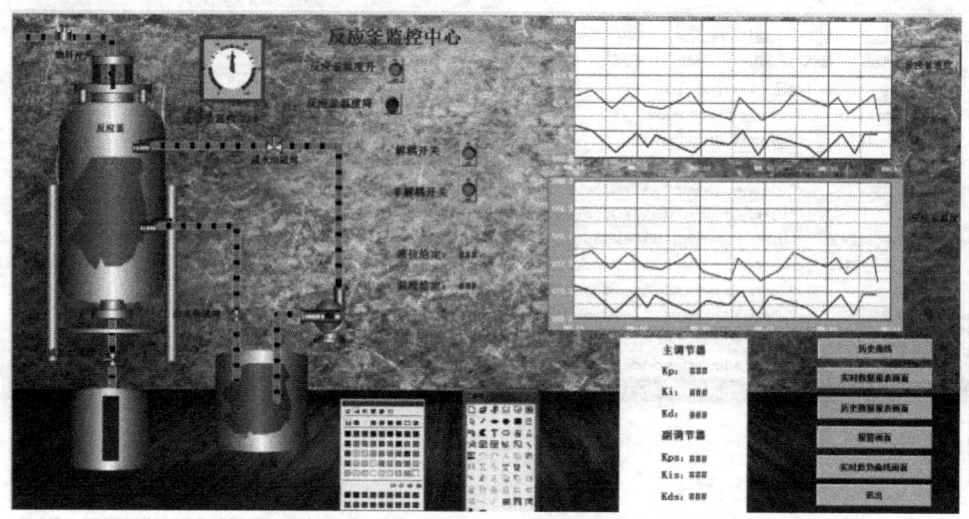

图 4.59　反应釜监控中心监控系统画面

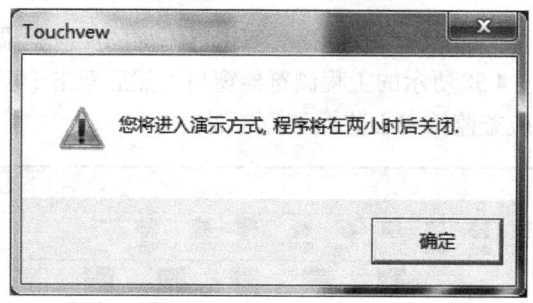

图 4.60　Touchvew 窗口

运行图 4.61 的 Simulink 仿真程序后最小化该界面，然后单击图 4.59 中的【物料开关】图标以打开进口物料阀门，即可开始运行系统，最后根据曲线图调试参数。

(3) PID 控制器参数调试。单击图 4.61 中中间 "液位给定" 文本框，设置 0~80 的一个值(如 50)，"温度给定" 文本框设置 0~80 的一个值(如 45)。然后根据 PID 参数整定方法按单回路整定方法分别整定主从回路控制器的 PID 参数。要求先整定主流量回路(液位)的控制器参数，待主回路系统稳定后，再整定从回路(温度)中的控制器参数。其中 PID 参数调节的工具如图 4.63 所示，单击图中的 PID 参数进行修改即可调节。

(4) 运行系统。首先将反应釜的给定液位设为 30，待达到稳定后再调到 40，而在此时间段内，给定温度设为 50。如图 4.64 所示的黑色矩形区域，可以看到在调节反应釜液位时，对反应釜温度无影响；同理，如图 4.64 所示的绿色矩形区域，反应釜的温度先后调节到 50 和 30 时达到稳定后，反应釜的液位一直保持不变；综上所述，可知反应釜液位和温度已解除耦合关系。

第4章 复杂过程控制虚拟实验

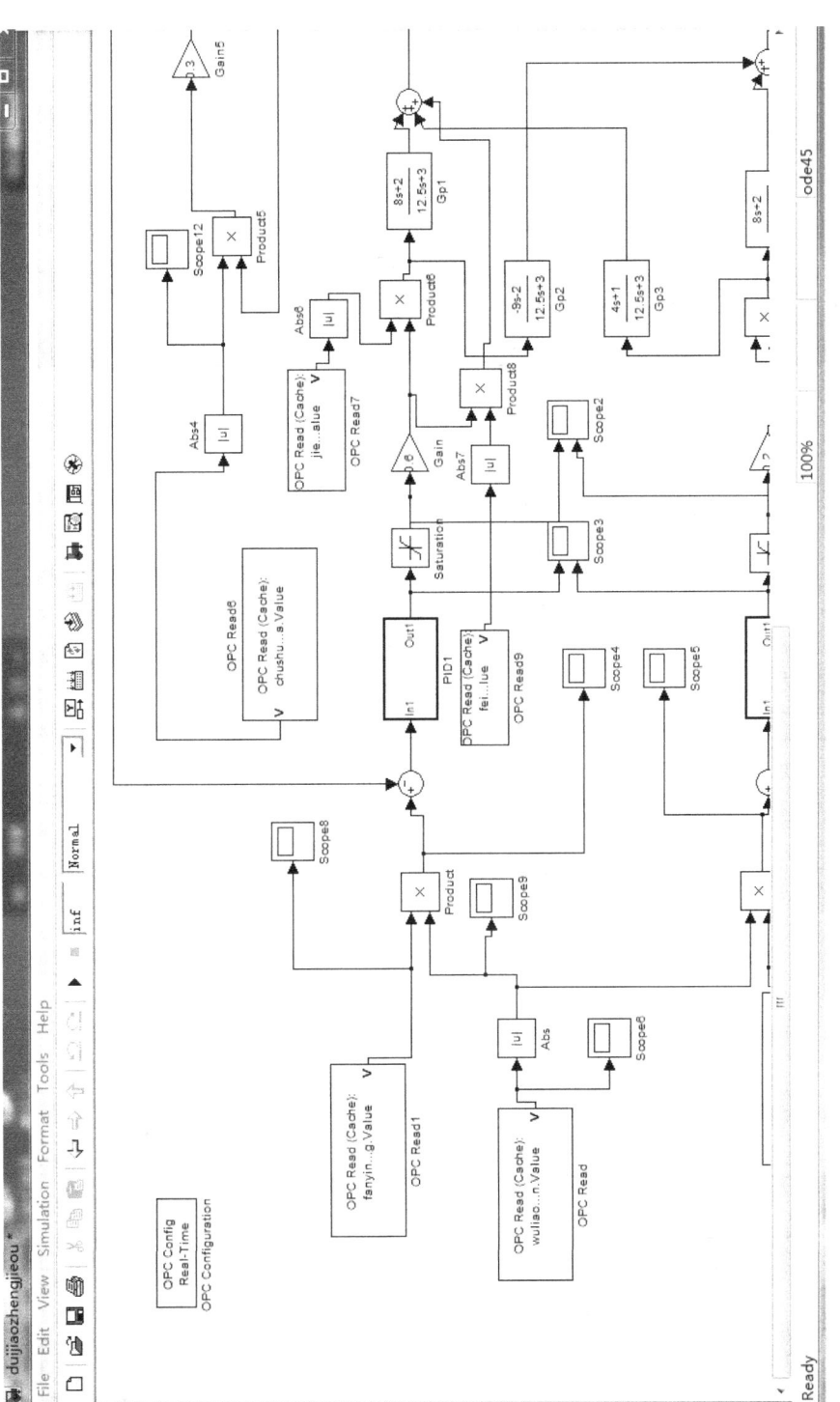

图4.61 解耦控制Simulink模块图

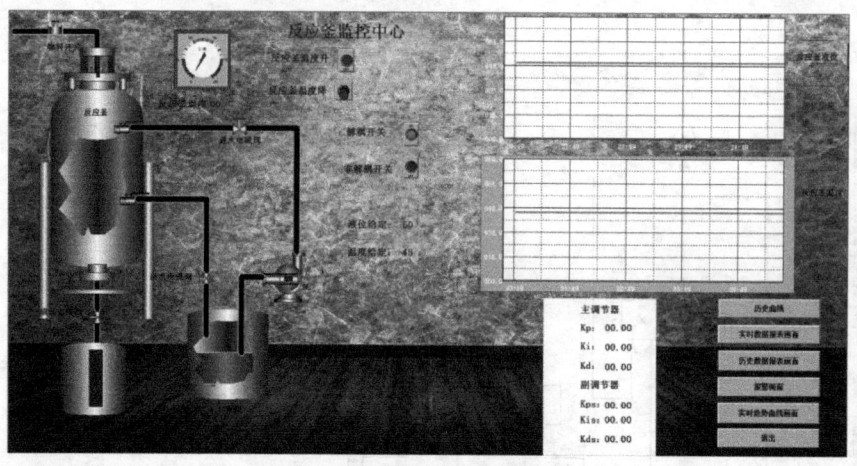

图 4.62　反应釜监控中心监控系统画面

图 4.63　PID 参数调节图

(5) 解耦系统抗干扰能力测试实验。首先打开进水电磁阀 3s 左右再关闭，待液位达到稳定状态后，再打开出水电磁阀 3s 左右关闭，验证反应釜液位抗干扰的能力，得到如图 4.65 所示的黑色矩形区域的图形，可知反应釜的液位抗干扰能力很强；同理，打开反应釜开关(升)3s 左右再关闭，待温度达到稳定状态后，打开反应釜开关(降)3s 左右再关闭，验证反应釜温度抗干扰的能力，得到如图 4.65 所示的绿色矩形区域的图形，也可知反应釜的温度抗干扰能力很强。

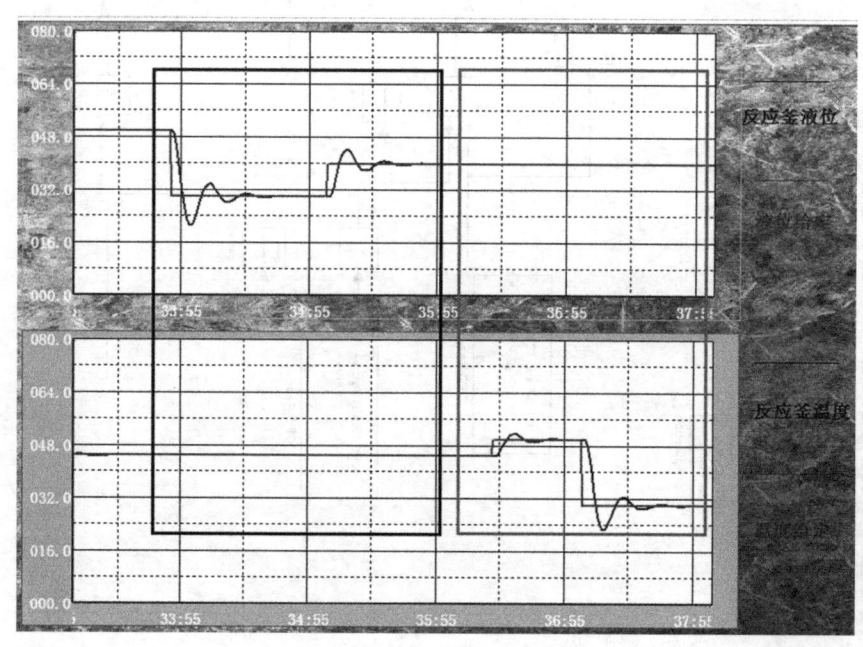

图 4.64　仿真结果图 1

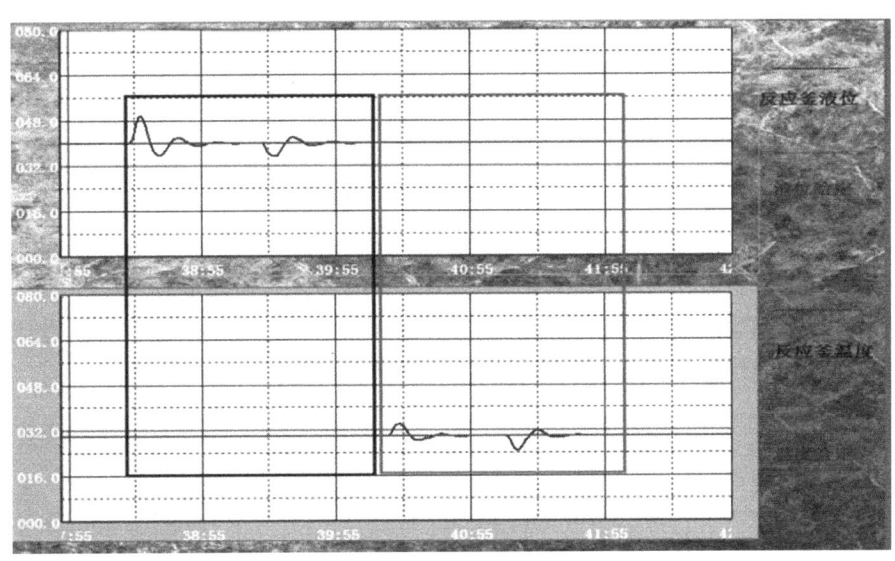

图 4.65 仿真结果图 2

综上所述可知,该反应釜温度和液位解耦系统具有较强的抗干扰能力。

(6) 非解耦系统控制对比:首先单击 Simulink 里的 ▪,然后依次单击组态王页面里的解耦开关和非解耦开关,使之分别切换到 "红色" 和 "绿色" 状态,其中开关红色状态表示断开,绿色状态表示闭合。此时状态表示反应釜温度和液位二者耦合关系继续存在。然后单击 Simulink 中的运行控键 ▶,PID 参数调节过程同上,液位给定设为 30,温度给定设为 45,待达到曲线稳定后,将液位给定设为 40,温度给定保持不变;待达到曲线稳定后,再将温度给定设为 30,液位给定保持不变,观察曲线显效果。得到如图 4.66 所示的仿真结果图,从曲线图中的黑色矩形区域对比可知,当液位变化时,温度

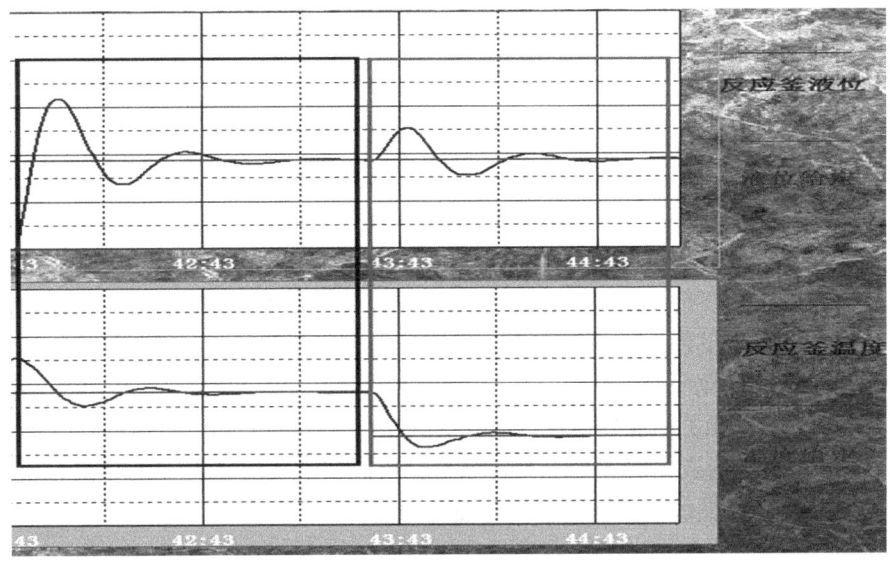

图 4.66 仿真结果图 3

也随之变化；同理，从曲线图中的绿色矩形区域可知，当温度发生变化时，液位也随之变化。综上所述，两者仍存在耦合关系。综合解耦与非解耦系统控制进行对比可知，该系统的解耦是成功的。

(7) 非解除耦合系统抗干扰能力测试实验。首先，打开进水电磁阀 3s 左右再关闭，待液位达到稳定后，验证反应釜液位抗干扰能力，得到如图 4.67 所示的黑色矩形区域的图形，可知在保持反应釜的温度不变的情况下，加入液位干扰，温度会随着液位的变化而变化；同理，再打开出水电磁阀 3s 左右关闭，待液位达到稳定后，验证反应釜液位抗干扰能力，得到如图 4.67 所示的绿色矩形区域的图形，可知在保持反应釜的温度不变的情况下，加入液位干扰，温度会随着液位的变化而变化。

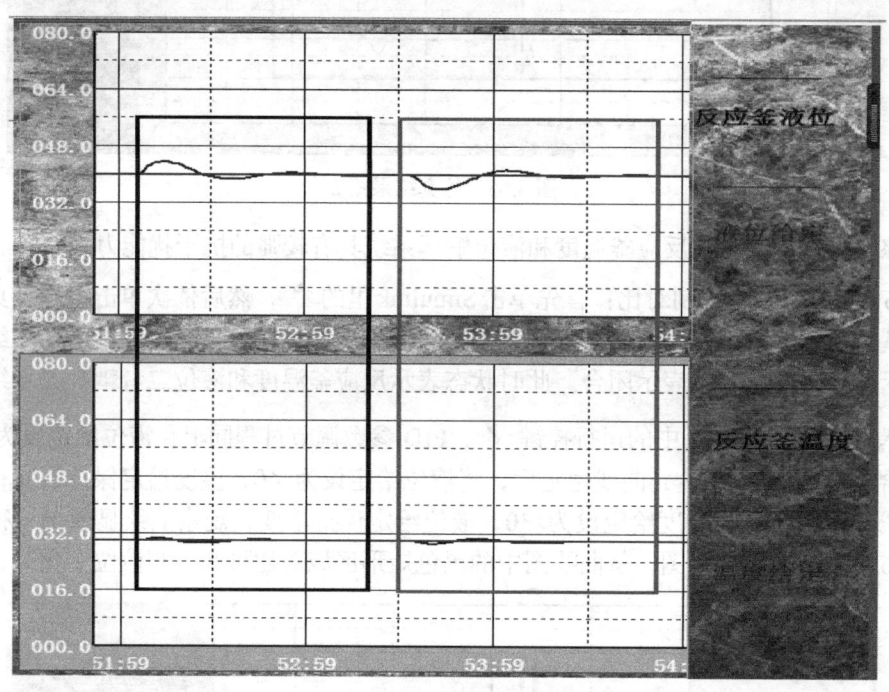

图 4.67　仿真结果图 4

同理，打开反应釜温度开关(升)3s 左右再关闭，待温度达到稳定后，验证反应釜液位抗干扰能力，得到如图 4.68 所示的黑色矩形区域的图形，可知在保持反应釜的液位不变的情况下，加入温度干扰，液位会随着温度的变化而变化；同理，再打开反应釜温度开关(降)3s 左右关闭，待温度达到稳定后，验证反应釜温度抗干扰能力，得到如图 4.68 所示的绿色矩形区域的图形，可知在保持反应釜的液位不变的情况下，加入温度干扰，液位会随着温度的变化而变化。

(8) 组态王其他相关功能的操作。

① 组态王软件内嵌报表向导工具，该工具可以实现实时数据报表查询、历史数据报表查询和历史趋势曲线、报警和事件画面等功能。

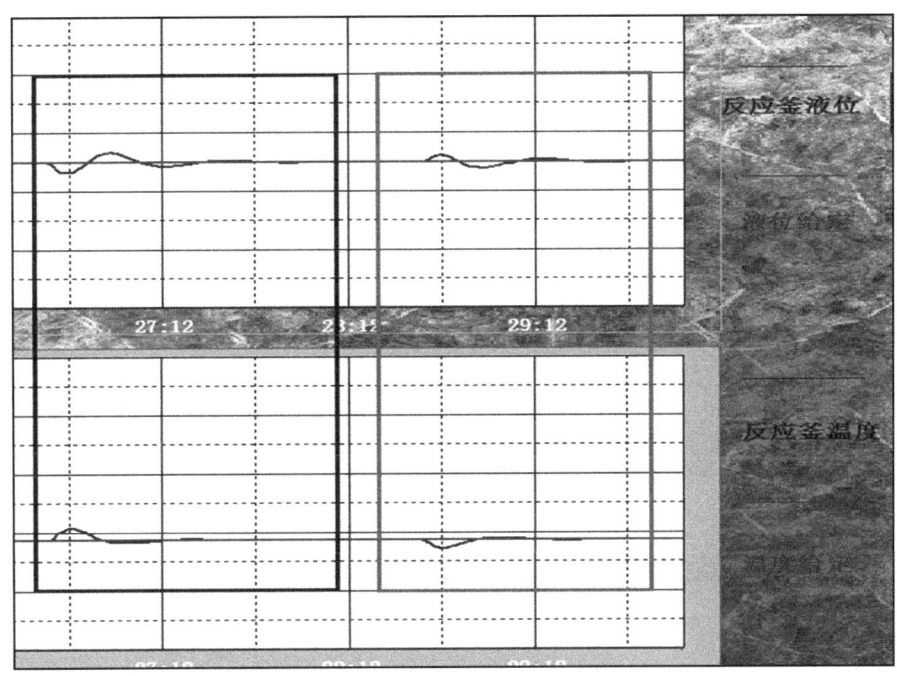

图 4.68 仿真结果图 5

② 实时数据报表查询。在组态王运行画面中，单击右下角【实时数据报表画面】，则出现如图 4.69 所示的报表画面。

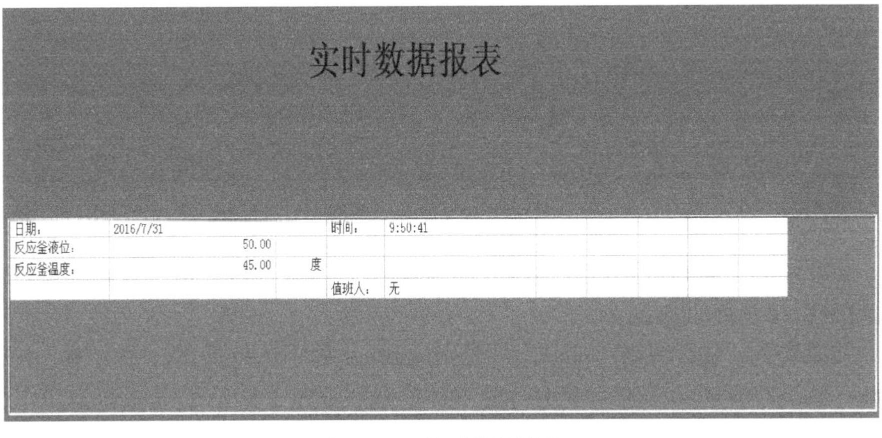

图 4.69 实时数据报表

③ 历史数据报表查询。在组态王运行画面中，单击右下角【历时数据报表画面】，则出现如图 4.70 所示的报表画面。单击【历史数据查询】，出现属性设置窗口。

设置报表属性如图 4.70 中的对话框所示，时间属性选择需要查询的时间段，变量选择从历史库中添加需要查询的数据变量即可得到历史数据报表查询画面。

④ 历史趋势曲线。同样在组态王运行画面中，单击右下角【历时趋势曲线画面】，则出现如图 4.71 所示的画面。

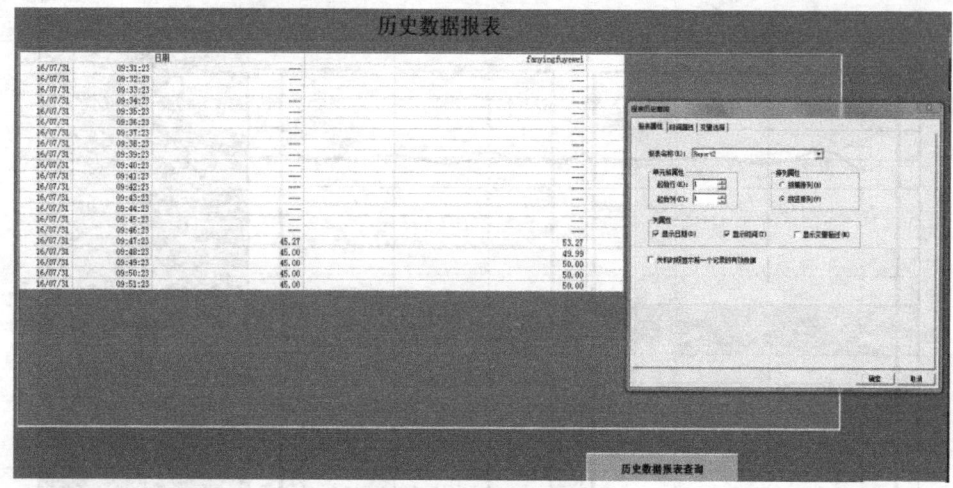

图 4.70　历史数据报表

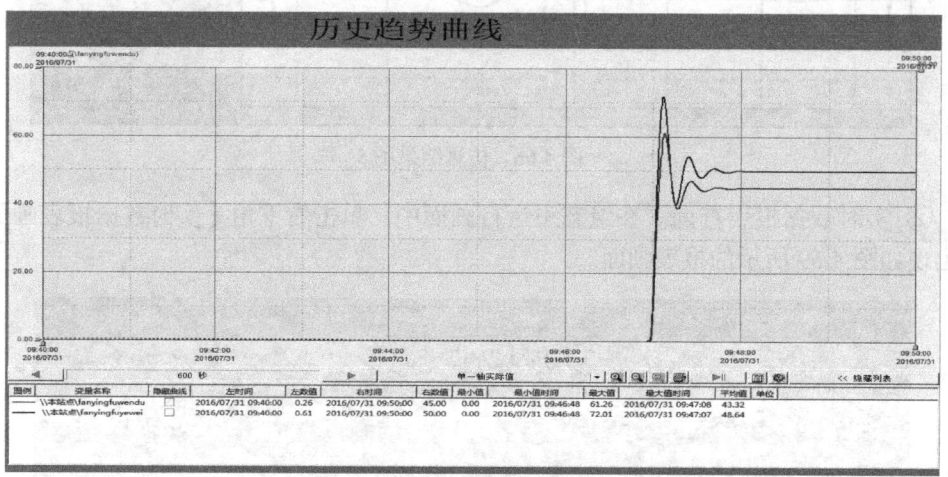

图 4.71　历史趋势曲线

⑤ 报警和事件画面。同样在组态王运行画面中，单击右下角【报警和事件画面】，则出现如图 4.72 所示的画面。

(9) 结束实验，关闭系统。首先打开图 Simulink 程序运行窗口，单击 ■，停止运行 Simulink，然后打开图组态王系统运行窗口，单击右下角【菜单】/【系统退出】。

4.7.5　实验结果分析

(1) 通过该解耦实验分析 PID 参数的选择对解耦实验结果的影响，并解释其中的原因。

(2) 比较解耦虚拟实验结果与非解耦虚拟实验结果，分析解耦模块加入后对系统控制特性的影响。

(3) 思考如果解耦模块与耦合关系不匹配将会对系统造成怎样的影响？

图 4.72　报警和事件画面

4.7.6　实验注意事项

(1) Simulink 与组态王在 OPC 模块的搭建与连接过程中的命名原则必须一致。
(2) PID 参数的调节需要注意一定的方法技巧，具体调试原则详见 2.4 节。

4.7.7　思考题

(1) 该解耦系统的适用条件，如果改变被控对象的传递函数后，是否也适用？
(2) 对角解耦的优点是什么？
(3) 除对角解耦，还有没有其他解耦方法？

4.8　三容水箱的 Smith 预估控制系统实验

4.8.1　实验目的

(1) 了解 Smith 预估补偿控制的特点、原理；
(2) 熟悉 PID 调节参数的整定方法；
(3) 了解大滞后被控对象的特点。

4.8.2　实验设备

安装了 Windows 7 系统、Kingview 6.5 学习版和 Matlab R2010a 软件的计算机一台。

4.8.3　实验工艺流程

本实验由三个水箱、蓄水箱、阀门、泵、管道等组成。本实验主要是控制一号水箱的液位。液位是一个慢时变对象，达到稳态的时间较长，导致非参数模型的维数较大，计算时间长，影响控制的实时性。为了解决这一问题，将采样周期小的 PID 控制与 Smith 预估控制相结合。虚拟三容水箱液位控制系统如图 4.73 所示。

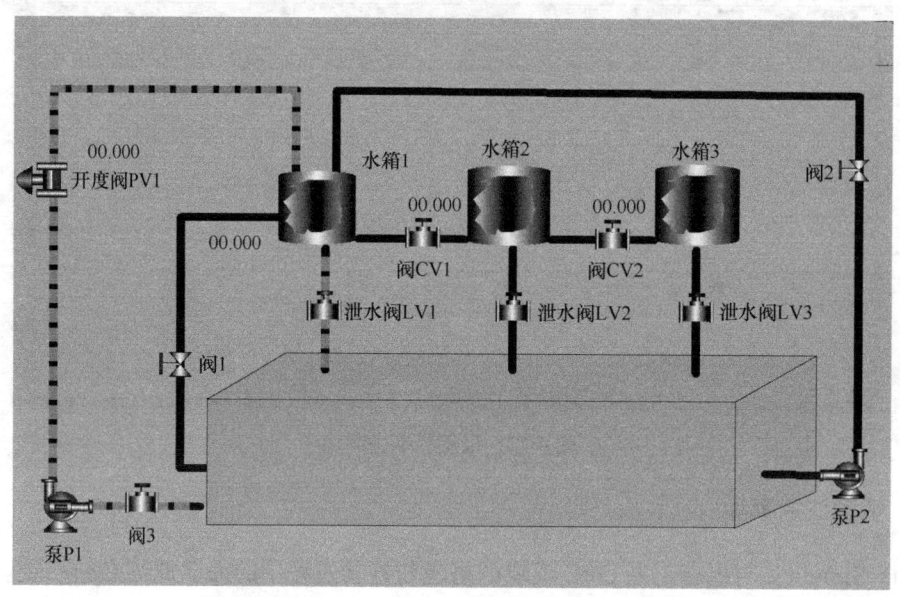

图 4.73　虚拟三容水箱液位控制系统示意图

工艺流程如下：由泵 P1 从蓄水箱抽水，经调节阀流入水箱 1，按下水箱 1 关闭水箱 2、3 时，图中阀门 CV1 关闭，阀门 LV1 打开，PID 控制器输出控制信号调节调节阀门 PV1 开度控制水箱 1 水位；当按下控制界面的水箱 2 关闭水箱 1、3 时，控制对象变成二阶系统，流程变为图中阀门 CV1、LV2 打开，LV1、CV2 处于关闭状态，同样 PID 控制器输出控制信号调节调节阀门 PV1 开度控制水箱 1 水位；同样，当按下控制界面的水箱 3 关闭水箱 1、2 时，控制对象变成三阶系统，流程变为图中阀门 CV1、CV2、LV3 打开，阀门 LV1、LV2 关闭，同样 PID 控制器输出控制信号调节调节阀门 PV1 开度控制水箱 1 水位；当打开"水箱 1"，关闭"水箱 3"时，水箱 2、水箱 3 的水通过泄水阀放尽；图 4.73 中阀 1 和阀 2 的作用是给控制系统添加扰动。

1. 系统特点及分析

(1) 改善了过程的动态特性，提高了系统控制质量。
(2) 提高了系统的工作频率，对负荷变化的适应性较强。
(3) Smith 预估算法使系统响应时间短，对扰动能作出及时快速的响应，鲁棒性好，达到稳态的时间较短。

2. Matlab 串级控制系统建模

在 Matlab 软件中分别构建虚拟三容水箱液位预测控制系统和系统 Simulink 模型，如图 4.74 所示。

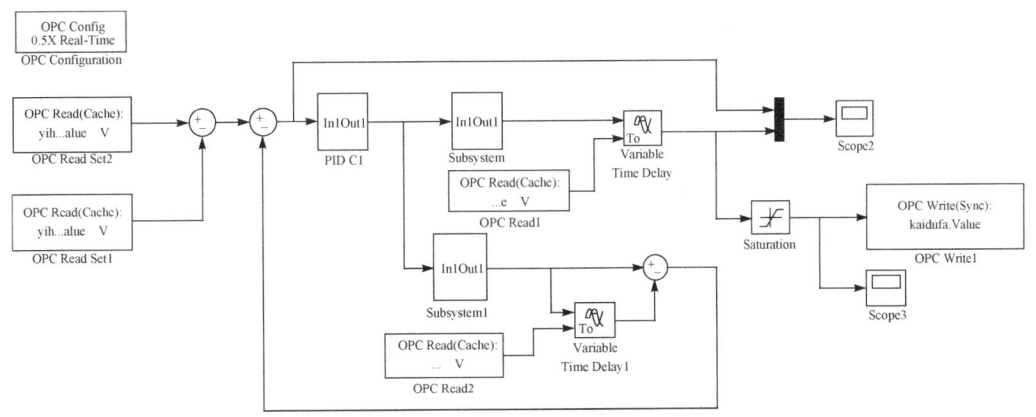

图 4.74　虚拟三容水箱液位预测控制系统 Simulink 图

4.8.4　实验内容与实验步骤

本实验要求控制水箱 1 的液位，要求给定水箱 1 液位，通过控制调节阀门来稳定水箱 1 液位，以满足工业生产要求。根据上述要求设计三容水箱液位预测控制系统。其中，仿真平台以组态王作为主控平台模拟被控过程，以 Matlab 作为强大的运算后台实现控制系统分析、算法编写以及算法效果的图形显示。

1. 实验内容

(1) Smith 预估时延和被控对象时延相同控制水箱 1 水位的一、二、三阶系统 PID 参数调试；当单击"水箱 1"按钮时，该系统为单容水箱(一阶)液位控制系统，调节 PID 参数，设定水箱 1 底面积 A、被控对象时延 t 和 Smith 预估时延 t_1 的值，时延 t 和 t_1 分别为系统时延和 Smith 预估补偿时间，当两者时间相等($t=t_1$)时，观察水箱 1 液位实时曲线跟踪水箱 1 给定液位实时曲线情况，当两者不相等时，观察曲线跟踪情况。同理，当关闭"水箱 1"按钮，分别打开"水箱 2""水箱 3"按钮时，系统分别为二阶、三阶系统，同样可以调节上述参数。当再次打开"水箱 1"按钮时，系统又恢复一阶系统，水箱 1、水箱 2 液位通过各自泄水阀恢复为零。

根据第 2 章介绍的三种 PID 参数整定方法整定 PID 参数，直到得到满意的跟踪结果，记录数值，并截屏保存实时趋势曲线。通过"实时趋势"或"历史趋势"窗体可以查看趋势曲线，从超调量、收敛时间、衰减比、时延等方面对各阶系统控制效果进行评估。观察 Smith 预估控制器的控制效果。

根据 Matlab 仿真结果，若设定值为 50，被控对象时延 t 和 Smith 预估时延 t_1 均为 0.1s，底面积为 2。当该系统为一阶时，PID 控制器参数为 P 0~0.1，I 0.1~0.5，D 0.1~2；当该系统为二阶时，PID 控制器参数为 P 0~5，I 0.1~0.3，D 1~7；当该系统为三阶时，PID 控制器参数为 P 0~0.1，I 0~0.01，D 0~0.01。在对以上三个参数进行整定时，每一次整定都记录系统运行的起始时间和此时的参数，并由仿真曲线计算相应的超调量和收敛时间，直至得到满意的结果，将数据填在第 6 章相应的表格中。

(2) Smith 预估时延和被控对象时延相同水箱底面积变化前后的响应曲线对比。单击"水箱1"按钮，该系统为单容水箱(一阶)液位控制系统，调节 PID 参数，设定水箱1底面积 A、被控对象时延 t 和 Smith 预估时延 t_1 的值，时延 t 和 t_1 分别为系统时延和 Smith 预估补偿时间，两者时间相等($t=t_1$)，当底面积 A 增加时，水箱1液位上升速度减小，观察水箱1液位实时曲线跟踪水箱1给定液位实时曲线情况，分析实验结果，总结参数变化对系统输出的影响。观察 Smith 预估控制器的控制效果。

(3) Smith 预估时延和被控对象时延不同时，对比相同时的结果。单击"水箱1"按钮，该系统为单容水箱(一阶)液位控制系统，调节 PID 参数，设定水箱1底面积 A、被控对象时延 t 和 Smith 预估时延 t_1 的值，时延 t 和 t_1 分别为系统时延和 Smith 预估补偿时间，当两者不相等时，观察曲线跟踪情况系统响应曲线如何？能否调出较好的响应曲线？记录调节的参数，并利用趋势窗体查看控制效果，并将结果记录在第6章相应的表格中，分析实验结果，总结时延不同对系统输出的影响。观察 Smith 预估控制器的控制效果。

(4) 加入干扰信号，观察曲线变化。该控制系统的干扰变量为阀1和阀2，上述操作完成后，手动单击阀1、阀2，观察水箱1测量液位变化情况。观测跟踪结果，并抓屏保存曲线。

2. 实验步骤

(1) 打开组态王软件，可弹出工程管理器窗口。单击【搜索】，找到工程文件所在目录，如桌面/过程控制实验/Smith 预估/Smith 预估三容水箱液位控制。加载完成后，该工程就成功添加到应用工程中，如图 4.75 所示。

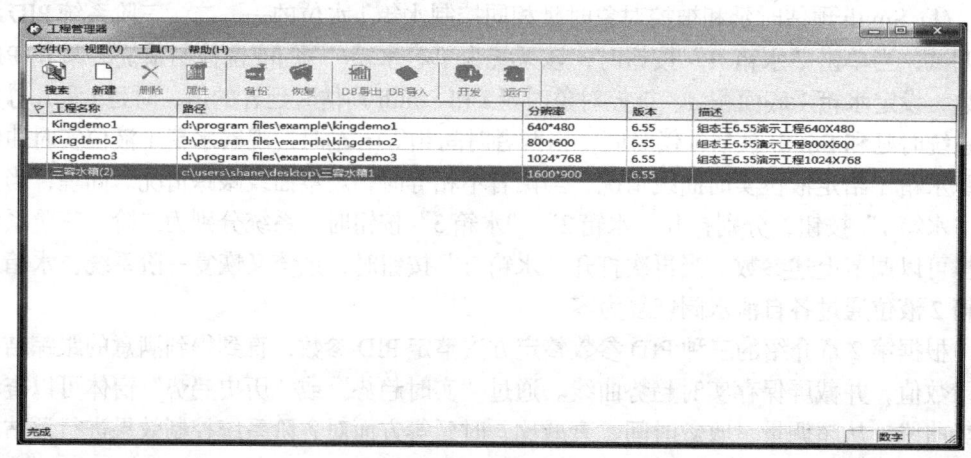

图 4.75 添加工程

(2) 添加反应车间监控画面。双击已添加的三容水箱目录，单击【确定】，弹出如图 4.76 所示的窗口。然后双击【监控画面】，弹出如图 4.77 所示的三容水箱液位监控系统画面。熟悉图 4.77 中的各个器件和变量赋值的位置，如变量"水箱1液位""时延 t""时延 t_1""面积 A""PID 调节系数"，单击"水箱1"，使系统成为一阶系统，依次单击"水箱2""水箱3"，使之分别成为二阶、三阶系统。当传函按键后按键■呈绿色，其相应的系统才是工作的，若■呈红色，则相应的系统不工作，每次只允许有一个传递函数按键是绿色。

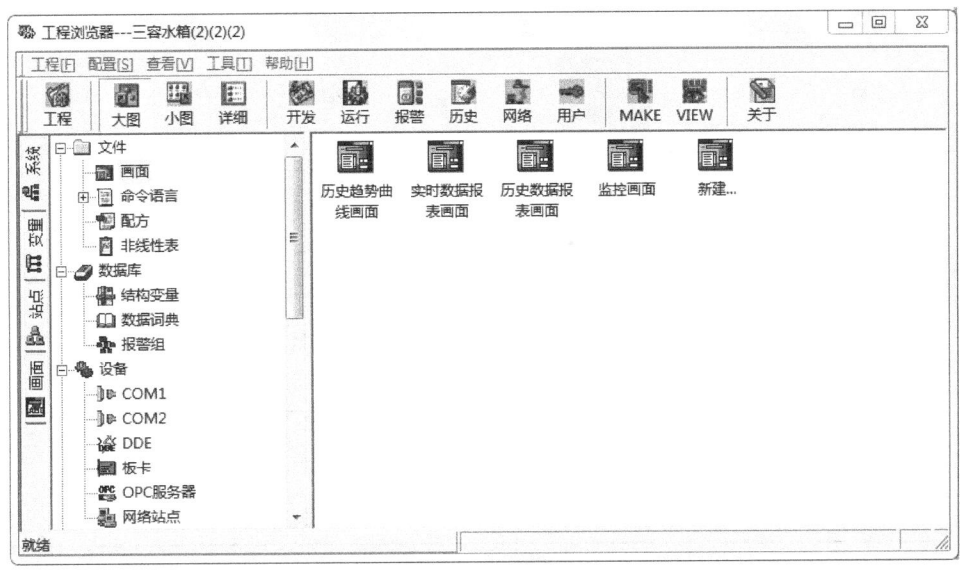

图 4.76　虚拟三容水箱液位预测控制系统工程浏览器界面

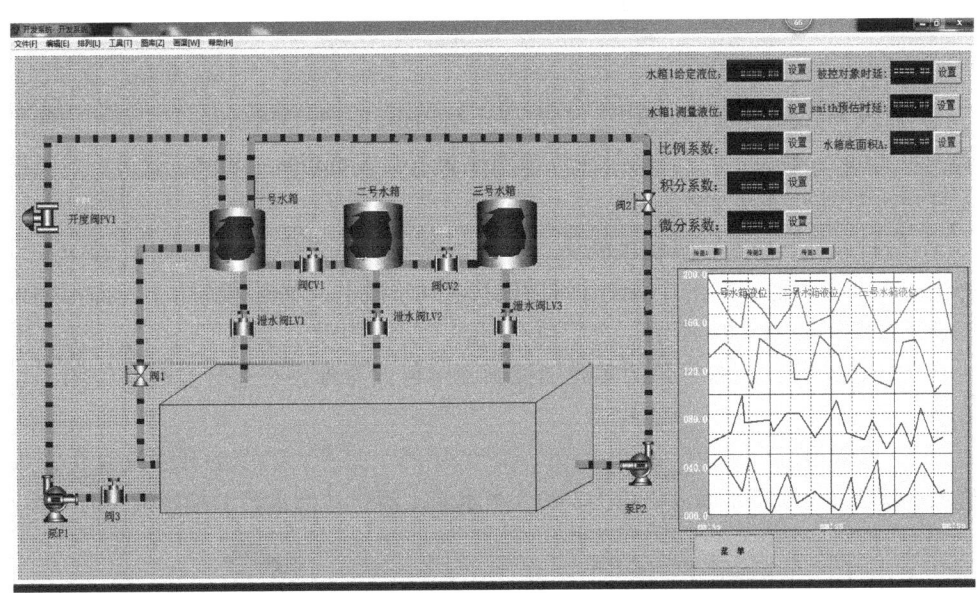

图 4.77　三容水箱液位预测控制系统的主监控画面

运行三容水箱液位预测控制实验系统 Kingview 实验软件，进入首页界面，单击左上方启动按钮 Start 进入三容水箱液位 Smith 预估控制实验界面；或者单击 VIEW 图标进入实时监控画面；还可以通过 Simulink 连接运行画面(如步骤(2)介绍)。

下面给出表 4.7 对图 4.77 中主要管器件进行说明。

表 4.7　三容水箱液位预测控制系统主要管器件

对象	示意图	作用	数量/个
反应器		盛装液体	3
开关阀门		流量开关	6
比例阀		调节流量	1
手动阀		干扰	2
泵		输送流体	2

(3) 加载 Matlab/Simulink 程序。首先打开 Matlab，单击 File/Open，选择相应的控制算法，如 File/Open/桌面/三容水箱液位预测控制系统/Simulink/shimis。双击该该文件，即可打开，如图 4.74 所示。

(4) 运行系统。单击工具栏中的 ▸，弹出如图 4.78 所示的窗口，单击【确定】。随后弹出一个空白页面，单击【画面】/打开/【液位监控】，单击【确定】，即可进入组态王运行系统，如图 4.79 所示。之后再在组态王界面中设定水箱 1 液位给定值，随后系统自动开始运行，在右下角的实时图像画面中可以看到系统运行实时曲线图，如图 4.80 所示。

(5) 三容水箱运行流程。泵 P1 打开，开度阀 PV1 打开，PV1 的开度设为 0～100，水进入水箱 1，设水箱 1 满溢液位为 200，当水箱 1 液位达到水箱 1 给定液位时，泄水

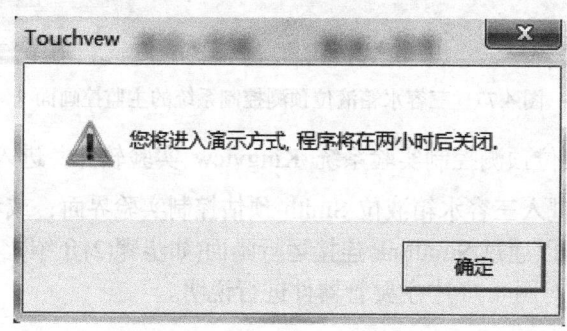

图 4.78　系统运行提示画面

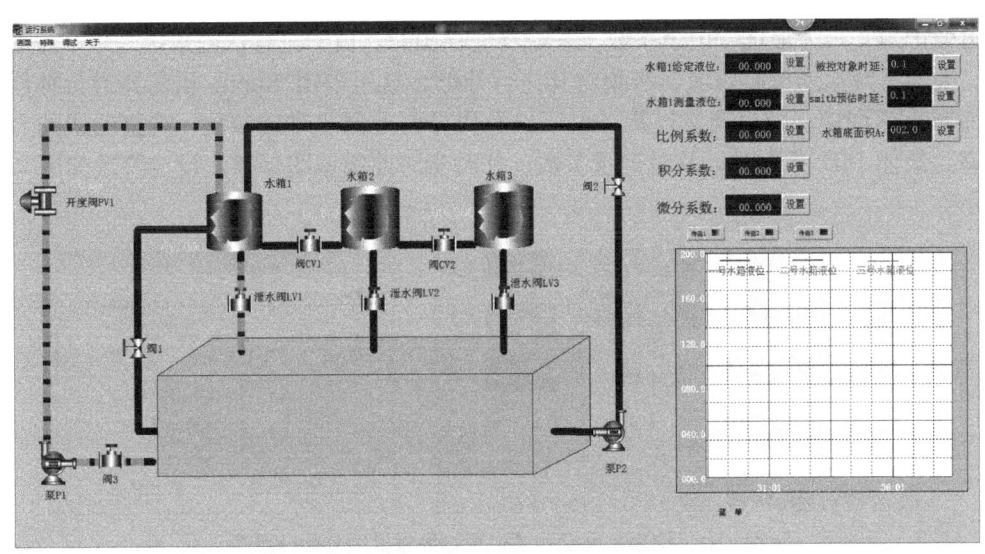

图 4.79 虚拟三容水箱液位预测监控系统

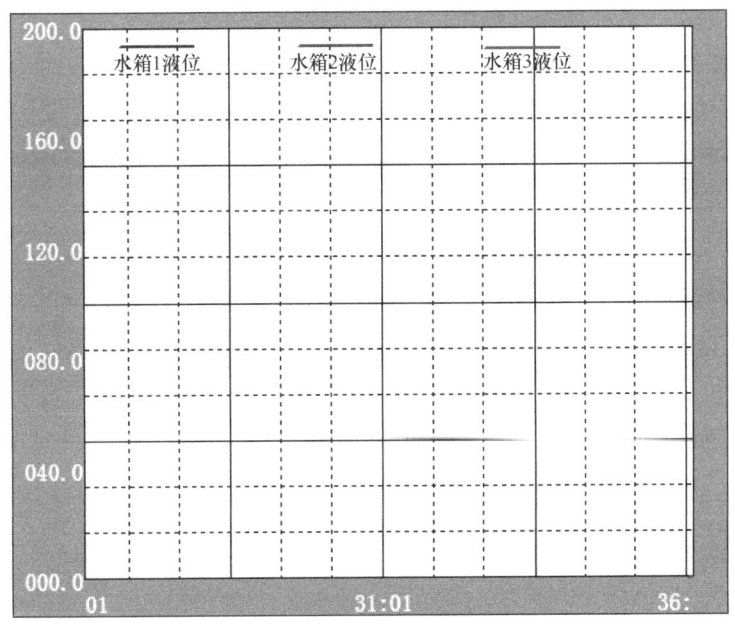

图 4.80 虚拟三容水箱液位预测监控系统实时曲线

阀 LV1 打开。当打开"水箱 2",关闭"水箱 1"时,阀 CV1 打开,水流进入水箱 2,当水箱 2 的液位高于水箱 1 液位时,泄水阀 LV2 打开。当打开"水箱 3",关闭"水箱 1"时,阀 CV2 打开,水流进入水箱 1,当水箱 3 的液位高于水箱 2 液位时,泄水阀 LV3 打开。当打开"水箱 1",关闭"水箱 3"时,水箱 1、水箱 2 的水通过泄水阀放尽。过程中阀 1 和阀 2 为整个液位控制过程中的干扰变量。

(6) 调试运行。给定水箱 1 液位后,通过手动修改 PID 参数,调试水箱 1 PID 参数,并同时观察系统的实时曲线图,使液位控制达到最优,一般第一个波峰与第二个波峰之比近似于 4∶1 为最优，记录参数，并截屏保存图像。由于三容水箱系统是一个滞后系统，要使系统达到控制要求，必须对其进行补偿。这里采用 Smith 预估器进行补偿，从而减小超调量、加速调节过程。也可以操作界面上调节时延参数，观察曲线的变化。调整到最佳 PID 参数时，及时记录参数，并对实时曲线截图保存。设定参数如图 4.81 所示。

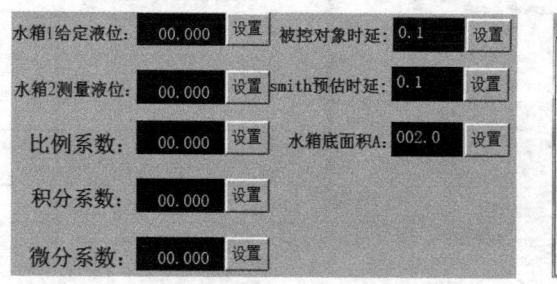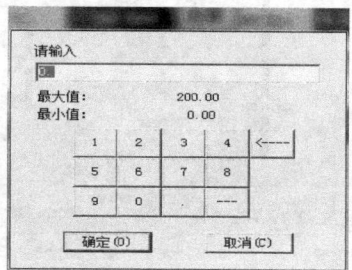

图 4.81　虚拟三容水箱液位预测控制系统参数设置图

通过设置水箱 1 给定液位，手动单击数字设置更改 PID 参数，输入合适的参数，单击【确定】，即可完成数据输入操作。

(7) 界面操作。

① 系统主运行界面如图 4.82 所示。

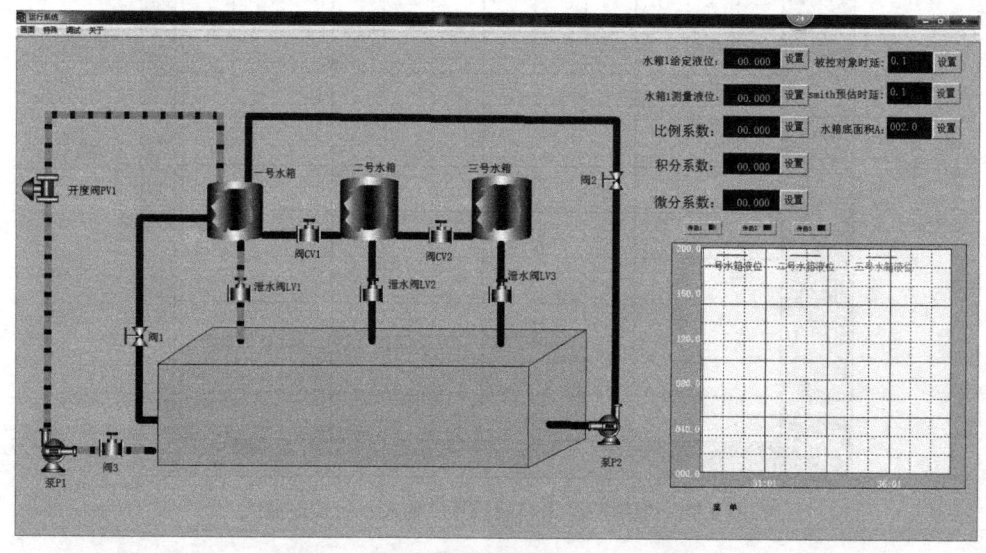

图 4.82　三容水箱液位预测控制系统主界面

② 实时数据报表如图 4.83 所示。三容水箱液位预测控制系统实时数据报表界面可以对主界面的运行情况做数据记录分析，可以对页面进行设置，自动打印实时数据报表、打印预览和保存报表操作，之后单击【返回主画面】即可返回图 4.82 所示的三容水箱液位预测控制系统主界面。

	实时报表演示			
日期	2014/8/31	时间	20:18:59	
水箱1	50.33			
水箱1	50.00			

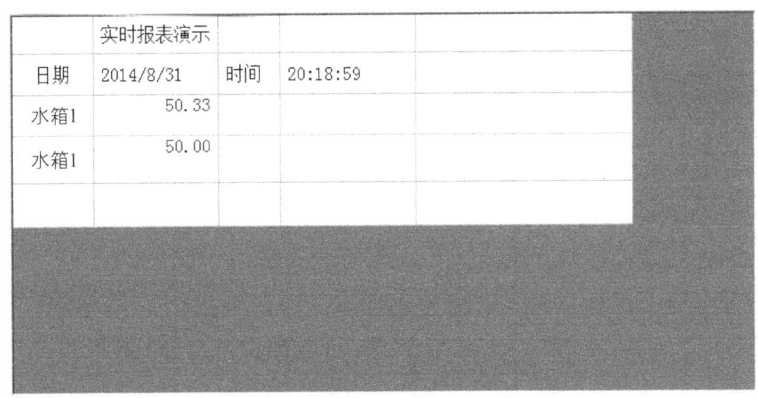

图 4.83　实时数据报表图

③ 历史数据报表如图 4.84 所示。三容水箱液位预测控制系统历史数据报表界面同实时报表界面类似，可以查阅系统运行的历史数据，可以直观地观察到一段时间内系统的运营情况。

历史数据报表

2014/8/31	20:22:04	98.85	90.00

图 4.84　历史数据报表

④ 实时数据曲线如图 4.85 所示。其中红色线条代表水箱 1 给定液位，蓝色代表水箱 1 测量液位。

⑤ 历史数据曲线如图 4.86 所示。单击【菜单】即可进入历史曲线画面，退出时单击左上角【画面】/【关闭】，弹出如图 4.87 所示的系统提示画面。选择历史趋势曲线画面，单击【确定】即可返回监控画面；在历史数据曲线中，可以方便地查看系统运行全过程的任意时间段的趋势曲线，可以对历史曲线做进一步操作。

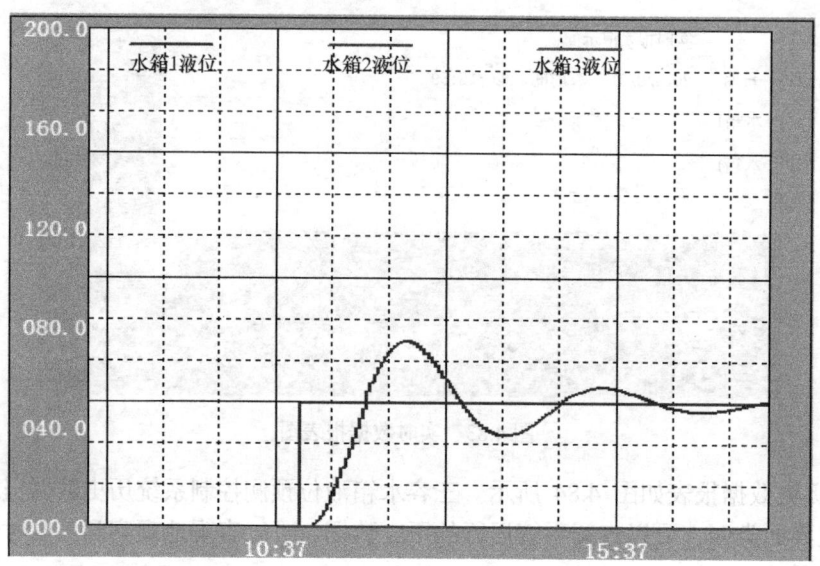

图 4.85　三容水箱液位预测控制系统实时曲线图

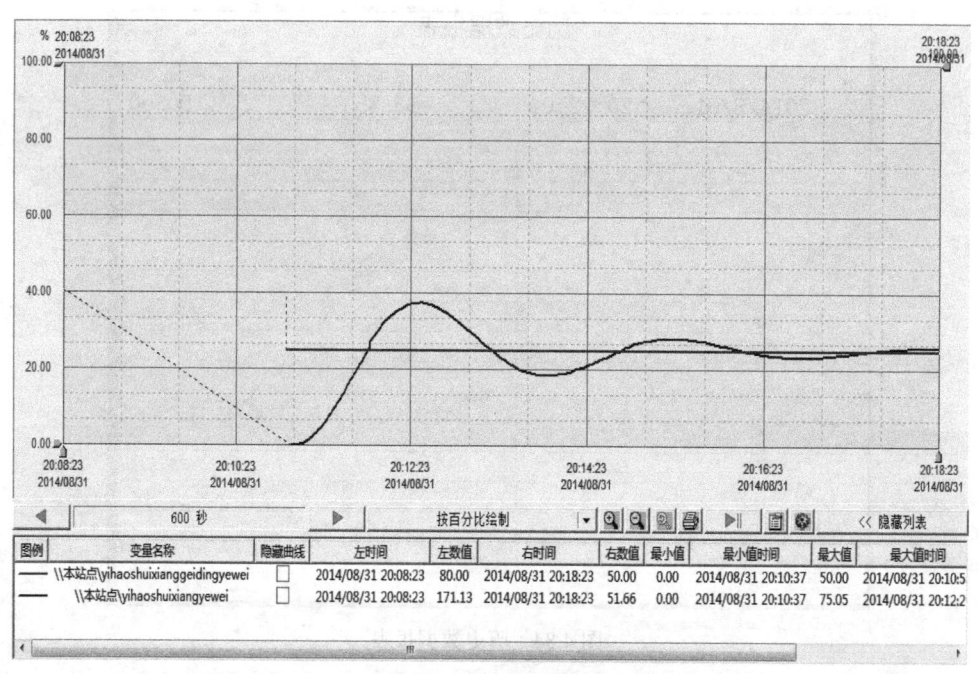

图 4.86　历史数据曲线图

(8) 结束实验，关闭系统。首先打开图 Simulink 程序运行窗口，单击■，停止运行 Simulink，然后打开图组态王系统运行窗口，单击右下角【菜单】/【系统退出】。

4.8.5　实验结果分析

(1) 被控对象时延与 Smith 预估时延有何区别？

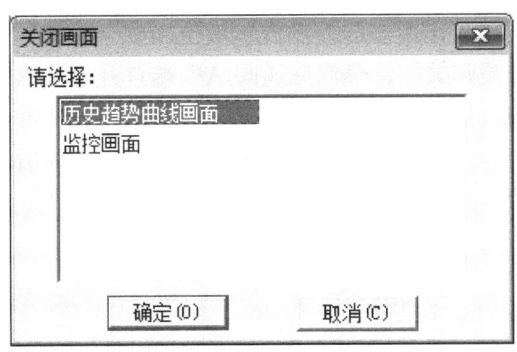

图 4.87 系统提示画面

(2) 水箱底面积不同时，响应曲线的变化情况，分析原因？
(3) 加扰动后，结果怎样？说明原因？

4.8.6 实验注意事项

(1) 保证在主监控界面中，水箱 1、水箱 2、水箱 3 控件只有一个是绿色的(即运行状态)。
(2) 水箱 3 处于运行状态时，其调节时间比较长，而且对 PID 参数调节比较敏感。

4.8.7 思考题

(1) 试分析纯滞后对系统动态性能的影响。
(2) 为什么采用微分环节可以在一定程度上实现过程控制中的滞后补偿？
(3) 消除纯滞后对系统不良影响的方法有哪些？
(4) 系统采用 Smith 预估控制方法控制纯滞后系统的优缺点。

4.9 锅炉液位选择控制系统实验

4.9.1 实验目的

(1) 了解选择控制系统的特点、原理；
(2) 学习选择控制的运行特点与适用范围；
(3) 学习在虚拟仿真实验平台上实现简单的控制操作。

4.9.2 实验设备

安装了 Windows 7 系统、Kingview 6.5 学习版和 Matlab R2010a 软件的计算机一台。

4.9.3 实验工艺流程

锅炉液位选择控制系统实验工艺流程如图 4.88 所示。手动设定汽包液位初始下限为 40，初始上限为 60。当汽包液位低于 40 或汽包液位高于 60 时，锅炉处于非正常工况，控制汽包液位的控制系统起作用,即控制汽包液位回到 40~60 为主要目标,给水三通阀 AC 端打开,给水开关阀关闭,蒸汽三通阀 AC 端打开,蒸汽线性阀关闭,调节汽包液位回到设定值范围内。当汽包液位处于 40~60 时,锅炉处于正常工况,控制蒸汽压力的控制系统起作用,即以控制蒸汽压力稳定为主要目标,为后续其他用汽单位提供所需蒸汽压力,此时,给水三通阀 AB 端打开,给水开关阀打开,蒸汽三通阀 AB 端打开,蒸汽线性阀打开。

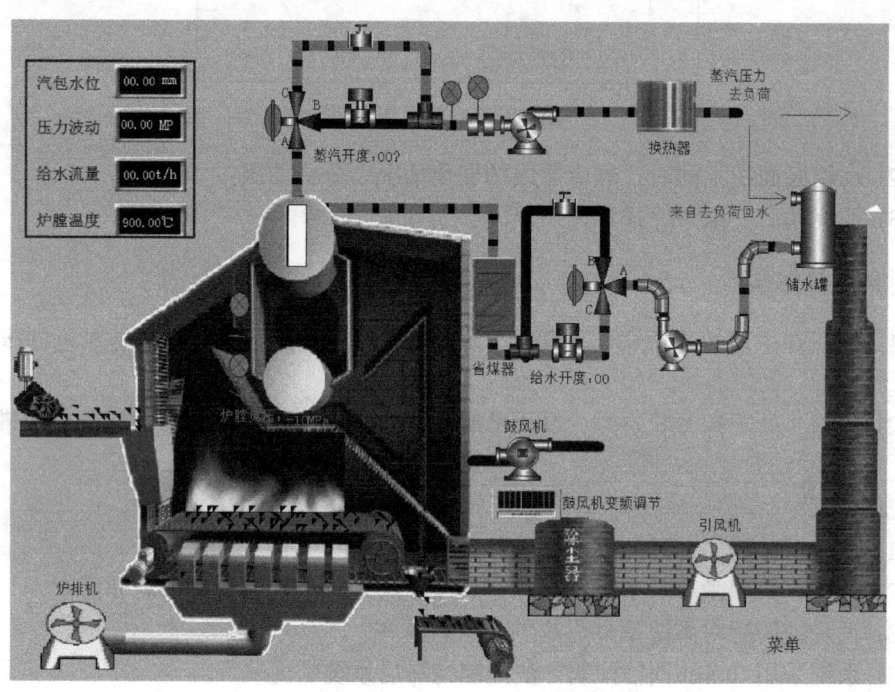

图 4.88　组态王界面工艺流程图

为清楚地理解锅炉工艺流程,下面给出表 4.8 对组态界面图 4.88 中的主要过程装备与控制器件的功能进行说明。

表 4.8　锅炉汽包液位选择控制实验主要管器件

对象	示意图	作用	数量/个
储水罐		盛装液体	1
开关阀		流量开关	2
线性调节阀		调节流量	2
给水三通阀		流量通道开关	2

4.9.4 实验内容与实验步骤

本实验由蒸汽锅炉、储水罐、换热器、鼓风机等组成，要求给定一汽包液位值，通过控制调节蒸汽阀和给水阀来稳定汽包液位，以满足工业生产需要。根据上述要求设计锅炉汽包液位选择控制系统。其中，仿真平台以组态王作为主控平台模拟被控过程，以 Matlab 作为强大的运算后台实现控制系统分析、算法编写以及算法效果的图形显示，并且了解其工业流程及工作原理。

1. 实验内容

(1) 考虑蒸汽需求量为常数的情况下，即随机扰动设置为 0，按照第 2 章的调试方法调节给水 PID 控制器的比例系数(P 2～10)，使得系统在快速稳定在水位上下限之间。(注：给定水位需设置在水位上下限之间)

(2) 考虑蒸汽需求量为常数的情况下，即随机扰动设置为 0，调节蒸汽 PID 控制器的比例和积分参数(P 1～10，I 0.1～2)，使得系统能够快速跟踪蒸汽需求量变化。

(3) 考虑蒸汽需求量为随机变化量，将随机扰动设置为 1，观察锅炉汽包液位是否稳定在液位上、下限设定值之间，将实时曲线截图保存。

(4) 多次改变随机扰动值(如 5、10、15 等)，观察实时曲线变化情况，找到锅炉汽包液位控制系统能够容忍的干扰值极限，并截图保存。

(5) 改变汽包液位上、下限的设定值，观察实时曲线变化情况，并截图保存。(注：给定水位需设置在水位上下限之间)

2. 实验步骤

(1) 打开组态王软件，可弹出工程管理器窗口。单击【搜索】，找到工程文件所在目录，如桌面/过程控制实验/锅炉液位监控系统。加载完成后，该工程就成功添加到应用工程中，如图 4.89 所示。

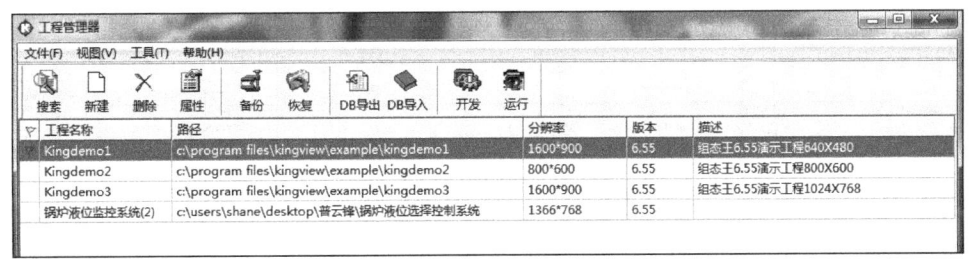

图 4.89 添加工程

(2) 添加反应车间监控画面。双击已添加的锅炉液位监控系统目录，单击【确定】，弹出如图 4.90 所示的窗口。然后双击【系统图】，弹出如图 4.91 所示的锅炉液位监控系统画面。仔细观察画面中的组件并思考画面中的控制路径。

(3) 加载 Simulink 程序。首先打开 Matlab，单击 File/Open，选择相应的控制算法，如 File/Open/桌面/锅炉液位选择控制系统/Simulink/xuanzeuntiled。双击该文件，即可打开,如图 4.92 所示。

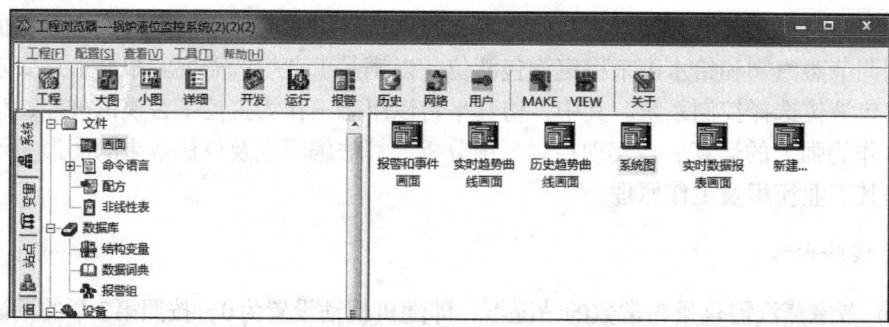

图 4.90 选择控制工程浏览器界面

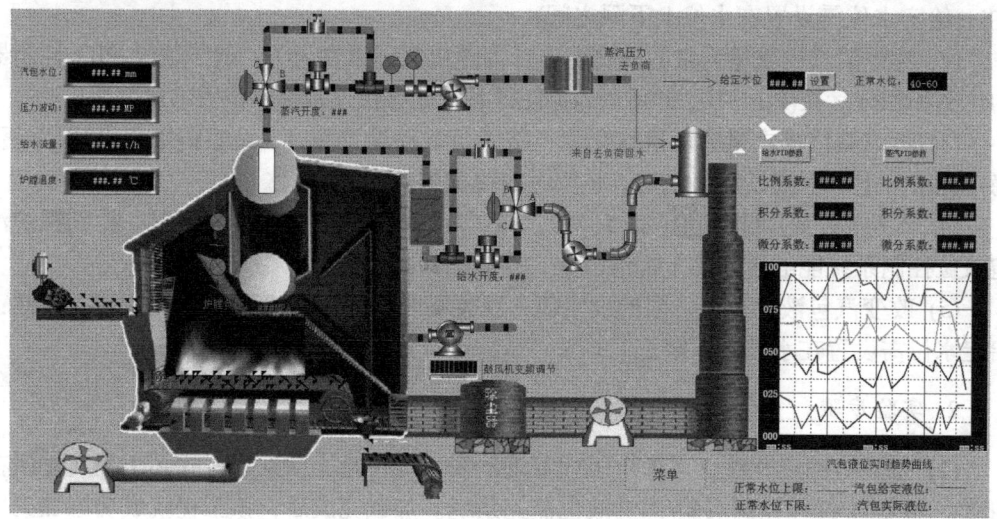

图 4.91 锅炉液位监控画面

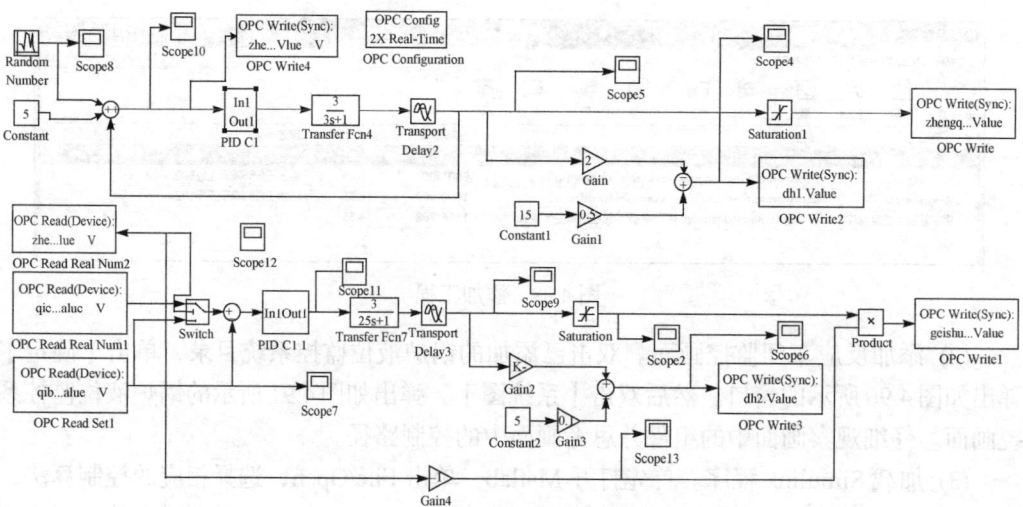

图 4.92 选择控制系统 Simulink 框图

(4) 运行系统。单击工具栏中的运行控键 ▶，弹出如图 4.93 所示的窗口，单击【确定】。随后弹出一个空白页面，单击【画面】/打开/【系统图】，单击【确定】，即可进入组态王运行系统，如图 4.94 所示。

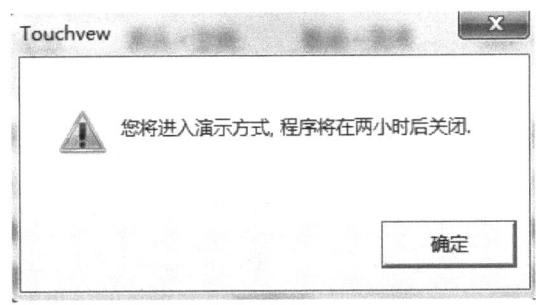

图 4.93　系统运行提示画面

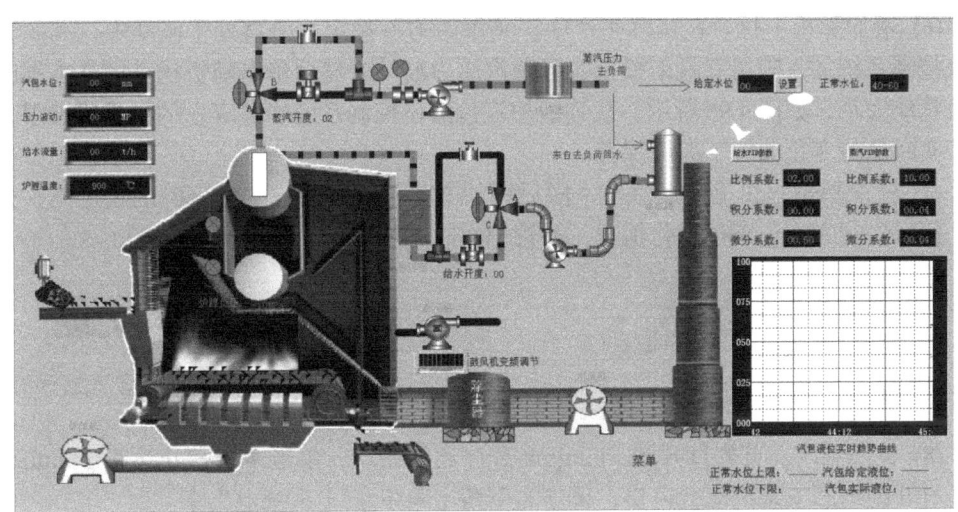

图 4.94　锅炉液位监控画面

锅炉汽包液位选择控制系统监控画面分为三大模块。一是锅炉汽包液位动态画面展示模块，包含整个锅炉汽包液位控制系统虚拟过程；二是锅炉汽包液位实时曲线画面模块，可以清晰地看到汽包液位的波动，通过曲线可以对参数进行再调节，直至找到合适的参数位置；三是功能实现模块，在该区域内能设定水位上限、水位下限、PID 控制器参数，通过单击如图 4.94 所示画面左上角的"画面/打开"菜单，能实现各个页面间的相互切换。

(5) 通过手动修改 PID 参数，调试给水 PID 参数和蒸汽 PID 参数，并同时观察系统的实时曲线图，使液位控制达到最优。由于锅炉系统一般是一阶系统，其蒸汽压力控制系统和汽包液位控制系统的传递函数均为一阶惯性传递函数，所以要使液位控制达到最优，也就是使系统的稳定时间减小。记录参数并截屏保存图像，设定参数在界面右侧，如图 4.95 所示。

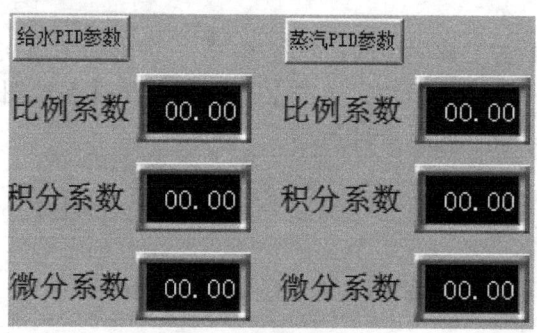

图 4.95 PID 参数设定

在对以上三个参数进行整定时，每一次整定都记录下系统运行的起始时间和此时的参数，并由仿真曲线计算相应的调整时间，直至得到满意的结果，将数据填在第6章相关的表格中。

(6) 增加随机干扰。在实际生产中，蒸汽压力不稳定，一直处于波动中，因此，在蒸汽控制系统加入随机变量来模拟实际蒸汽压力波动。然后单击随机扰动的文本框改变随机扰动大小，如图 4.96 所示。找到锅炉汽包液位控制系统能够容忍的干扰值极限，并将"实时趋势变化曲线"抓屏保存。

(7) 依次单击水位上限、水位下限后面的文本框，修改在 40~60 的设定值，如图 4.97 所示。观察汽包液位变化情况，并将"实时趋势变化曲线"抓屏保存。

图 4.96 随机扰动设定　　　　　　　图 4.97 水位上、下限设定

(8) 关闭系统。首先打开图 Simulink 程序运行窗口，单击■，停止运行 Simulink，然后打开图组态王系统运行窗口，单击右下角【菜单】/【系统退出】。

4.9.5 实验结果分析

(1) 根据实验内容(2)得到的曲线，分析在改变扰动信号大小时，蒸汽液位的变化情况，以及选择控制系统的控制效果。

(2) 根据实验内容(3)得到的曲线，分析在水位设定上、下限改变时，蒸汽液位的变化情况。

4.9.6 实验注意事项

选择控制系统中，未被选择的控制器处于开环状态，而处于开环状态的控制器，由于设定值与实际值之间存在偏差，只要有积分作用就可能导致控制器的输出达到最大或最小，产生积分饱和现象。而积分饱和使处于备用状态的控制器在启用时不能及时动作，必须经过一段时间后才能恢复控制功能，所以应避免这一现象。

4.9.7 思考题

(1) 分析选择控制系统如何提高系统的控制精度？
(2) 分析并总结蒸汽压力扰动对系统控制的影响。
(3) 选择器的阈值选取对系统有何影响？

4.10 三容水箱的多变量控制系统实验

4.10.1 实验目的

(1) 了解三容水箱系统特点；
(2) 学会三容水箱多变量控制的参数调试；
(3) 学会从理论与实验中分析多变量中的耦合作用。

4.10.2 实验设备

安装了 Windows 7 系统、Kingview 6.5 学习版和 Matlab R2010a 软件的计算机一台。

4.10.3 实验工艺流程

本实验主要由三个水箱、一个水槽、一个调节阀、其他水阀和管道组成，工艺流程如图 4.98 所示。

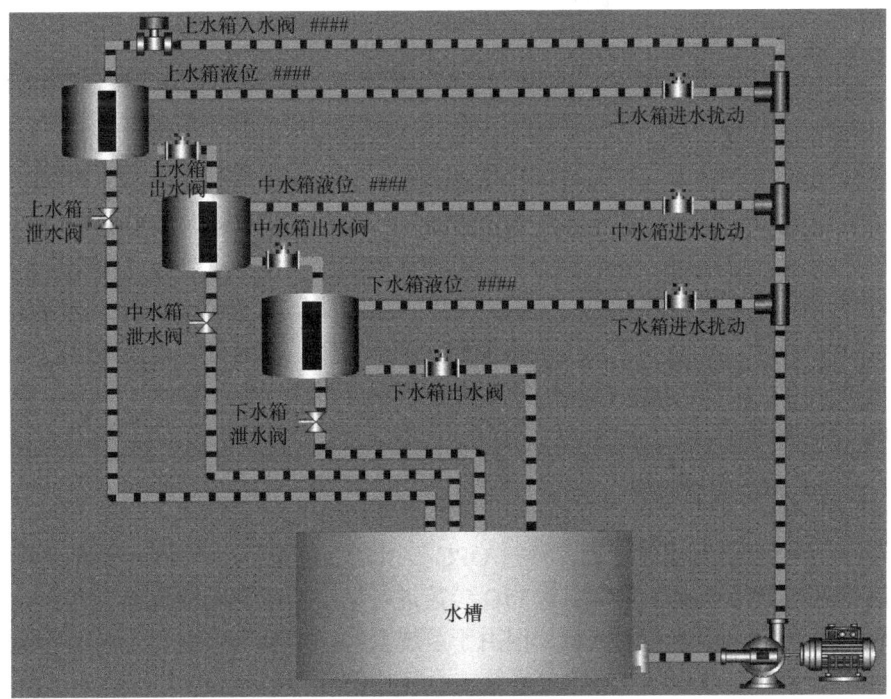

图 4.98 组态王界面工艺流程图

如图4.98所示，水槽中的水在水泵加压之下，经过上水箱入口线性调节阀进入上位水箱，然后从上水箱的手动出口调节阀进入中位水箱，再从中水箱的手动出口调节阀进入下位水箱，最后从下水箱的手动出口调节阀流回水槽。在水泵之后有三个电磁阀分别用于控制是否从附加管道给上、中、下水箱供水，从而增加相应水箱液位的入口扰动。三个水箱垂直出口处分别安装了三个电磁阀，用于达到相应水箱液位超过规定最大液位值时自动进行泄水的目的。其工艺流程图中包含的过程装备与控制器件如表4.9所示。

表4.9 三容水箱多变量控制实验主要管器件

对象	示意图	作用	数量/个
反应器		盛装液体	3
手动阀门		流量开关	6
比例阀		调节流量	1
电磁阀		添加扰动	6
泵		输送流体	1

由于三个水箱液位均由上水箱给水线性调节阀控制，而且三个液位之间是相互耦合的，因此一次只能对其中一个液位进行精确控制，其他两个液位无法进行准确控制。所以，常见的单参数控制系统需要预先确定控制其中一个水箱的液位并安装相应的液位检测装置，另外两个液位将不受控。为比较不同水箱液位变化特点，达到实训目的，本虚拟仿真实验采用多变量控制方法，分别为三个水箱的液位配置了三个PID控制器。通过调节三个PID参数，达到对任意一个液位进行准确控制，而另外两个液位进行近似控制的协调控制目的。在Matlab软件中分别构建三容水箱液位多变量控制系统，建立系统Simulink模型如图4.99所示。

4.10.4 实验内容与实验步骤

本实验是Matlab和组态王软件通过OPC技术建立连接，由Matlab实现控制功能，由组态王软件实现人机对话功能，对PID参数进行设定和系统运行状态参数显示。实验中，可以分别控制三个水箱的液位，但由于系统只有一个给水调节阀，所以不能同时控制三个水箱的液位，仅依靠三容水箱系统本身特性使三个水箱液位均保持稳定。

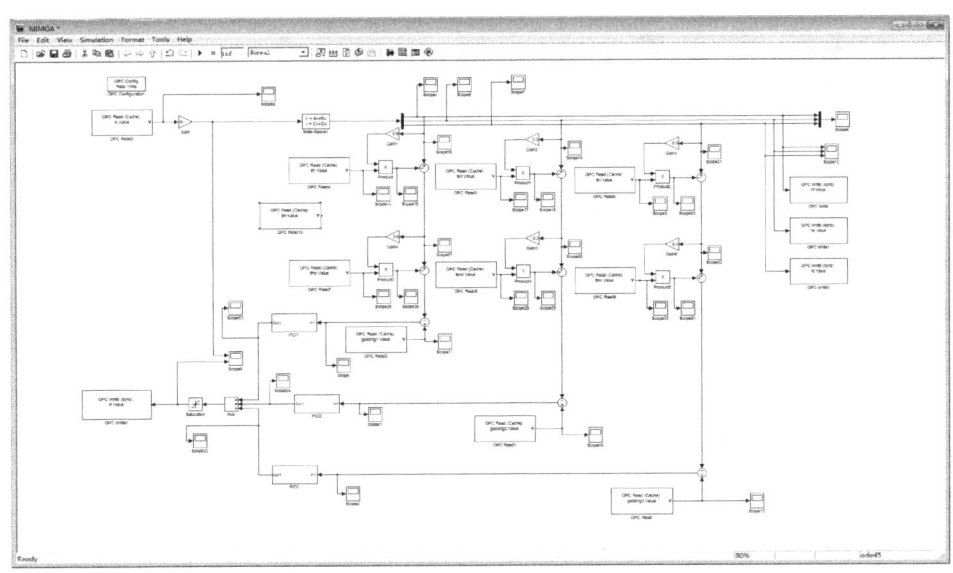

图 4.99　虚拟三容水箱多变量控制 Simulink 框图

1. 实验内容

(1) 设定上水箱液位给定值，然后设定上水箱 PID 调节参数，中水箱和下水箱对应的 PID 调节参数不设置，按照 PID 参数的调试方法，调节出最佳控制曲线，截图保存；并总结 PID 三个调节参数的调节作用，经仿真分析上水箱比例、微分、积分系数大概均为 0～1。

(2) 同样的方法调节中水箱和下水箱液位进行实验，观察上水箱和下水箱液位变化，以及三个水箱之间的相互影响，对结果进行分析。

(3) 对其中的两个水箱或三个水箱都设置 PID 调节参数，观察响应曲线动态变化情况，并分析其原因。

(4) 在调试好控制参数的基础上，打开对应水箱的扰动进水阀或泄水阀，添加扰动，如上水箱实验也可以用中水箱和下水箱的进水阀和泄水阀添加扰动，观察曲线变化。

2. 实验步骤

(1) 打开组态王软件，可弹出工程管理器窗口。单击【搜索】，找到工程文件所在目录，如桌面/组态王程序 1/多变量控制/tank/tank3/三容水箱。加载完成后，该工程就成功添加到应用工程中，如图 4.100 所示。

(2) 打开人机对话界面。双击已打开的工程目录里的三容水箱，则可得到相应工程的监控界面图 4.101，右击画面选择'切换到 View'选项，即运行人机对话窗口。

如图 4.102 所示，左侧为工艺流程及相关切换阀，且每个水箱都有对应液位的实时数据显示，右侧为实时曲线和设定值及 PID 参数设置窗口；设置上水箱的 PID 参数及控制上水箱液位，中水箱和下水箱对应的 PID 参数为零，同样控制中水箱和下水箱时，其他两个水箱对应的 PID 参数设为零。

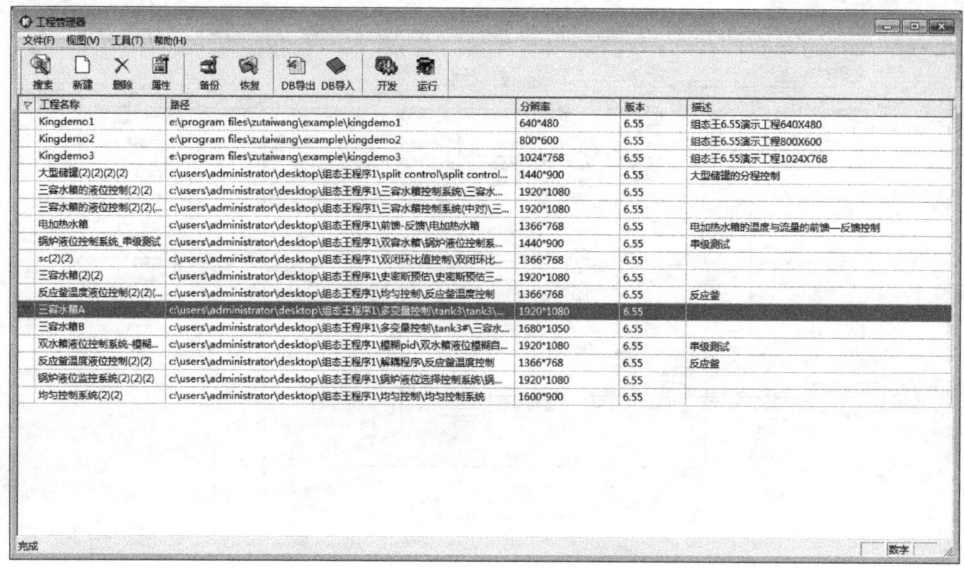

图 4.100　加载后的工程管理器界面

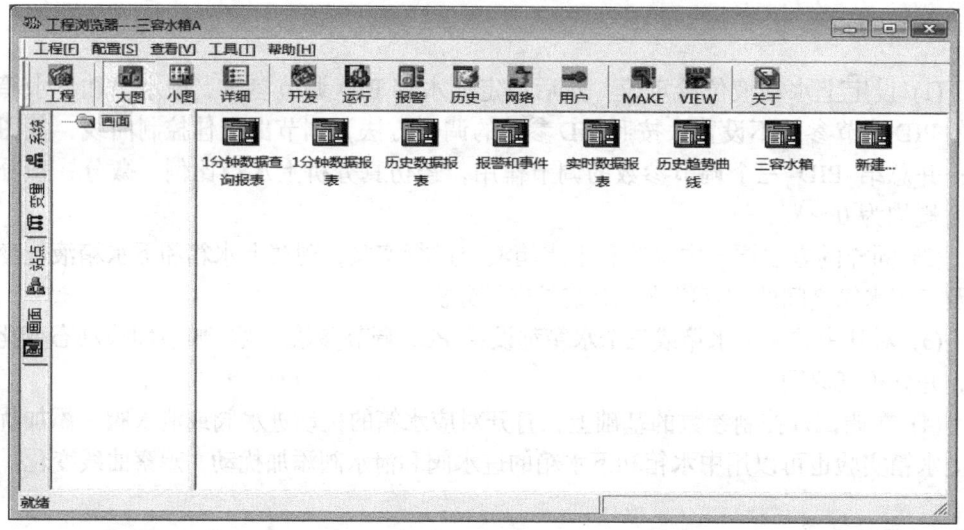

图 4.101　三容水箱多变量控制工程浏览器界面

(3) 加载 Matlab/Simulink 程序。首先打开 Matlab，单击 File/Open，打开三容水箱 Simulink 控制算法模块对应的目录，或者找到控制算法模块直接双击启动 Matlab 并打开控制算法模块。

(4) 运行系统。单击工具栏中的运行控键 ▶，弹出如图 4.103 所示的窗口，单击【确定】。

如果已经启动组态王软件，打开人机界面且未运行，在单击【确定】后，人机对话窗口会直接运行，界面如图 4.104 所示，即可开始输入设定值和 PID 调节参数，开始实验。

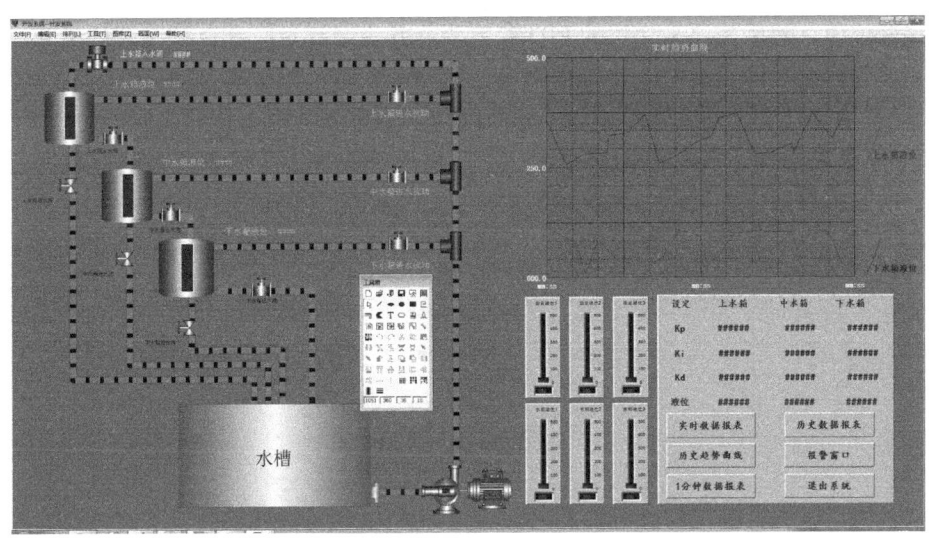

图 4.102　三容水箱多变量控制系统监控画面

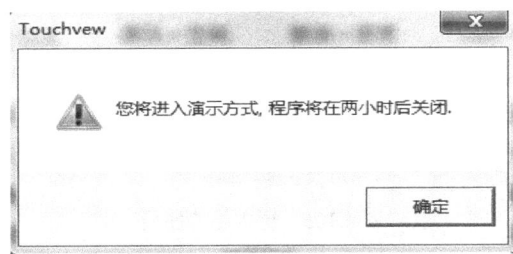

图 4.103　系统运行提示画面

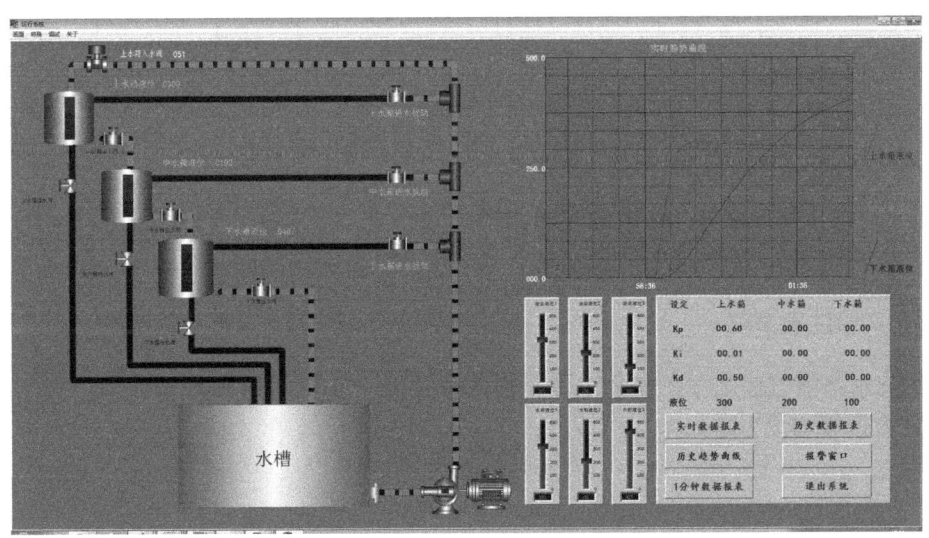

图 4.104　三容水箱多变量控制系统运行界面

(5) 界面操作。

① 系统运行界面如图 4.104 所示，三容水箱实验流程如下：设定上、中或者下水箱

的给定液位值，然后按照第 2 章的 PID 参数调节方法调节对应 PID 控制器的参数，使系统能够最终稳定在给定液位上；当水箱液位达到 450 时，泄水阀自动打开。

② 手动打开泄水阀或者对应的给水扰动阀，观察系统对干扰的克服能力。

③ 单击右下角【实时数据报表】、【历史趋势曲线】等可以查看响应数据记录，单击【返回主界面】即可返回系统运行界面；历史趋势曲线如图 4.105 所示。

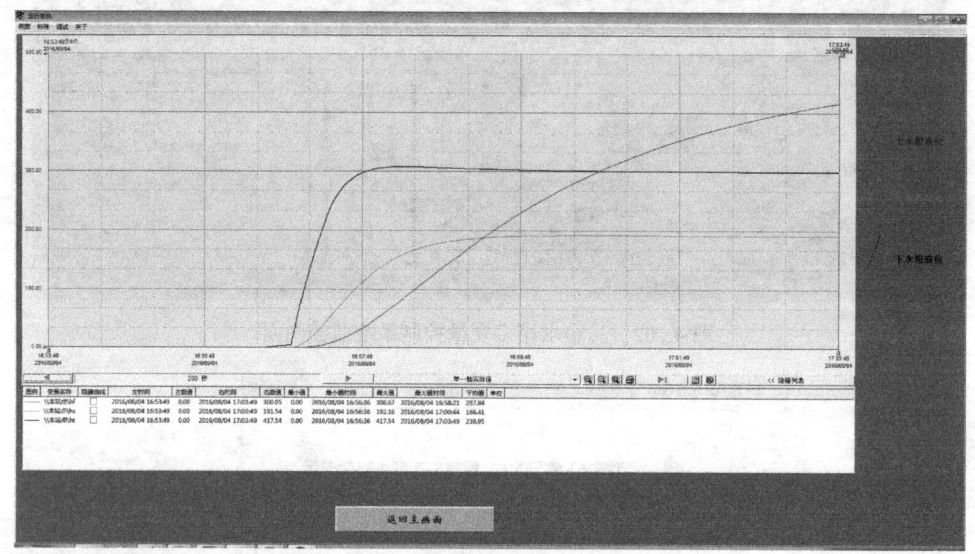

图 4.105　历史趋势曲线

(6) 结束实验，关闭系统。首先打开图 Simulink 程序运行窗口，单击 ■，停止运行 Simulink，然后打开图组态王系统运行窗口，单击右下角【菜单】/【系统退出】。

4.10.5　实验结果分析

(1) 如果两个水箱或三个水箱对应的 PID 控制器都设置 PID 三个控制参数，其响应曲线该如何变化？为什么？

(2) 总结比例、积分、微分的控制作用？

(3) 加扰动后，系统能否克服扰动造成的影响？说明其原因？

4.10.6　实验注意事项

因三水箱液位控制存在耦合作用，故在镇定某一个水箱液位时，其他两个水箱控制的 PID 值最好均设为零。

4.10.7　思考题

(1) 三容水箱系统的特点是什么？

(2) 与三容水箱一样的大延迟系统比例、积分、微分作用怎么设置比较好？

(3) 为什么控制其中一个水箱液位，其他两个水箱液位也能保持稳定？

第5章 智能过程控制虚拟实验

在传统的过程工业中,绝大多数过程控制系统均采用单个或多个PID控制器组合实现对具有不同控制目标的系统的调节。但对于一些干扰因素不确定、被控对象非线性或难以用确定的数学模型描述的系统,仅采用PID控制器可能无法实现所需的动态性能指标或控制目的,这就需要采用传统控制与智能控制两种方法相结合的方式进行调节。简而言之,智能控制是指在无人干预的情况下能自主地驱动智能机器实现控制目标的自动控制技术。在本章中将给出神经网络、模糊控制等智能控制算法与PID控制器相结合,实现以双容、三容水箱作为被控对象的大时延非线性系统的过程控制问题,并通过三个虚拟仿真实验展示其控制特点与调试过程。该部分实验可以与第4章的相应仿真实验进行对比,从而达到深刻理解两种控制方法的特点,进而深入掌握多种控制方法混杂的优点及使用范围。

本章由三个虚拟仿真实验组成,其中"双容水箱液位串级神经网络控制实验"主要考虑以BP神经网络控制器为副环控制器、PID为主环控制器时,对串级液位控制系统控制效果的改善问题;而"双闭环比值BP神经网络PID控制实验"考虑采用BP神经网络控制器替代双闭环比值控制中的PID控制器,实现在被控对象特性发生变化的情况下的比值控制问题;"三容水箱模糊PID虚拟仿真控制实验"采用模糊控制方法与PID控制器相结合,利用模糊规则实现PID参数的在线自适应调整,完成在被控对象或控制系统出现不确定变化时的智能PID控制问题。相应的智能控制方法介绍请参照第3章相应章节。

5.1 双容水箱液位串级神经网络控制实验

5.1.1 实验目的

(1) 熟悉串级控制系统的结构与特点,掌握串级控制系统的原理;
(2) 掌握人工神经网络控制策略及应用;
(3) 对比PID控制与人工神经网络控制系统的优劣并结合实验进行性能分析。

5.1.2 实验设备

安装了Windows 7系统、Kingview 6.5学习版和Matlab R2010a软件的计算机一台。

5.1.3 实验工艺流程

本实验为水箱液位的串级控制系统,主要由主、副两个回路组成。每一个回路中都有一个属于自己的控制器和被控对象,即主回路中的控制器称为主控制器,其输出作为副控制器的给定,被控对象为下水箱,而下水箱的液位为系统的主被控变量。副回路中的控制器称为副控制器,被控对象为上水箱,又称副对象,上水箱的液位为系统的副被控变量。副控制器的输出作用于线性调节阀,达到调节主被控变量的目的。

双容水箱液位串级控制系统的工艺流程如图 5.1 所示。单击左下方"电机"图标,随后自动启动"水泵",手动设定下水箱液位值、调节阀系数并调节 PID 参数。在泵的作用下水经由管路注入上水箱,上水箱、下水箱和水槽之间通过管路相连接。水箱内液位上升,当液位达到设定值时,由于滞后液位还会继续上升,当上升到一定位置后会在调节阀的作用下停止进水,液位开始下降,当下降到一定位置后又会在调节阀的作用下开始进水,经过一段时间的波动液位将会平衡在给定的液位处,系统达到稳定。通过进水扰动阀和出水扰动阀的作用,可以观察双容水箱的抗干扰能力以及给一个水箱加入扰动对另一个水箱液位产生的影响。为清楚地说明双容水箱工艺过程,表 5.1 用于说明图 5.1 中主要装备和控制器件的数量与功能。

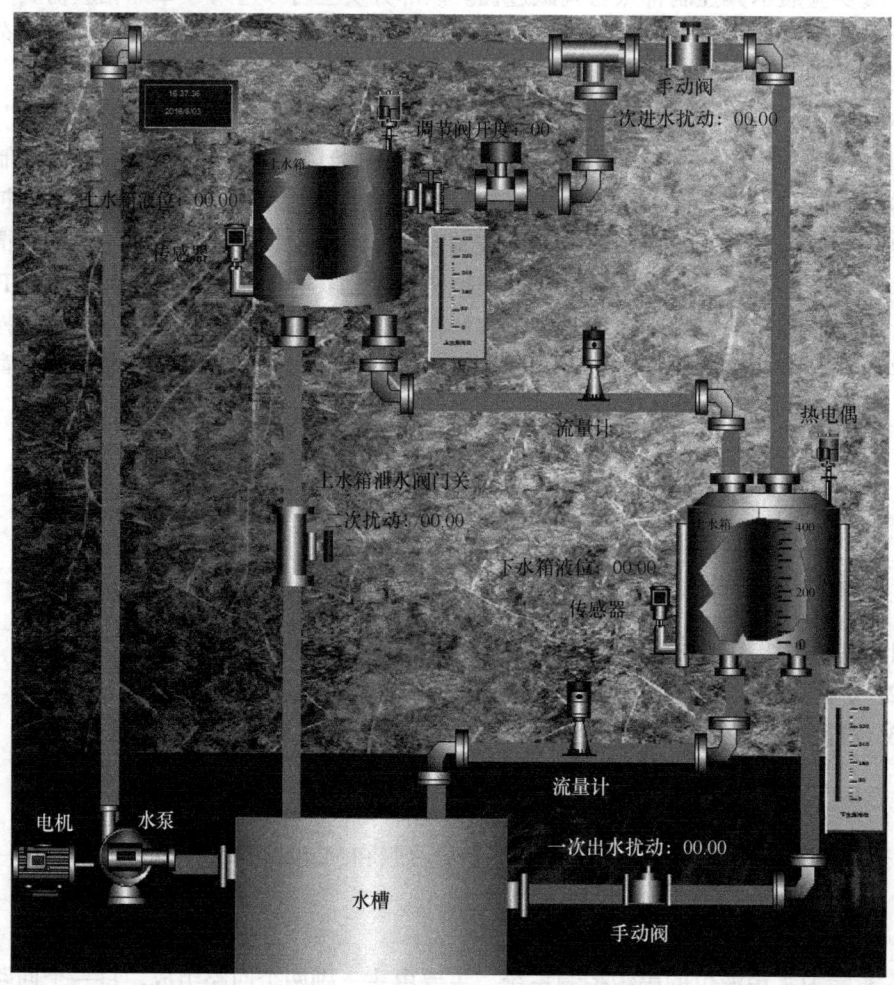

图 5.1 组态王界面工艺流程图

表 5.1 双容水箱液位串级控制实验主要管器件

对象	示意图	作用	数量/个
反应器		盛装液体	2
开关阀		流量开关	2
线性调节阀		调节流量	1
流量计		检测流量	2

5.1.4 实验内容与实验步骤

本实验由上水箱、下水箱和储水槽组成，要求给定下水箱一定液位值，通过控制调节两水箱间的阀门来稳定下水箱液位，以满足工业生产需要。根据性能要求设计双容水箱液位串级控制系统，其中仿真平台以组态王作为主控平台模拟被控过程，以 Matlab 作为强大的运算后台实现控制系统分析、算法编写以及算法效果的图形显示。假设该被控系统主、从对象的传递函数分别为

$$G_1(s) = \frac{1}{2s^2 + 2s + 1}, \quad G_2(s) = \frac{1}{3s^2 + 2s + 1}$$

1. 实验内容

(1) 按照第 2 章调试方法调节主控制器的 PID 参数，使下水箱液位稳定在设定值。将实时曲线截图保存，并将参数记录到第 6 章相应的表格中。

(2) 改变系统调节阀系数，观察实时曲线变化情况，并截图保存。

(3) 改变上、下水箱的截面积，观察实时曲线变化情况，并截图保存。

(4) 依次在系统中加入主、副回路扰动，观察实时曲线变化情况，并截图保存。

(5) 与实验"4.1 双容水箱液位串级 PID 控制及抗干扰实验"得到的曲线进行对比，比较两种控制效果。

2. 实验步骤

(1) 打开组态王软件，其工程管理器界面如图 5.2 所示。单击【搜索】，找到应用工程所在目录：桌面/过程控制实验/锅炉液位控制系统_串级测试，如图 5.3 所示。加载完成后，该工程就添加到应用工程中，如图 5.4 所示。

图 5.2　组态王工程管理器界面

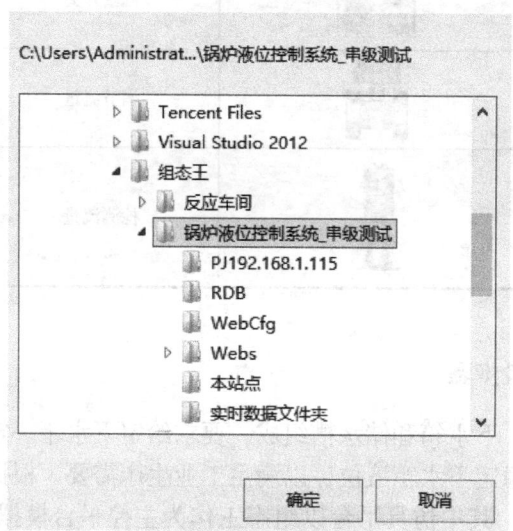

图 5.3　选择目标文件

图 5.4　加载后的工程浏览器界面

(2) 进入锅炉液位控制系统监控画面。双击已添加的工程"锅炉液位控制系统_串级测试",单击【确定】,出现图 5.5 所示的工程浏览器界面,双击【双容系统主画面】画面,出现图 5.6 所示的锅炉液位控制系统监控画面。

(3) 加载 Matlab/Simulink 程序。首先打开 Matlab 软件,找到相应的控制算法,如桌面/过程控制程序/双容水箱液位串级控制实验/PIDinput_NN_Cascade。然后双击该文件,即可打开,如图 5.7 所示。

第 5 章 智能过程控制虚拟实验

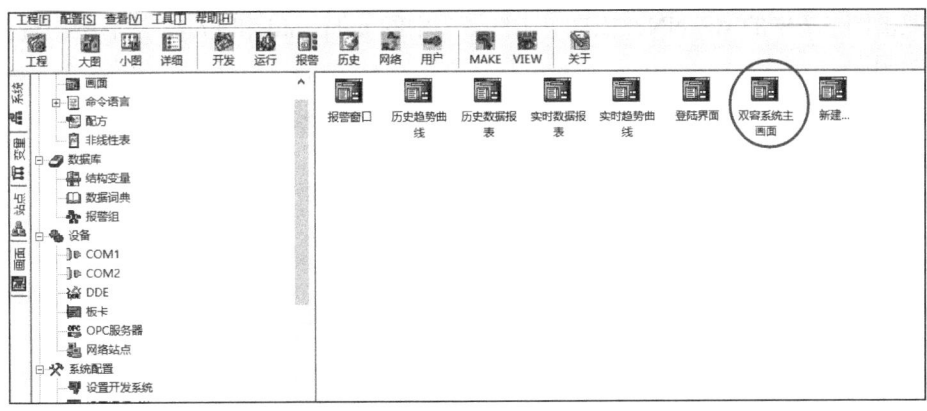

图 5.5 锅炉液位控制系统串级控制工程浏览器界面

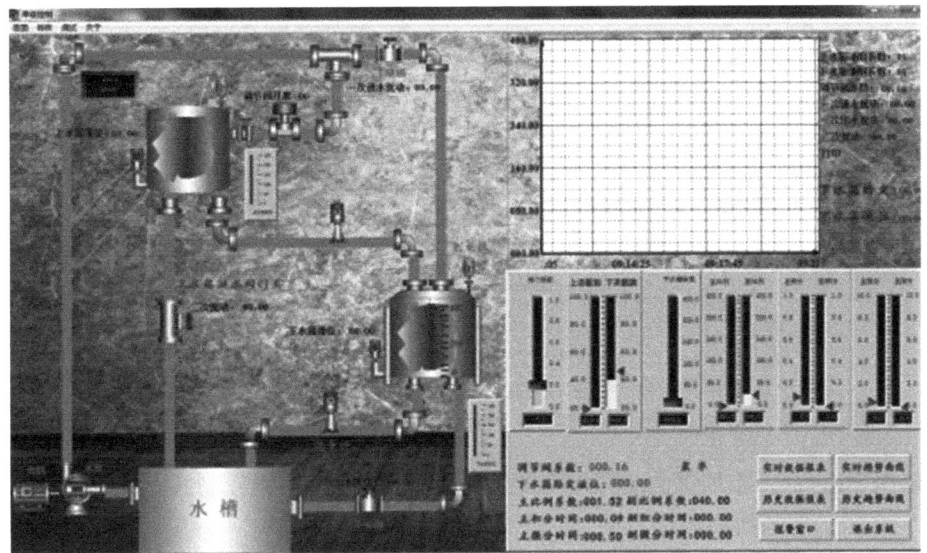

图 5.6 锅炉液位控制系统监控画面

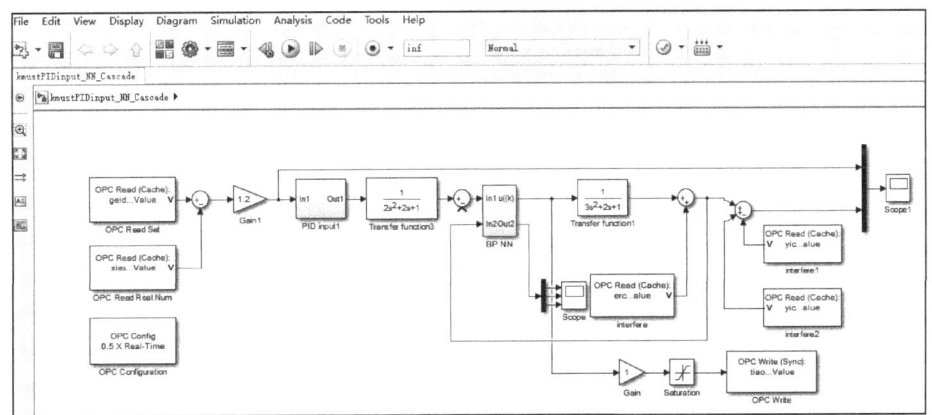

图 5.7 液位串级控制 Simulink 模块图

双击图 5.7 中的 BP NN，依次单击图 5.8 中的 nnbp_pid 和 Edit，然后会出现图 5.9 所示的画面。

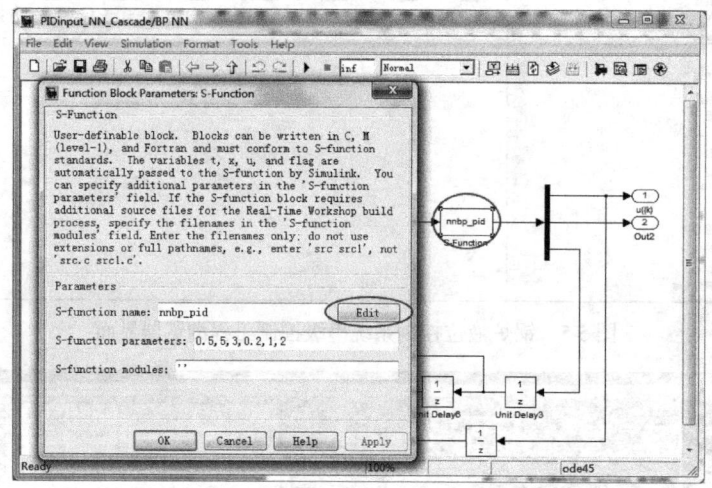

图 5.8　添加神经网络 S 函数

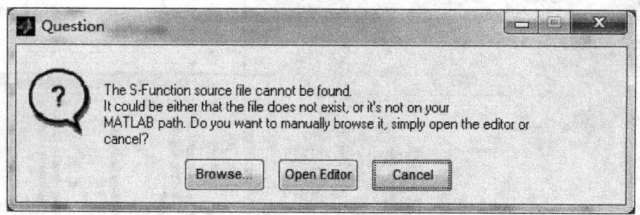

图 5.9　系统提示画面

选择 Browse，添加桌面/过程控制程序/双容水箱液位串级控制实验/nnbp_pid，会出现图 5.10 所示的画面。

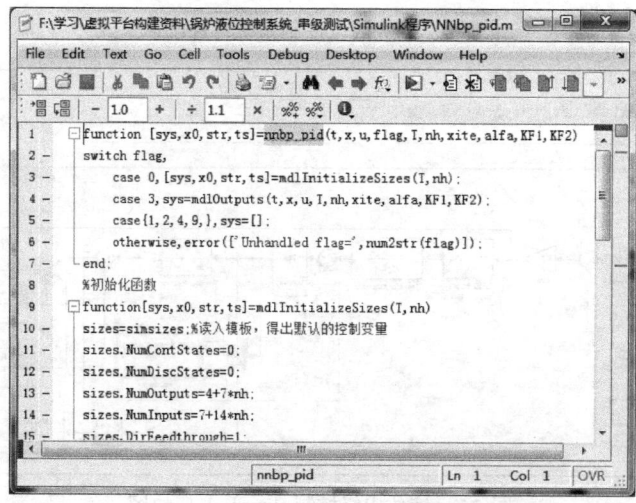

图 5.10　神经网络 S 函数

单击图 5.10 中的 ![btn]，选择第一个选项，然后退出，返回到图 5.7 所示的界面。

(4) 投入运行。单击 Simulink 程序中的运行控键 ▶，弹出图 5.11 所示的提示画面，单击【确定】。系统将自动进入图 5.12 所示的组态王运行系统。

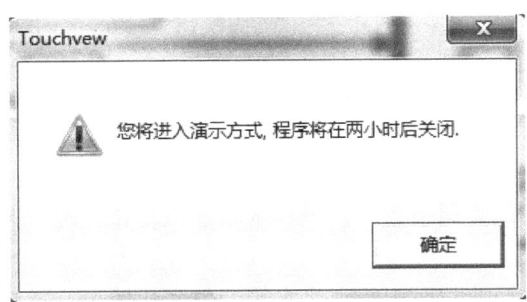

图 5.11　系统运行提示画面

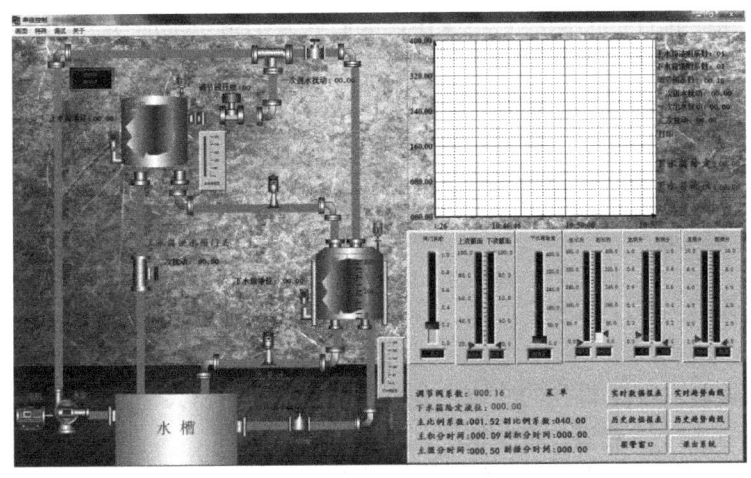

图 5.12　锅炉液位控制系统监控画面

锅炉液位控制系统监控画面分为三大模块。一是双容水箱液位动态画面展示模块，包含整个双容水箱液位控制系统虚拟过程；二是双容水箱液位实时曲线画面模块，可以清晰地看到水箱液位的波动，通过曲线可以对参数进行再调节，直至找到合适参数位置；三是功能实现模块，在该区域内能设定下水箱液位、调节阀系数、PID 控制器参数，通过【菜单】能实现各个页面间的相互切换，移动游标能够调节系统的各项参数。

(5) 调试运行。根据第 2 章介绍的方法，手动修改调试主回路 PID 参数，并同时观察系统的实时曲线图，使液位控制达到最优(工程上一般采取 4∶1)，记录参数截屏保存图像。设定参数在界面右下角，如图 5.13 所示。这里只需整定主回路(下水箱回路)中的控制器 PID 参数，副回路的控制器由 BP 神经网络自行调节。

在对以上三个参数进行整定时，每一次整定都记录系统运行的起始时间和此时的参数，并由仿真曲线计算相应的超调量和调整时间，直至得到满意的结果，将数据填在第 6 章相应的表格中。

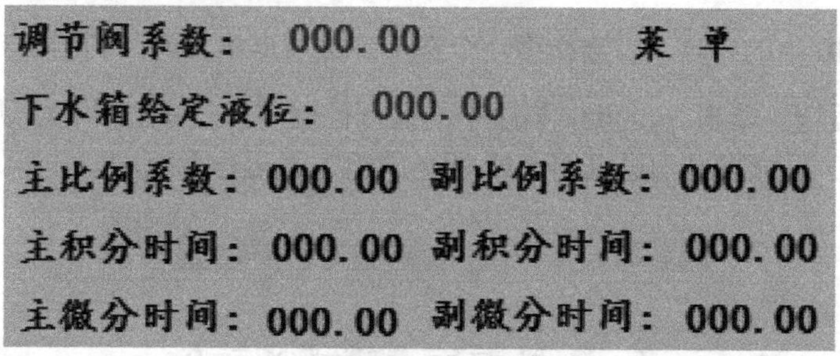

```
调节阀系数：    000.00              菜 单
下水箱给定液位：  000.00
主比例系数：000.00   副比例系数：000.00
主积分时间：000.00   副积分时间：000.00
主微分时间：000.00   副微分时间：000.00
```

图 5.13 液位串级 PID 控制系统参数设定图

(6) 改变系统的"调节阀系数"，观察水箱液位变化情况，并将"实时趋势变化曲线"截图保存。

(7) 改变上、下水箱的截面积，观察水箱液位变化情况，并将"实时趋势变化曲线"截图保存。

(8) 系统抗干扰性能测试。上述操作完成后，分别给系统加入主回路干扰和副回路干扰，具体步骤为分别在画面中单击"下水箱出水阀门"和"上水箱出水阀门"，大约 2s 后再单击一次(干扰消除)。观测跟踪结果，并截图保存曲线。

(9) 关闭系统。首先打开图 Simulink 程序运行窗口，单击 ■，停止运行 Simulink，然后打开图组态王系统运行窗口，单击右下角【菜单】/【系统退出】。

5.1.5 实验结果分析

(1) 根据实验内容(2)得到的曲线，分析在调节阀系数发生改变时，上、下水箱液位变化情况。

(2) 根据实验内容(3)得到的曲线，分析当上水箱截面积大于、小于或者等于下水箱的截面积时，上、下水箱液位变化情况。

(3) 根据实验内容(4)得到的曲线，分别分析在有主、从干扰的情况下，上、下水箱液位变化情况。

(4) 根据实验内容(5)，与实验"4.1 双容水箱液位串级 PID 控制及抗干扰实验"得到的曲线进行对比，分析比较串级 PID 控制和串级神经网络 PID 控制的效果。

5.1.6 实验注意事项

(1) 在 Simulink 投入运行时，单击 Simulink/Start Simulation 后，若系统长时间不出现进入演示方式的提示画面，此时在组态王界面单击"文件/切换到 View"选项，可加快组态王系统的响应速度。

(2) 由于本实验串级控制系统中只包含一个神经网络模块，并且加在副回路中，所以在进行实验时仍需调节主回路控制器的 PID 参数，无需调节副回路。

5.1.7 思考题

(1) 简述串级神经网络 PID 控制器的基本原理，以及参数的自适应整定。

(2) 为什么串级控制系统在加副回路控制后控制量得到较大提升？
(3) 串级控制系统参数应如何整定？

5.2 双闭环比值 BP 神经网络 PID 控制实验

5.2.1 实验目的

(1) 了解比值控制的特点，学习双闭环比值控制原理；
(2) 学会利用组态软件对双闭环比值控制系统设计的方法；
(3) 熟悉 BP 神经网络 PID 控制器的原理及应用。

5.2.2 实验设备

安装了 Windows 7 系统、Kingview 6.5 学习版和 Matlab R2010a 软件的计算机一台。

5.2.3 实验工艺流程

图 5.14 为双闭环 BP 神经网络控制系统工艺流程图，实验模拟原料油和催化剂进入反应车间生产油的工艺过程。

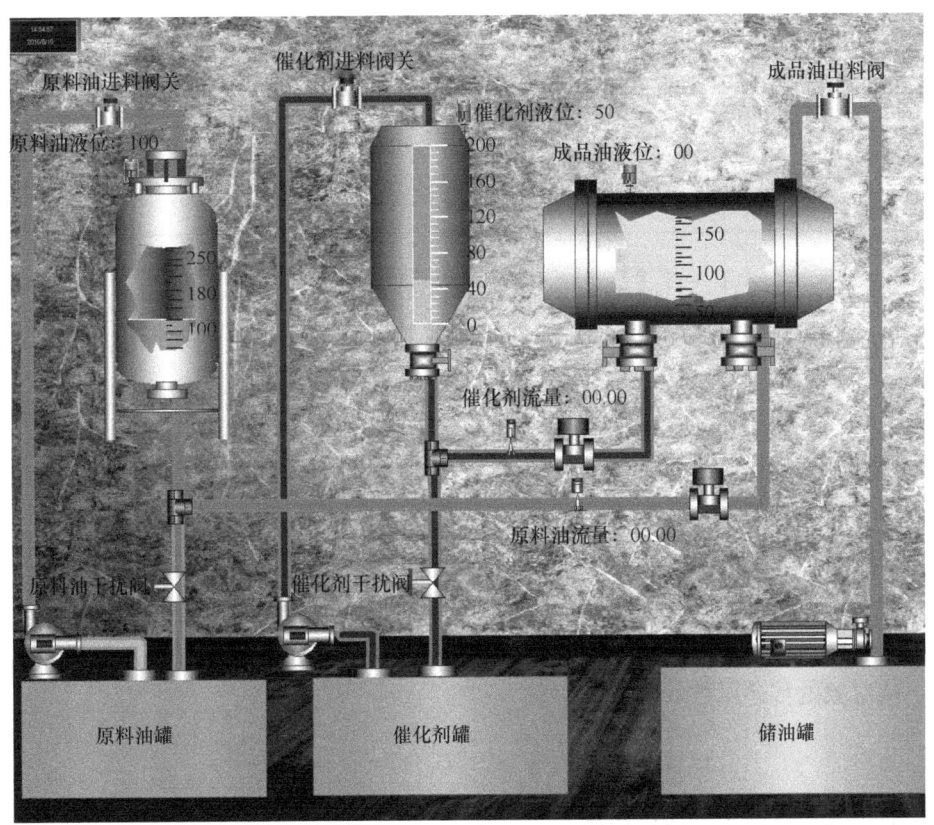

图 5.14 组态王界面工艺流程图

图 5.14 中原料油和催化剂经泵打入原料油罐与催化剂罐，然后经两个调节阀调节进入反应罐的流量；使原料油和催化剂成一定的比例参加化学反应，在反应罐里产生成品油，由油泵打入储油罐；原料油干扰阀和催化剂干扰阀为实验过程添加干扰用。表 5.2 所示为反应车间主要管器件。

表 5.2　反应车间主要管器件

对象	示意图	作用	数量/个
反应器	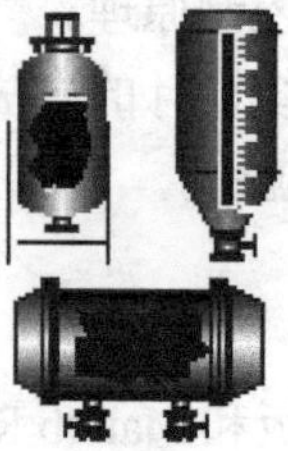	盛装液体	3
开关阀		流量开关	3
线性调节阀		调节流量	2
开关阀	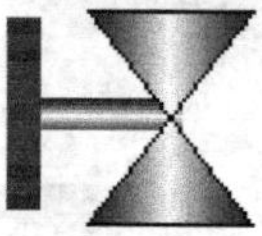	添加扰动	2
泵		输送介质	3

5.2.4　实验内容与实验步骤

本实验以主管路(原料油)流量和从管路(催化剂)流量为控制对象，要求原料油、催化剂罐中的物料以一定的流量比例进入成品油罐，以满足工业生产需要。假设该被控系统主、从对象的传递函数分别为

$$G_1(s)=\frac{1}{2s^2+2s+1},\quad G_2(s)=\frac{1}{3s^2+2s+1}$$

同时，两流量仪表的信号比值系数为 0.5。

1. 实验内容

(1) 设定原料油流量给定值和比例系数，观察响应曲线变化情况，截图保存。
(2) 改变原料流量给定值大小，观察响应曲线变化情况，截图保存。
(3) 改变比值系数，观察响应曲线变化情况，截图保存。
(4) 手动打开原料油干扰阀 2～5s，关闭，观察曲线变化情况，截图保存。
(5) 手动打开催化剂干扰阀 2～5s，关闭，观察曲线变化情况，截图保存。

2. 实验步骤

下面利用组态王软件和 Matlab 对该系统进行仿真实验研究。实验步骤如下。

(1) 打开组态王软件，其工程管理器界面如图 5.15 所示。单击【搜索】，找到应用工程所在目录：桌面/过程控制实验/双闭环比值控制实验，如图 5.16 所示。加载完成后，该工程就添加到应用工程中，如图 5.17 所示。

图 5.15　组态王工程管理器界面

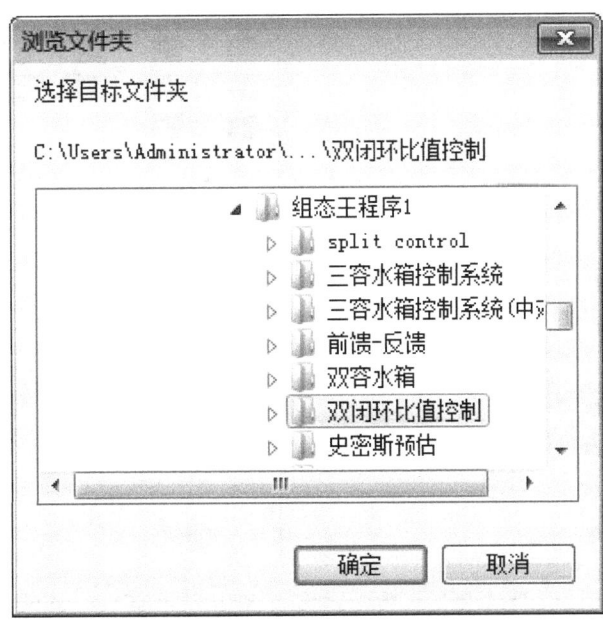

图 5.16　目标文件选择

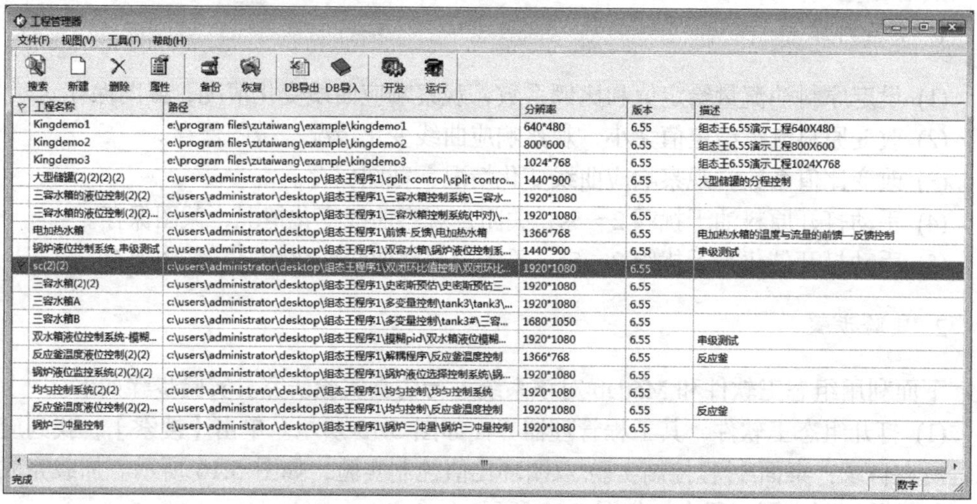

图 5.17 加载后的工程管理器界面

(2) 进入反应车间监控画面。双击已添加的工程"双闭环比值控制",单击【确定】,出现图 5.18 所示的工程浏览器界面,双击 Fanyingchejian,出现图 5.19 所示的反应车间监控画面。熟悉页面中各器件或变量赋值的位置,例如,变量有"原料油给定""物料比值系数""主(原料油回路)、从回路(催化剂回路)比例、积分、微分"(注意,这几个变量的赋值可以拖动右下角的游标,也可以直接在右下角文本框中输入值)。

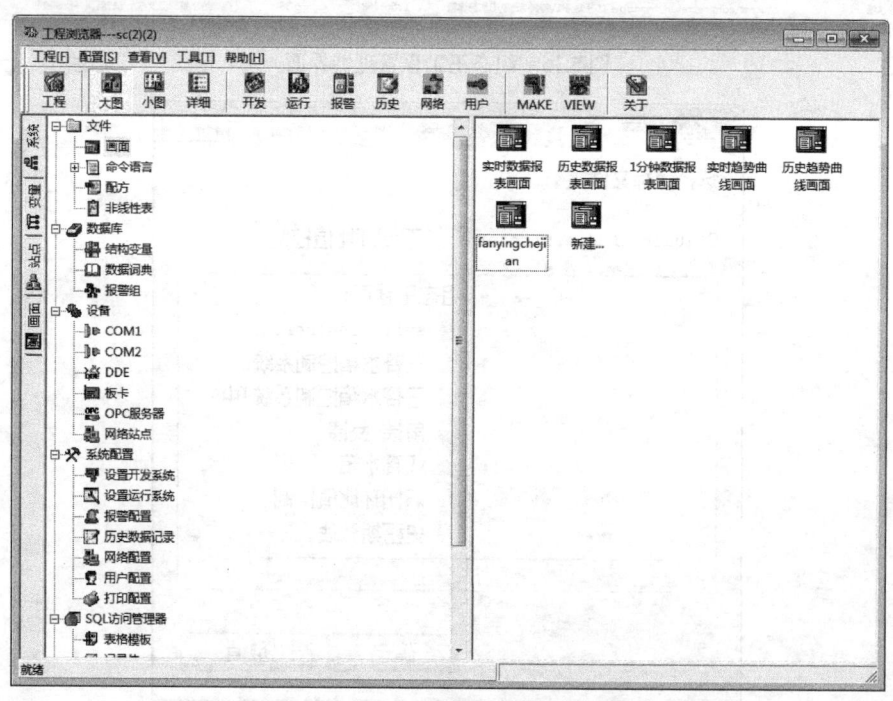

图 5.18 双闭环比值控制工程浏览器界面

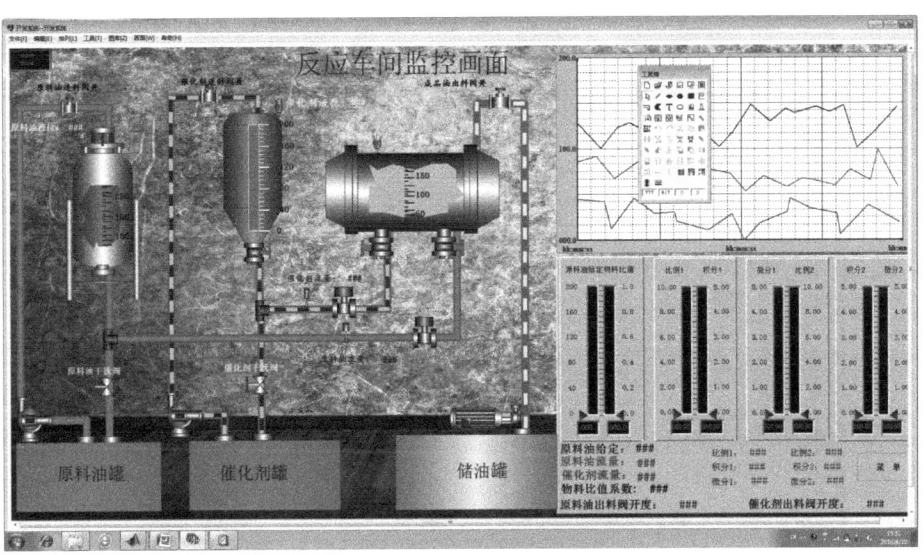

图 5.19　反应车间监控画面

(3) 加载 Matlab/Simulink 程序。首先，打开 Matlab 软件，找到相应的控制算法，如桌面/过程控制程序/双闭环比值控制实验/BPPID。然后，双击该文件，即可打开，如图 5.20 所示。

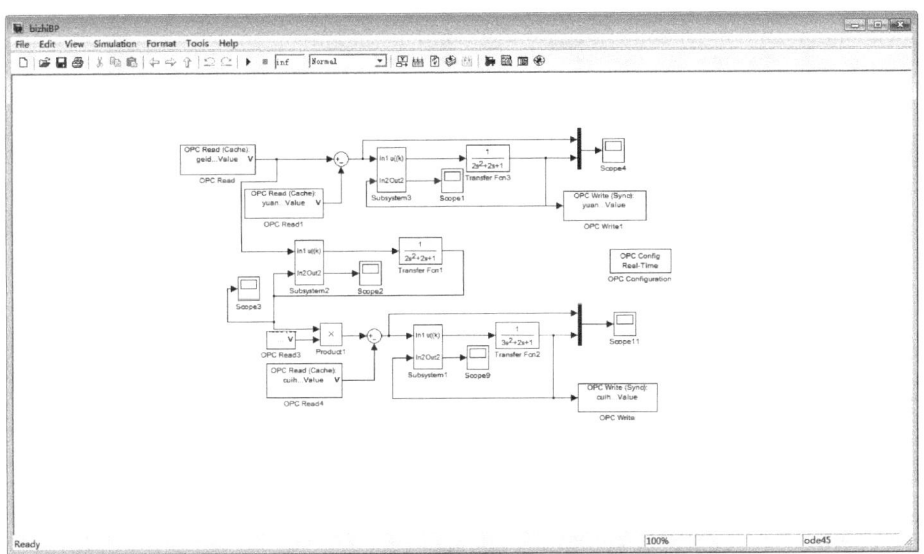

图 5.20　双闭环比值控制 Simulink 模块图

(4) 双击图 5.20 中的 BP NN，依次单击图 5.21 中的 nnbp_pid 和 Edit，然后出现图 5.22 所示的画面。

选择 Browse，添加桌面/过程控制程序/双容水箱液位串级控制实验/nnbp_pid，会出现图 5.23 所示的画面。

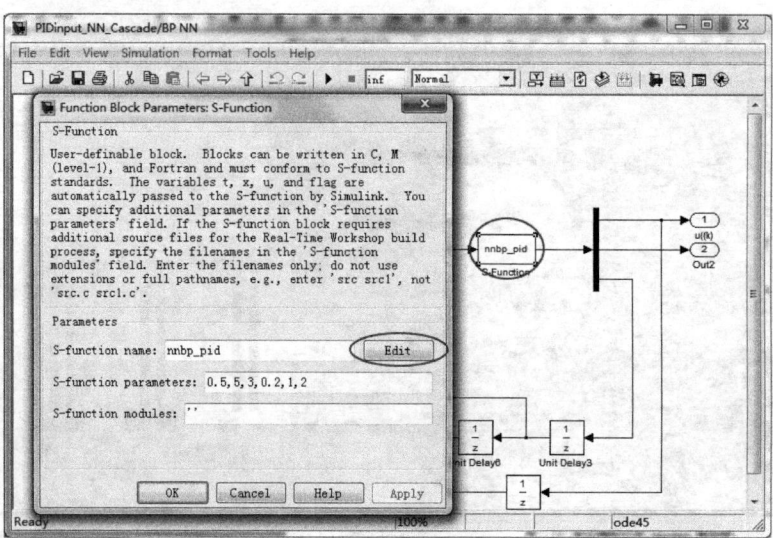

图 5.21　添加神经网络 S 函数

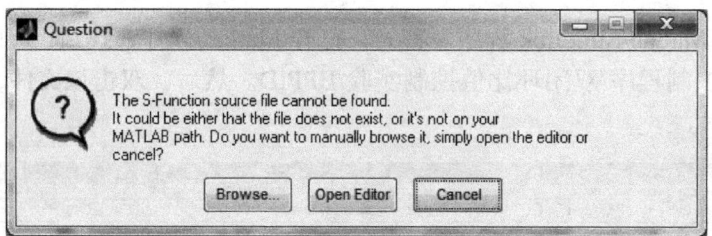

图 5.22　系统提示画面

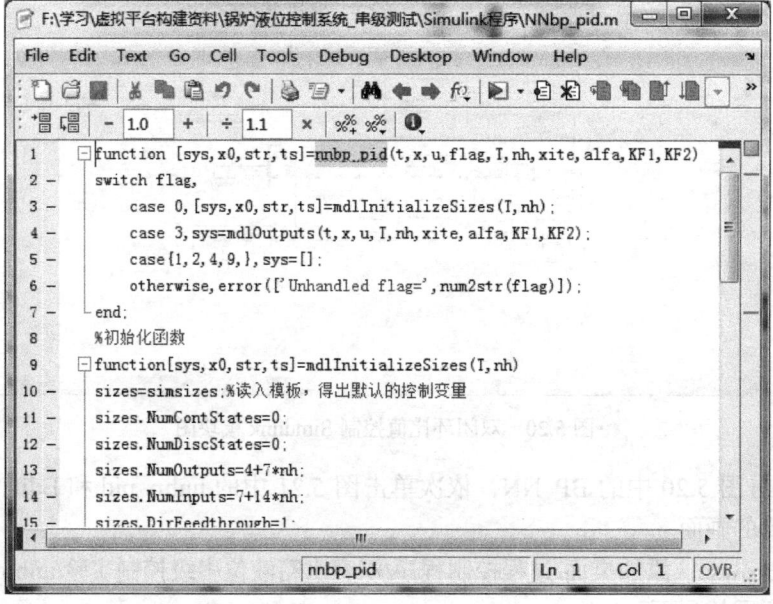

图 5.23　神经网络 S 函数

单击图 5.23 中的 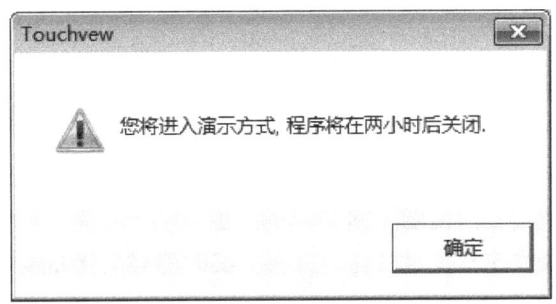，选择第一个选项，然后退出，返回到图 5.20 所示的界面。

(5) 投入运行。单击 Simulink 程序中的运行控键 ▶，弹出图 5.24 所示的提示画面，单击【确定】。系统将自动进入图 5.25 所示的组态王运行画面。

图 5.24 系统运行提示画面

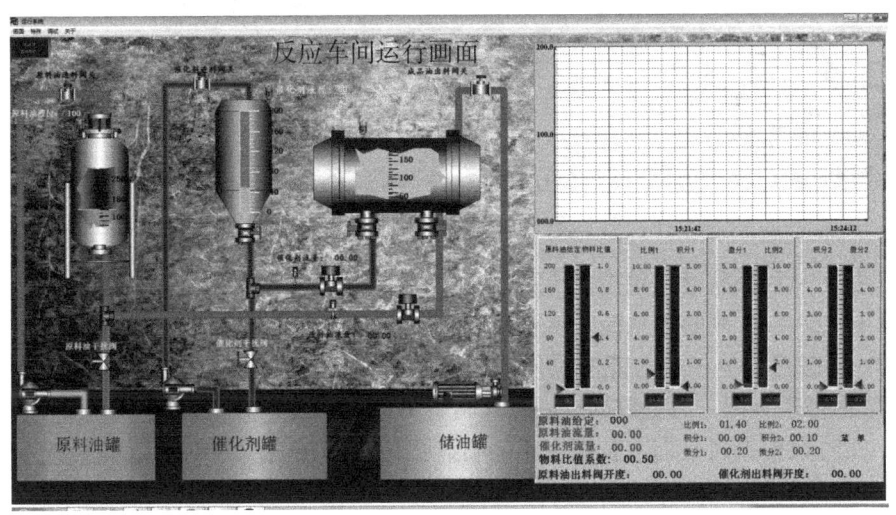

图 5.25 反应车间运行画面

(6) 给原料油设定初始给定值(如 50)，如图 5.26 所示，待系统的被控变量趋于不变时(系统进入稳态)，适当改变主流量设定值的大小，观察主从流量的变化过程，并将"实时趋势变化曲线"截图保存。

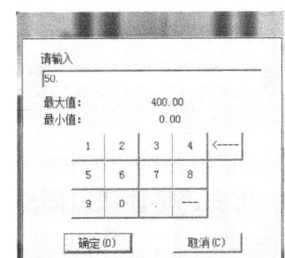

图 5.26 原料油流量给定设置

(7) 改变系统"物料比值系数",如图 5.27 所示。观察主、从流量变化,并将"实时趋势变化曲线"截图保存。

```
原料油流量给定:000        主回比例:00.00  从回比例:00.00
原料油流量: 00.00         主回积分:00.00  从回积分:00.00      菜   单
催化剂流量: 00.00         主回微分:00.00  从回微分:00.00
物料比值系数: 00.50
原料油出料阀开度: 00.00                催化剂出料阀开度: 00.00
```

图 5.27 组态界面"物料比值系数"参数设置画面

(8) 加入主回路扰动,单击图 5.28 所示的"原料油干扰阀",大约 2s 后再单击一次(即消除干扰影响)。观察主从流量变化,并将"实时趋势变化曲线"抓屏保存。

图 5.28 组态界面干扰阀操作画面

(9) 加入从回路扰动,单击图 5.28 所示的"催化剂干扰阀",大约 2s 后再单击一次(即消除干扰影响)。观察主从流量变化,并将"实时趋势变化曲线"截图保存。

(10) 组态王其他相关功能的操作。组态王软件内嵌报表向导工具,该工具可以实现实时数据报表查询、历史数据报表查询和历史趋势曲线等功能。

① 实时数据报表查询。在组态王运行画面中,单击右下角的【菜单】,弹出选择框,单击【实时数据报表画面】,则出现图 5.29 所示的报表画面

实时数据报表画面			
实时报表演示			
日期	2014/7/22	时间	19:38:26
原料油给定	100.00		
原料油流量	100.00		
催化剂流量	50.00		
		值班人	

图 5.29 实时数据报表画面

② 历史趋势曲线。同样在组态王运行画面中,单击右下角【菜单】,选择【历时趋势曲线画面】,则出现图 5.30 所示的画面。

(11) 关闭系统。首先打开图 Simulink 程序运行窗口,单击 ■,停止运行 Simulink,然后打开图组态王系统运行窗口,单击右下角【菜单】/【系统退出】。

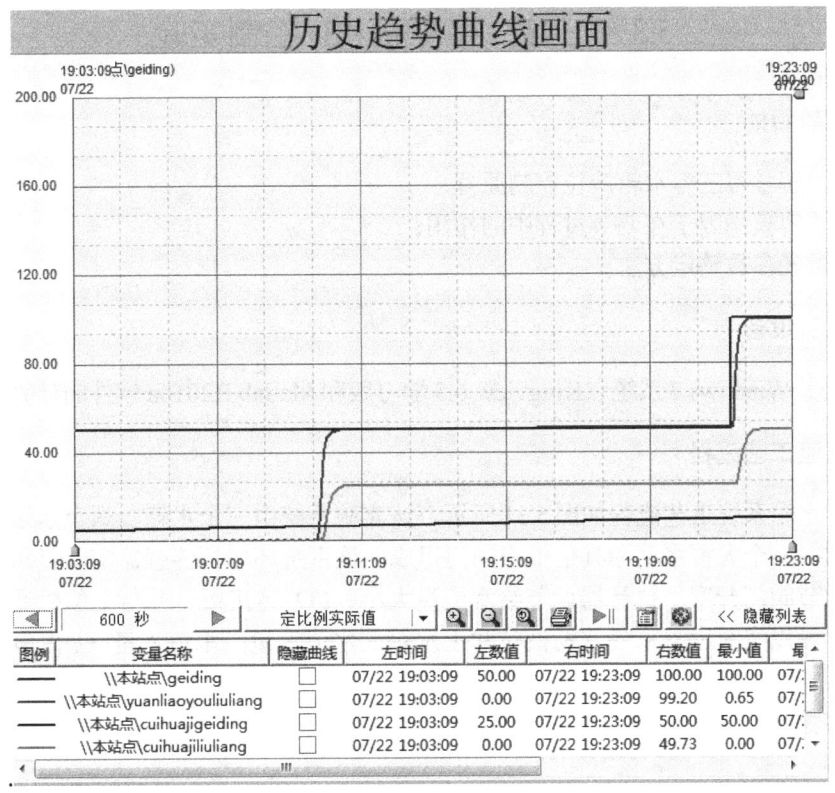

图 5.30 历史趋势曲线画面

5.2.5 实验结果分析

(1) 对于步骤(5)抓屏保存的图像,分析在主流量给定值改变时,主从流量变化情况。

(2) 对于步骤(6)抓屏保存的图像,分析在物料比值系数发生改变时,主从流量变化情况。

(3) 对于步骤(7)、(8)抓屏保存的图像,分别分析在有主从干扰的情况下,主从流量变化情况。

5.2.6 实验注意事项

在启动 Simulink 程序之前,需要按步骤先运行"nnbp_pid"S 函数,否则系统将无法正常运行。

5.2.7 思考题

(1) 双闭环流量比值 BP 神经网络 PID 控制实验为什么不用设置 PID?

(2) 如果现实生产中,更换阀门或者更换容器、增长管道等原因导致控制对象发生变化,还能实现良好的控制效果吗?

5.3 三容水箱模糊 PID 控制实验

5.3.1 实验目的

(1) 了解学习三容水箱液位控制原理;
(2) 了解模糊因子在调节过程中的作用;
(3) 熟悉参数整定方法。

5.3.2 实验设备

安装了 Windows 7 系统、Kingview 6.5 学习版和 Matlab R2010a 软件的计算机一台。

5.3.3 实验工艺流程

三容水箱系统工艺流程如图 5.31 所示,该实验系统由三个水箱、两个水泵、一个电磁调节阀、一个大蓄水箱和其他负载阀门组成。该系统还包括传感器实时显示水位数据和电动调节阀门开度、执行器调节给水流量大小、I/O 连接板,并与上位机通信。通过组态软件可以实时地显示各水箱液位和上水箱的水流流量。水流入量 Q_i 由电动调节阀控制;上、中、下三个水箱的流出量 Q_1、Q_2、Q_3 则由泄水阀 F1-2、F1-3、F1-4 来改变。下面给出表 5.3 用于说明控制系统设备。

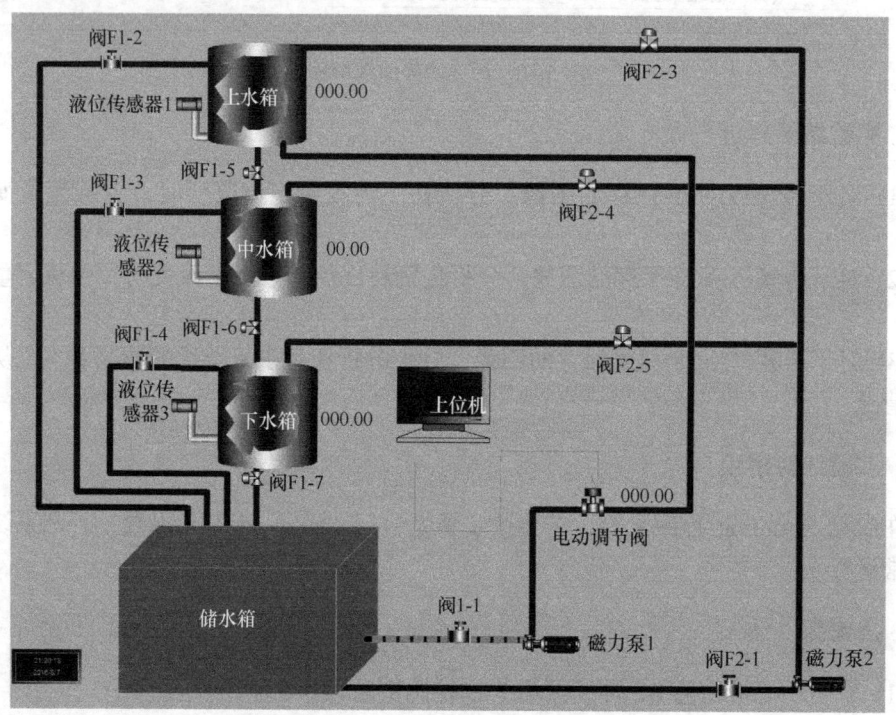

图 5.31 三容水箱系统工艺流程图

表 5.3 控制系统设备

对象	示意图	作用	数量/个
反应器		盛装液体	3
手动阀门		流量开关	6
比例阀		调节流量	1
电磁阀		添加扰动	3
泵		输送流体	2

本系统可以看作由三个单容对象串联构成。例如，以上水箱为例，水流入量为 Q_i，由电动调节阀控制，流出量 Q_1 则由泄水阀 F1-2 来确定。水位的变化反映了流入量 Q_i 和流出量 Q 不相等而引起水箱中蓄水或泄水的过程。当水的流入量与流出量相等时，水位保持不变。当控制阀突然开大时，水的流入量阶跃增多，水位开始上升。随着水位的升高，水箱内水的静压力增大，水的流出量也随之增多，最终会使流入量和流出量相等，水位就再次稳定下来。

其中阀 F2-3、F2-4、F2-5 为系统添加进水扰动，添加进水扰动时需要手动打开阀 F2-1，手动启动磁力泵 2，再打开对应水箱的阀门；阀 F1-2、F1-3、F1-4 为系统添加出水扰动，通过添加进水和出水扰动，观察添加扰动后系统的控制效果。

5.3.4 实验内容与实验步骤

1. **实验内容**

(1) 随意设定给定值(0~200)、比例系数、积分系数、微分系数、模糊因子 1、模糊因子 2，然后调节 PID 参数，使控制响应曲线衰减比达到 4∶1 的最佳响应曲线。

(2) 更改设定值大小，观察曲线变化，分别调整模糊因子大小，截图保存，观察分析模糊因子在控制系统中的调节作用。

(3) 依次手动打开阀 F2-1、磁力泵 2、阀 F2-3，添加扰动 5s，然后关闭这些设备，观察曲线变化。

2. **实验步骤**

(1) 工程管理器，双击已安装好的组态软件快捷方式，工程管理器界面如图 5.32

所示。

（2）添加工程，单击图 5.32 中的【搜索】，找到工程文件所在目录：桌面/三容水箱控制系统，如图 5.33 所示。然后单击【确定】，三容水箱控制工程就添加到工程管理器界面中，如图 5.34 所示。

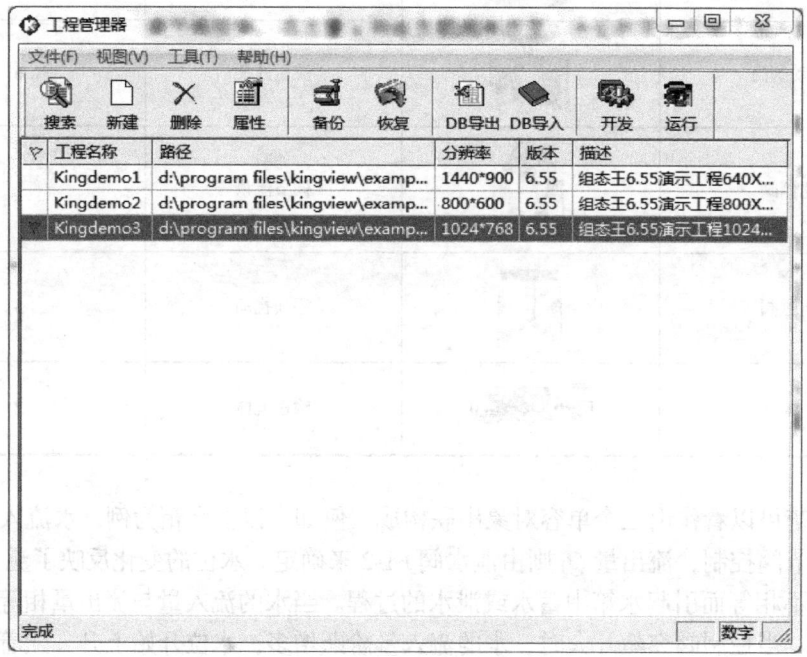

图 5.32　工程管理器界面

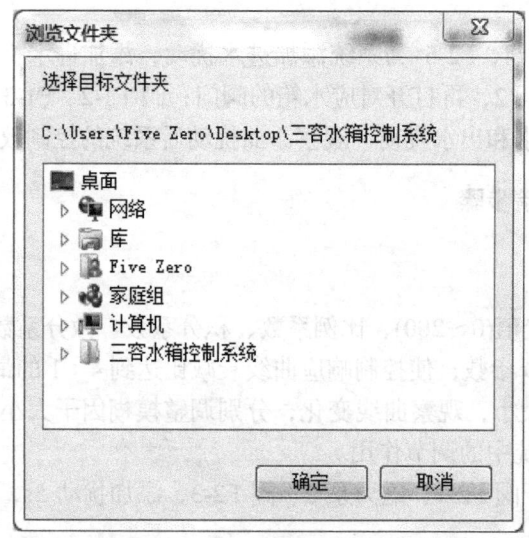

图 5.33　目标文件选择

（3）加载反应车间监控画面，双击已添加的工程，然后单击【确定】，工程浏览器界面如图 5.35 所示。

第 5 章　智能过程控制虚拟实验

图 5.34　加载后的工程管理器界面

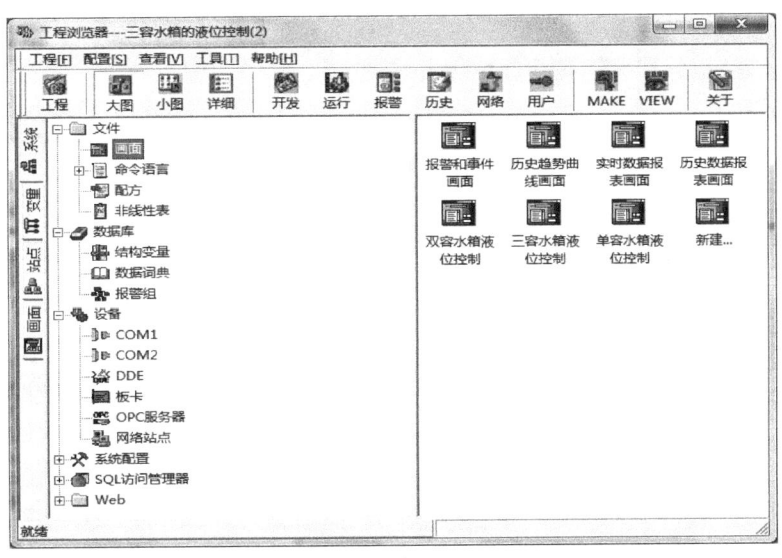

图 5.35　工程浏览器界面

双击图 5.35 右边栏"三容水箱液位控制"，反应车间监控画面如图 5.36 所示。

(4) 运行 Simulink 文件，双击 Matlab 快捷方式，打开 Matlab 程序。首先，将桌面/三容水箱控制系统/Simulink 模块/FUZZY_PID 快捷方式拖到 Matlab 窗口中，如图 5.37 所示；然后，找到相应的控制算法：桌面/三容水箱控制系统/Simulink 模块/模糊 PID(三容水箱模糊 PID 控制算法)，双击该文件，即可打开，如图 5.38 所示。

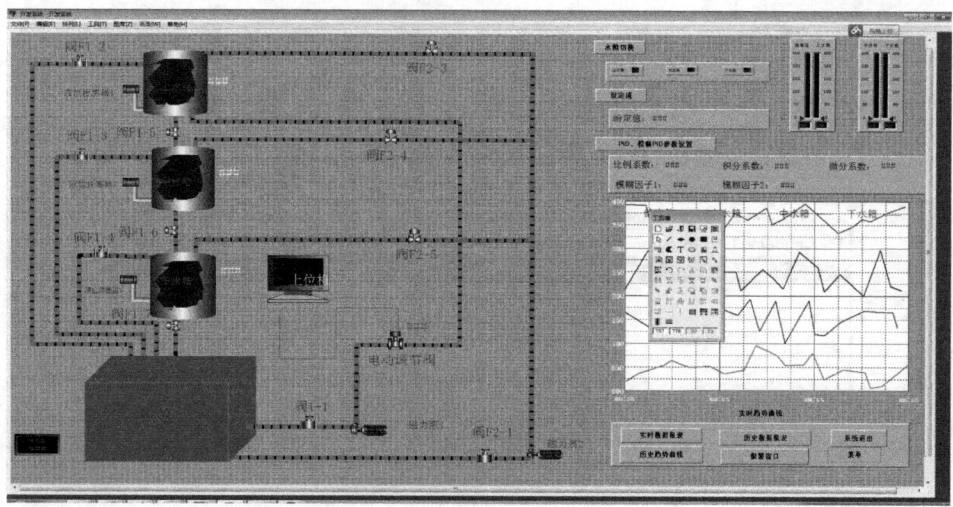

图 5.36 反应车间监控画面

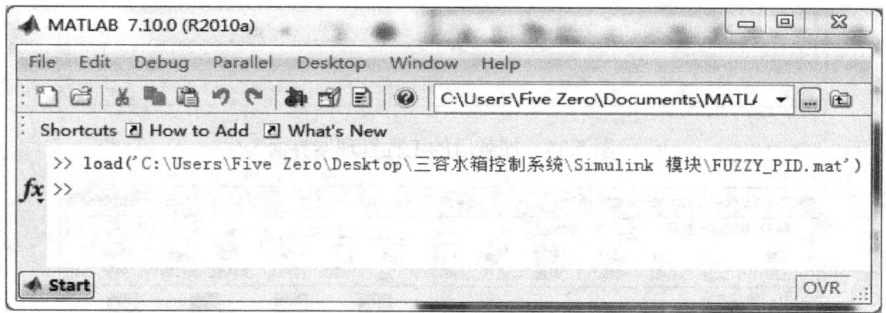

图 5.37 Matlab 运行画面

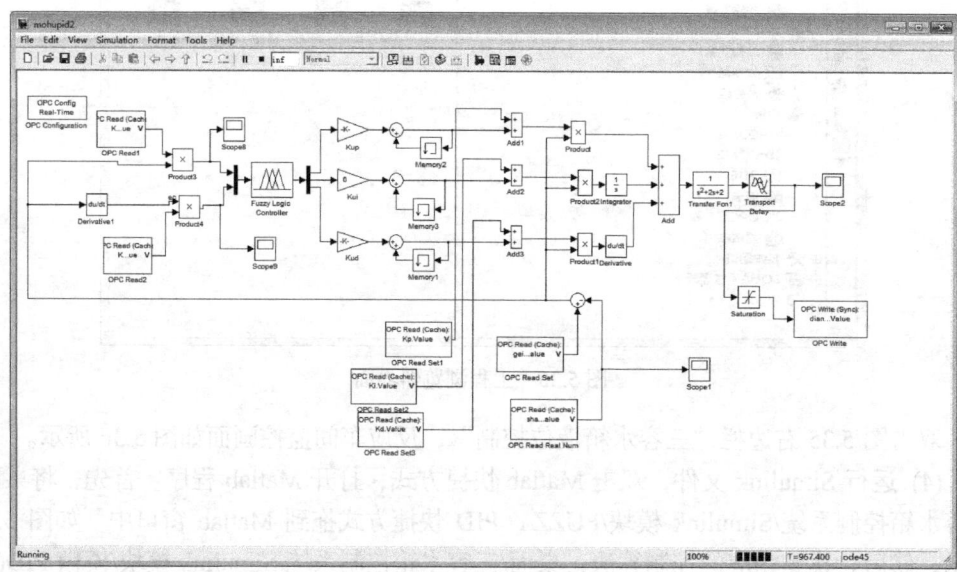

图 5.38 三容水箱 Simulink 模块图

单击图 5.38 中的运行控键 ▶，弹出图 5.39 所示的画面，然后单击【确定】。

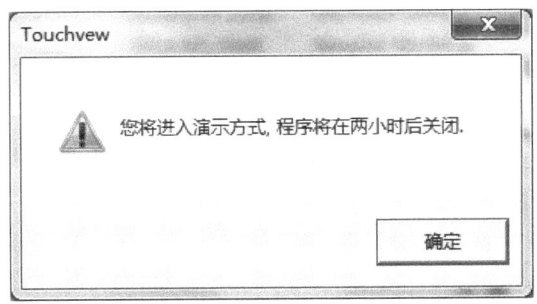

图 5.39　系统运行提示画面

或者在屏幕上方单击 图标，会出现如图 5.39 所示的对话框。单击【确定】出现图 5.40 所示的画面。

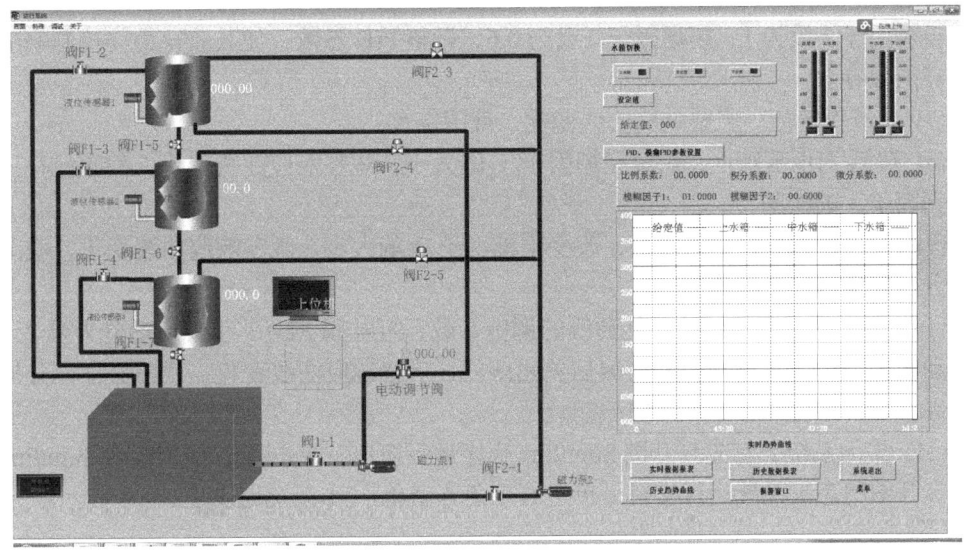

图 5.40　三容水箱控制系统监控画面

(5) 界面操作，调节参数 PID 设置，打开数字对话框，输入数字，单击【确定】即可，如图 5.41 所示。

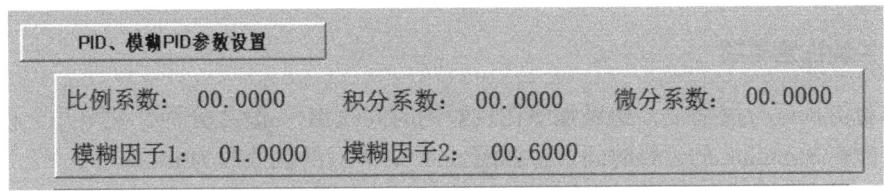

图 5.41　PID 参数设置界面

如果出现图 5.42 所示的"报警和事件"画面，直接单击【切换到主画面】即可。

(6) 单击水箱切换下 ，使其变为绿色 ，根据实验内容(1)设定相关参

图 5.42 报警和事件画面

数,模糊因子 1 设为 1,模糊因子 2 设为 0.6,调整 PID 参数,使其获得最佳控制响应曲线,截图保存。

(7) 更改设定值,观察响应曲线变化,截图保存。

(8) 在第(5)步基础上,调整模糊因子 1 的大小,观察响应曲线变化,截图保存,分析模糊因子 1 的作用。

(9) 恢复模糊因子 1 的大小,改变模糊因子 2 的大小,观察响应曲线变化,截图保存,分析模糊因子 2 的作用。

(10) 恢复到已调整好的最佳曲线的调整参数,打开阀 F2-1,手动启动磁力泵 2,打开手动阀 F2-3,添加扰动,5~10s 后关闭阀门,观察响应曲线变化,截图保存,分析控制效果。

(11) 关闭系统,首先打开图 Simulink 程序运行窗口,单击 ■,停止运行 Simulink,然后打开图组态王系统运行窗口,单击右下角【菜单】/【系统退出】。

5.3.5 实验结果分析

(1) 分析比例、积分和微分各自的作用。
(2) 模糊因子 1、2 在调试响应曲线中各起什么作用?
(3) 调试参数时,遇到哪些困难,最后是怎么解决的?

5.3.6 实验注意事项

实验仿真运行过程中,如果程序在过短的时间跳出(一般几分钟,甚至几十秒钟),此时应检查 Simulink 的运行时间,将如图 5.38 中 ■ 后的数值改为 inf 即可。

5.3.7 思考题

(1) 模糊 PID 相比普通 PID 有哪些好处?
(2) 模糊因子 1、2 对比例积分微分作用分别有哪些影响?

第6章 虚拟仿真实验附表

考虑到本实验教程所属的 13 个虚拟仿真实验中,有部分表格是通用的,为方便实验,本章把与实验相关的记录表格统一集中起来,方便学生根据需要选择。

6.1 单 PID 控制器调试

表 6.1 可以用于需要对 PID 控制器进行调试以达到 4:1 衰减比的控制实验。"时间"表示做该组参数响应曲线时的具体时间点;"回路控制器参数"用于记录参数调校过程中出现的具有代表意义的参数值,共计 5 组;"超调量"和"收敛时间"可以根据第 2 章讲述的概念定义,结合实验图形来计算在不同 PID 参数下的参数值;"效果评估"用于给出在该 PID 参数下得到的实验图形与理想图形的差距,用"好、中、差、较好、较差"来回答。表 6.1 适用于电加热水箱温度与流量的前馈-反馈控制实验和双容水箱液位串级神经网络控制实验。

表 6.1 PID 控制器参数及效果评估记录表

时间						
回路控制器参数	P					
	I					
	D					
超调量/%						
收敛时间/s						
效果评估						

6.2 双 PID 控制器调试

表 6.2 可以用于对具有两个 PID 控制器需要调试达到 4:1 衰减比的控制实验,"主回路控制器参数"和"副回路控制器参数"用于记录两个回路中参数调校过程中出现的具有代表意义的参数值,共计 5 组,其他同表 6.1。表 6.2 可以用于双容水箱串级 PID 控制及抗干扰实验、双容水箱双闭环比值 PID 控制实验、双位水箱液位与流量均匀控制实验和反应釜温度与液位解耦控制实验。

表 6.2 双 PID 调试实验数据记录表

时间							
主回路控制器参数	P						
	I						
	D						
副回路控制器参数	P						
	I						
	D						
超调量/%							
收敛时间/s							
效果评估							

6.3 Smith 预估控制系统

三容水箱液位 Smith 预估控制系统运行参数记录表如表 6.3 和表 6.4 所示。

表 6.3 三容水箱液位 Smith 预估控制系统运行参数记录表 1

单个水箱参数调试实验				
参数	上水箱、中水箱、下水箱，在相应设备上打勾			
P				
I				
D				
上中下不同水箱实验中，参数调试，观察响应曲线，观察其他两个水箱的影响，截图，分析实验结果				
超调量/%				
收敛时间/s				

表 6.4 三容水箱液位 Smith 预估控制系统运行参数记录表 2

两个或三个水箱参数调试实验				
参数	上水箱、中水箱、下水箱，在相应设备上打勾			
填写实验水箱位置				
P				
I				
D				
两个或三个水箱实验中，参数调试，观察响应曲线有何变化，结果如何，截图，分析实验结果				
超调量/%				
收敛时间/s				

6.4　三容水箱模糊 PID 控制系统

三容水箱液位模糊 PID 控制系统运行参数记录表如表 6.5 所示。

表 6.5　三容水箱液位模糊 PID 控制系统运行参数记录表

模糊 PID 实验					
参数		上水箱、中水箱、下水箱			
模糊因子					
P					
I					
D					
设置 PID 参数和模糊因子，调出最佳响应曲线，并改变模糊因子的大小，截图，分析模糊因子的调节作用					
超调量/%					
收敛时间/s					

6.5　分程控制系统

锅炉液位分程控制系统运行 PID 参数记录表如表 6.6 所示。

表 6.6　锅炉液位分程控制系统运行 PID 参数记录表

时间							
蒸汽压力控制器参数	P						
	I						
	D						
液位控制器参数	P						
	I						
	D						
收敛时间/s							

6.6 三冲量控制系统

锅炉三冲量控制系统运行参数记录表如表 6.7 所示。

表 6.7 锅炉三冲量控制系统运行参数记录表

锅炉三冲量液位控制实验						
参数	主控制器			副控制器		
P						
I						
D						
设置给定值和主副控制器 PID 参数,分别从炉水循环阀到蒸汽调节阀手动输入开度,调节控制参数,调出最佳响应曲线,截图,打到自动给定蒸汽调节阀开度,观察调节效果,并分析各调节参数的作用						
超调量/%						
收敛时间/s						

6.7 三容水箱多变量控制系统

三个 PID 调试实验数据记录表如表 6.8 所示。

表 6.8 三个 PID 调试实验数据记录表

时间							
上水箱控制器参数	P						
	I						
	D						
中水箱控制器参数	P						
	I						
	D						
下水箱控制器参数	P						
	I						
	D						
超调量/%							
收敛时间/s							
效果评估							

6.8 选择控制系统

选择控制调试实验数据记录表如表 6.9 所示。

表 6.9 选择控制调试实验数据记录表

时间						
回路控制器参数 1	P		上限		上限	
	I					
	D		下限		下限	
回路控制器参数 2	P		上限		上限	
	I					
	D		下限		下限	

参考文献

北京亚控科技发展有限公司, 2011. 北京亚控公司组态王 6.55 用户指南.
蔡自兴, 2014. 智能控制原理与应用[M]. 北京: 清华大学出版社.
侯燕, 2006. 三容水箱液位控制系统的研究[D]. 武汉: 华中科技大学.
黄德先, 王京春, 金以慧, 2011. 过程控制系统[M]. 北京: 清华大学出版社.
李国勇, 2000. 过程控制实验教程[M]. 北京: 清华大学出版社.
厉玉鸣, 2011. 化工仪表及自动化[M]. 5 版. 北京: 化学工业出版社.
林盛荣, 2002. OPC 规范及其在控制软件集成系统中的应用[D]. 合肥: 中国科学技术大学.
刘金琨, 2009. 先进 PID 控制 MATLAB 仿真. 2 版. 北京: 电子工业出版社.
刘文定, 2012. MATLAB/Simulink 与过程控制系统[M]. 北京: 机械工业出版社.
孙德辉, 白军龙, 史运涛, 2008. OPC 技术及其在工业以太网控制系统中的应用[C]. 2008 全国自动化应用技术学术交流会. 北京: 北方工业大学机电工程学院.
王海明, 2006. 基于 Web 服务的 OPC XML-DA 中间件服务器的设计与实现[D]. 合肥: 中国科学技术大学.
王树青, 戴连奎, 于玲, 2008. 过程控制工程[M]. 2 版. 北京: 化学工业出版社.
熊伟, 2012. 工控组态软件及应用[M]. 北京: 中国电力出版社.
徐丽娜, 2010. 神经网络控制[M]. 3 版. 北京: 电子工业出版社.
薛定宇, 2014. 控制系统仿真与计算机辅助设计[M]. 北京: 机械工业出版社.
薛迎成, 何坚强, 2010. 工控机及组态控制技术原理与应用[M]. 2 版. 北京: 中国电力出版社.
阳宪惠, 2002. 开放工控系统的中间件-OPC 技术[J]. 自动化博览, 19(2): 6-8.
俞立, 2007. 现代控制理论[M]. 北京: 清华大学出版社.
张明, 2011. 基于模糊神经网络 PID 的三容水箱液位控制系统研究[D]. 葫芦岛: 辽宁工程技术大学.
张志涌, 2003. 精通 MATLAB 6.5[M]. 北京: 北京航空航天大学出版社.
张梓琪, 黄凌云, 李才对, 等, 2013. 基于组态王与 MATLAB 的液位控制系统仿真平台构建[J]. 实验室研究与探索, 32(9): 81-85.
赵永娟, 孙华东, 2009. 基于 MATLAB 的模糊 PID 控制器的设计和仿真[J]. 微计算机信息, (1): 48-49.